Ideia e movimento

*Eduardo Luft e
Carlos Cirne-Lima*

Ideia e movimento

1ª edição

CIVILIZAÇÃO BRASILEIRA

Rio de Janeiro
2012

Copyright © Carlos Cirne-Lima e Eduardo Luft, 2012

PROJETO GRÁFICO DE MIOLO
Evelyn Grumach e João de Souza Leite

CIP-BRASIL. CATALOGAÇÃO NA FONTE
SINDICATO NACIONAL DOS EDITORES DE LIVROS, RJ

C517i Cirne-Lima, Carlos R. V. (Carlos Roberto Velho), 1931-
     Ideia e movimento / Carlos Cirne-Lima, Eduardo Luft. –
     Rio de Janeiro: Civilização Brasileira, 2012.

     Inclui bibliografia
     ISBN 978-85-200-1155-3

     1. Filosofia. 2. Dialética. I. Luft, Eduardo. II. Título.

                                CDD: 100
12-6728   CDU: 1

Todos os direitos reservados. Proibida a reprodução, armazenamento ou transmissão de partes deste livro, através de quaisquer meios, sem prévia autorização por escrito.

Este livro foi revisado segundo o novo Acordo Ortográfico da Língua Portuguesa.

Direitos desta edição adquiridos pela
EDITORA CIVILIZAÇÃO BRASILEIRA
Um selo da
EDITORA JOSÉ OLYMPIO LTDA.
Rua Argentina, 171 – Rio de Janeiro, RJ – 20921-380
Tel.: 2585-2000

Seja um leitor preferencial Record.
Cadastre-se e receba informações sobre nossos lançamentos e nossas promoções.

Atendimento e venda direta ao leitor:
mdireto@record.com.br ou (21) 2585-2002

Impresso no Brasil
2012

Sumário

Apresentação 7

I. Dialética (C. Cirne-Lima) 13

II. Fundamentação última é viável? (E. Luft) 33

III. Analítica do dever-ser (C. Cirne-Lima) 63

IV. Considerações dialéticas sobre o sistema do dever-ser
(E. Luft) 93

V. A verdade é o todo (C. Cirne-Lima) 113

VI. A Fenomenologia como metaepistemologia (E. Luft) 137

VII. Causalidade e auto-organização (C. Cirne-Lima) 153

VIII. A Lógica como metalógica (E. Luft) 199

IX. O absoluto e o sistema (C. Cirne-Lima) 237

X. Ontologia deflacionária e ética objetiva (E. Luft) 307

Origem dos artigos 365

Apresentação

A leitura do livro *Ideia e Movimento* concilia prazer e filosofia. Trata-se de uma composição com dez capítulos que sustentam entre si uma linha mestra: a *Dialética*, e um eixo estruturante: os conceitos de *Auto-organização e de Sistema*. É um passeio rico em erudição pela história da filosofia, e é também um diálogo rigoroso e vivo com os filósofos da longa tradição que marca o pensamento Dialético desde Platão até Hegel. A pergunta: *"O que é Filosofia?"* acompanha, tacitamente, o texto do primeiro ao último capítulo. Com ela se discutem os caminhos da razão ocidental, que podem ser caracterizados, aqui, tanto como *largas avenidas*, mas também como *ruas transversais* e *becos,* algumas vezes sem saída. Os autores, Carlos Cirne-Lima e Eduardo Luft, mantêm acesa a virtude racional de Platão que contempla as Ideias com o desejo de sabedoria e experimenta o Movimento aspirando a justificação racional. A luminosidade apolínea da filosofia aparece na imagem das *grandes avenidas*: retas, simétricas, luminosas, com tráfego livre, que representam o fluxo da linguagem na ausência de contradições; mas nas *ruas transversais* e nos *becos* a filosofia se depara com as curvas tortuosas e com as penumbras dionisíacas, que encobrem a razão e produzem velamentos e dissensões, aí ela precisa enfrentar relativistas e céticos para continuar seu percurso em busca de compreender a Natureza e o Espírito, a fim de que as Ciências, a Ética, a Política e a própria Razão possam se desenvolver e ser justificadas.

Já no início do primeiro capítulo aparece o projeto de filosofia perseguido por Cirne-Lima: *"Conciliar a substância de Espinosa com o Eu livre de Kant."* Para o autor, essa tarefa se impõe porque, apesar da clareza de Hegel sobre a obrigação de conciliar necessidade e contingência, o grande filósofo falhou, porque não conseguiu incluir e garantir no seu sistema a liberdade tal como Kant a concebeu. Portanto, é preciso corrigir Hegel por meio de uma crítica assertiva e interna ao seu sistema, e, para Cirne-Lima, essa correção é possível e, também, indispensável para sustentar a sobrevivência da Dialética e do pensamento sistêmico.

A partir da pergunta *"Fundamentação última é viável?"* Eduardo Luft desenvolve o segundo capítulo, que contém uma espécie de núcleo duro de seu pensamento filosófico. O autor nos oferece um longo percurso de análises e diálogos, utilizando, como chave de leitura para a resposta a essa questão, o famoso *Trilema de Münchhausen*, de Hans Albert, para quem qualquer tentativa de prova final para uma verdade exposta numa proposição acaba recaindo em pelo menos um dos seguintes problemas lógico-analíticos: *regresso ao infinito, dogmatismo* ou *circularidade viciosa.* Luft persegue a ideia de que a fundamentação última não é necessária para a legitimação da filosofia, e ainda, para além disso, ele se utiliza da formulação de Hans Albert para concluir que a fundamentação última é inviável, não sendo facultada a ela nem a possibilidade de servir como ideia re-

APRESENTAÇÃO

guladora – em sentido kantiano –, uma vez que se trata de uma busca desprovida de sentido teórico e prático.

Esses dois primeiros capítulos podem servir de referência para a leitura dos demais, neles já aparecem com clareza as posições filosóficas assumidas por Cirne-Lima e Luft neste livro; no entanto, eles nem de longe franqueiam as leituras subsequentes, porque a força da argumentação exposta em todos os textos, a riqueza da erudição e a beleza das ideias são suas grandes marcas.

As duas ideias mestras deste livro são o ponto comum da posição dos nossos autores; tanto Cirne-Lima quanto Luft assumem que filosofia é *Dialética, Auto-organização* e *Sistema*, e é com essas ideias que eles dialogam com diferentes autores e fazem suas críticas e proposições.

A proposta filosófica de Cirne-Lima se chama "Sistema do Dever-Ser", com ela nosso autor revisita o neoplatonismo para criticar a linhagem aristotélico-tomista da filosofia e, também, para superar as conclusões de Hegel sobre Dialética e Sistema. Para ele, a Dialética não termina, porque o Movimento não cessa e o Sistema não fica necessitário, pois não se fecha sobre si mesmo. E é com a *Teoria Geral de Sistemas* e com o conceito de *Auto-organização* que Cirne-Lima encontra a chave para as suas respostas e conclusões. Tanto que, para ele, "a teoria de sistemas e de auto-organização é a roupagem sob a qual se esconde, em nossos dias, a ontologia do neoplatonismo". Desse modo, para ele a dialética ganha a atualidade de que precisava para dialogar com as ciências e para fazer parte do cenário contemporâneo.

Com uma bela reconstituição histórica, Cirne-Lima nos apresenta o conceito de Absoluto, mostrando que foi a partir do monoteísmo cristão que esse conceito começou a ser elaborado. Sua exposição começa apresentando o Absoluto em Santo Agostinho, passando por Tomás de Aquino e chegando a Hegel. A posição do autor sugere que a relação filosófica entre Deus e o Absoluto não é apenas ilustrativa, pois esses conceitos se implicam mutuamente e, por vezes, se confundem, ao ponto de se poder perguntar se Deus é o Absoluto ou se o Absoluto é que é Deus. Com o esclarecimento desse conceito e propondo-se a superar a ideia de Absoluto tal como Hegel a concebeu, Cirne-Lima assume uma posição que não deixa consumir nem consumar a Dialética. Se em Hegel a Dialética foi tornada instrumento para a conquista do Absoluto, afastando-se da posição de Platão, para Cirne-Lima ela continua viva, já que no seu conceito de Absoluto necessidade e contingência se conciliam e o Movimento não cessa: e onde há Movimento, há Dialética.

Um dos pontos altos do livro é o diálogo que Eduardo Luft estabelece com Cirne-Lima, no capítulo intitulado "Considerações dialéticas sobre sistema do dever-ser". Nesse capítulo, Luft analisa se a correção proposta por Cirne-Lima para o sistema hegeliano é viável ou não. Para além das conclusões desse diálogo, vale a pena acompanhar a exposição da crítica interna feita ao "sistema do dever-ser", tendo como base o conceito de fundamentação última e o princípio de coerência. Luft considera que não há correção para o sistema de Hegel; portanto, para ele, a posição de Cirne-Lima ultrapassa seu próprio propósito e, se levada às últimas consequências, solapa a posição hegeliana e convida à sua superação, o que deveria ser realizado renovando o diálogo com a filosofia tardia de Platão e repensando o princípio da coerência como dialética do Uno e do Múltiplo. Luft apresenta seus argumentos de forma clara: primeiro ele mostra a inviabilidade da

APRESENTAÇÃO

fundamentação última pretendida por Hegel e, em seguida, demonstra que o sistema de Hegel não é capaz de acolher a diferença como princípio cooriginário da identidade, dando-lhe um lugar importante, porém coadjuvante.

Os textos de Luft são marcados pela clareza analítica e pela busca de coerência sistemática e reúnem as virtudes das duas principais correntes da história da Filosofia: a *Dialética* de Platão e Hegel e a *Analítica* de Aristóteles e Kant. A proposta filosófica de Eduardo Luft representa hoje, no Brasil, o pensamento dialético aberto ao confronto com a filosofia analítica contemporânea e com o saber científico. Os textos de Cirne-Lima são erudição, convite e inspiração. Sua filosofia é grega desde Platão e continua grega até Hegel. Cirne-Lima é um convite à dialética para além de Hegel; no entanto, o gigantismo de Hegel é uma referência indispensável para aqueles que querem ver mais longe.

O título dado ao livro, *Ideia e Movimento*, traduz o elo de ligação entre todos os textos que o compõem e representa os encontros entre Filosofia e Ciência, entre Lógica e Fenomenologia, entre os filósofos Antigos e os Modernos; antes de mais, os autores defendem que esses encontros são possíveis, instigantes e necessários para realizar a Filosofia como dialética e definir a dialética como visão de conjunto, tal como Platão o fez na *República*. Além disso, o título designa que a Filosofia é palavra sem repouso e diálogo sempre aberto à diferença.

Prof. Dr. Custódio Luís Silva de Almeida
Pró-reitor de Graduação da Universidade Federal do Ceará

I. Dialética

Carlos Cirne-Lima

Dialética, desde Heráclito e Platão, significa o jogo dos opostos. Os polos opostos (tese e antítese), num primeiro momento, se excluem mutuamente, configurando assim uma relação de oposição excludente: um sempre exclui o outro, embora sempre aponte para ele. Num segundo momento, entretanto, essa relação de oposição excludente, trabalhada pela razão que a depura e eleva, transforma-se em uma unidade (síntese), em que os polos antes opostos estão agora conciliados e unificados. Para que se processe a necessária depuração e, assim, se torne possível a unificação, alguns elementos da tese e da antítese têm que ser superados; outros, guardados. O termo *Aufheben*, tão usado por Hegel, possui ambos os sentidos: superar e guardar. Um exemplo tirado dos clássicos gregos ilustra a questão de forma clara e convincente. Um garoto, ao entrar na universidade, vê, caminhando a seu encontro, no meio da multidão, a mais bela garota que existe no mundo. Ele para, vidrado, atingido como que por um raio, e lança à garota um olhar que diz: "Eu te amo." Os gregos chamavam esse primeiro e inicial amor de *phílesis*; não temos em português termo equivalente, mas sabemos todos do que se trata. Toda *phílesis* (tese), não obstante seu núcleo maravilhoso, é um ato unilateral e arriscado. Na maior parte dos casos, a garota olha, vê, desvia o olhar e passa às pressas. Se a garota, porém, olha de volta, se encara aquele que lhe está fazendo a silenciosa declaração de amor, se responde com um olhar que diz: "Eu também te amo", nesse momento surge a antítese, ou seja, a *antiphílesis*. A *antiphílesis* (antítese) não é mais um ato arriscado, mas também é um ato unilateral. Quando, a seguir, ele e ela se amam mutuamente e se sabem amados, aí surge a síntese que em grego se chama *philía*, o amor que se sabe correspondido, o amor de um para com o outro, que, embora aponte para polos antes opostos, é um único e grande amor, que concilia e unifica o que era, num primeiro momento, oposição excludente. Na gênese da *philía* houve tanto o superar como o guardar (*aufheben*). Foram superados o risco e a unilateralidade existentes na *phílesis* e na *antiphílesis*, foi guardado aquilo que de mais positivo e belo havia nos polos anteriormente opostos. Dialética é, pois, o jogo de dois polos opostos que inicialmente se excluem, mas que, depois de serem trabalhados e depurados (*aufheben*), são unificados em um conceito ou proposição sintética. Tese e antítese são falsas porque, embora aparentem ser o todo, são apenas partes incompletas de uma totalidade mais alta; esta, sim, verdadeira. — A oposição entre os dois polos opostos de uma contradição (*Widerspruch*). É óbvio que afirmar a contradição lógica entre dois opostos significa, sempre e necessariamente, dizer que um deles é verdadeiro e o outro é falso. Desde Aristóteles sabemos que é assim; negar isso

DIALÉTICA

significaria negar o próprio Princípio de Não Contradição e destruir toda e qualquer racionalidade. É, pois, necessário concluir que aquilo que Hegel chama de "contradição" não é a contradição dos lógicos, mas sim a contrariedade; e dois opostos contrários podem, sim, ser simultaneamente falsos. Há fortes indícios de que o próprio Hegel, embora utilizando o termo "contradição", queria dizer contrariedade, pois na oposição entre contraditórios um dos termos tem necessariamente um quantificador existencial; isso em Hegel nunca ocorre.

A *dialética ascendente (anábasis)* é aquela que parte da multiplicidade das coisas no mundo em que vivemos e, para compreendê-las corretamente, procura e encontra a síntese entre polos inicialmente opostos. Da pluralidade de dois opostos (tese e antítese) surge, desse modo, um conceito ou princípio mais alto, um único, no qual a multiplicidade anterior está "superada" e "guardada" (*aufheben*). Ao aplicar esse método, que não é a indução dos contemporâneos, ao buscar a unidade dialética a partir da multiplicidade existente, chega-se a conceitos e princípios cada vez mais amplos e, assim, mais universais. De início esses conceitos sintéticos constituem teorias mais ou menos abrangentes, objeto muitas vezes das ciências empíricas. À medida que a dialética sobe a conceitos e princípios sintéticos mais altos e mais universais, emerge a filosofia. Quando a dialética chega ao primeiro e último princípio do Universo, temos aí o núcleo duro da filosofia dialética. Dialética é, pois, tanto o método a ser usado para subir da multiplicidade para a unidade quanto a filosofia que nesse percurso se faz. — A *dialética descendente (katábasis)* parte do primeiro e último princípio para, descendo degrau por degrau, voltar à multiplicidade das coisas existentes. Só que agora o filósofo, que compreendeu o princípio último, uno, de toda a multiplicidade, vê as coisas singulares como momentos do desenvolvimento do *bem e do belo*, a partir do qual e por força do qual surge a multiplicidade das coisas. A substância, pois, é única, una, mas sempre em movimento, no qual ela se dobra (*implicatio*) e se desdobra (*explicatio*) em perpétuo devir. Todas as coisas são, para a filosofia dialética, momentos da evolução da substância que é una e única, mas sempre também, dentro de si, multiplicidade em movimento. O sistema filosófico que surge da Dialética é sempre monista e universalista, é um sistema do Uno e do Todo, da totalidade em movimento. O elemento triádico (tese, antítese e síntese) — as mais das vezes, mas nem sempre — está explícito. O mesmo vale para a unidade e unicidade da substância. A dialética descendente, em muitos autores (p. ex., Fichte), pretende ser dedução estrita, e aí fracassa; o descenso se faz por explicação, como veremos nas observações ao final.

Já em Heráclito encontramos o jogo dos opostos, ou seja, a dialética. O caminho que sobe é o mesmo caminho que desce, diz ele. Subir e descer são opostos, mas o caminho é o mesmo, a unidade de ambos os polos opostos. Em Sócrates a dialética põe, expressa e claramente, tese e antítese como posições falsas. A síntese, entretanto, não é dita e expressa. Sócrates, ao mostrar a falsidade de tese e antítese, como que obriga o ouvinte a formular a síntese, pois não há outra saída dessa aporia; aporia significa exatamente beco sem saída. A saída, a síntese, Sócrates não a dá; o ouvinte deve descobrir e formular o conceito ou o princípio que, superando a falsidade de tese e antítese, lhes confere unidade e verdade. Essa é a pedagogia socrática.

DIALÉTICA

Nos diálogos de Platão encontramos, via de regra, a dialética sem síntese expressa, como foi dito acima sobre Sócrates. Em muitos diálogos (p. ex., no *Menon*) Platão põe, como se fosse síntese, a rememoração de um mito. Esse é o sentido, por exemplo, do mito da estrela (*Menon*) ou do mito da caverna (*República*); trata-se, aqui, da dialética ascendente. A dialética descendente, em Platão, parte de dois primeiros princípios: o Uno (*to hén*) e a Multiplicidade indeterminada (*aoristos dyás*). Esses dois princípios, um interagindo com o outro e construindo assim novas e mais complexas figurações, dão origem, primeiro, às ideias que são números, depois às outras ideias e, finalmente, à alma do mundo, da qual se desenvolve este mundo concreto em que vivemos. Há em Platão, como se vê, uma tentativa de construir — a partir de dois princípios e mediante a teoria das ideias-números e de uma geometria das proporções — todo um sistema na forma de dialética descendente (*Timeu*). No platonismo, a primeira parte do sistema é, pois, o Uno e Multiplicidade indeterminada, dos quais se originam as ideias e os números; a segunda parte é a alma do mundo; a terceira e última parte, o mundo sensível. Em Plotino e Proclo, como nos filósofos neoplatônicos em geral, temos, com raríssimas exceções, a presença da dialética como método e como sistema triádico em forma piramidal. Como primeiro princípio, no ápice da pirâmide dialética está o Uno e o Bem ou o Universal; como segunda parte o *lógos*, como terceira parte a alma do mundo.

Agostinho faz a fusão entre cristianismo e filosofia dialética neoplatônica. O sistema agostiniano, sempre trabalhando com a tríade dialética, também tem três partes. No alto, como primeiro princípio, temos o Deus que é uno e necessariamente trino; este é o ápice da pirâmide, primeira parte do sistema.

A essa primeira parte (tese) contrapõe-se a segunda parte, que versa sobre a natureza criada e o homem que pecou (antítese). Na terceira parte do sistema (síntese) o homem e a natureza são divinizados pela encarnação (partícipes pela graça da natureza divina) e eternizados na Jerusalém Celeste pela ressurreição. A doutrina neoplatônica de Agostinho domina a filosofia medieval até que Alberto Magno e Tomás de Aquino recebem e assumem, a partir das universidades árabes na Espanha, o aristotelismo. Há que se ressaltar, na Renascença, como pensadores dialéticos, tanto Giordano Bruno como Nicolau de Cues. Na Modernidade, Espinosa ocupa um lugar especial, por dois motivos. Primeiro, ele não se inspira diretamente na tradição grega ou cristã, mas sim na tradição neoplatônica que está presente em trechos da *Kabala* e nos belíssimos poemas de Judas Abravanel, o Leão Hebreu. Segundo, ele não explicita as tríades, embora dê extraordinária ênfase à unidade e unicidade da substância. *Espinosa* teve grande influência sobre Goethe, como este mesmo declara em suas memórias (*Wahrheit und Dichtung*).

Fichte, Schelling, Hegel e Marx são filósofos tipicamente neoplatônicos; dentre eles, Hegel é o que trabalha de maneira mais explícita o método triádico e a unidade da substância. Na *Fenomenologia do espírito* ele traça as linhas mestras da dialética ascendente; a partir da multiplicidade do aqui e do agora ele chega, no capítulo final, ao saber absoluto. A *Ciência da Lógica* é a grande tentativa de Hegel de deduzir (*herleiten*) e explicar — dialética descendente — o sistema do mundo com sua multiplicidade a partir de um único grande princípio, que é ao mesmo tempo princípio como começo e princípio como regra; logo adiante voltaremos a comentar esse ponto.

DIALÉTICA

Merece ser citado aqui, por sua importância histórica, o *materialismo dialético*. Marx elabora, já nos três primeiros capítulos do livro *O Capital,* a teoria sobre o valor agregado ao produto pelo trabalho. O capitalista, proprietário das máquinas da linha de produção, compra muito barato o trabalho, a mão de obra, daqueles que podem e sabem trabalhar, mas não possuem capital para a aquisição dos equipamentos necessários. O produto final — que é, então, vendido nos mercados — é fruto de dois elementos: capital e trabalho. Marx e, em sequência, o materialismo dialético afirmam que todo valor que foi acrescentado ao insumo original, a chamada *mais-valia*, deve pertencer aos trabalhadores. O capitalista e o capitalismo aparecem, assim, como o explorador parasitário que tira da natureza e dos trabalhadores o que a estes deve pertencer. Capital e trabalho estão, portanto, em oposição dialética. Tese e antítese são, em dialética, sempre falsas; deve-se, por conseguinte, procurar uma síntese que concilie e unifique em nível mais alto os dois polos opostos. Como é necessário, conforme o materialismo dialético, que isso aconteça na história, a revolução comunista é o estágio final que inexoravelmente vai acontecer. No comunismo desaparece, então, a oposição excludente entre capital (tese) e trabalho (antítese), e os trabalhadores constituem a síntese no Estado comunista, estágio final da revolução (síntese). — Os erros teóricos do materialismo dialético são basicamente dois. Primeiro, a adoção sem crítica do necessitarismo histórico, pelo qual a revolução é inexorável; além das razões filosóficas, os fatos aí estão a refutar esse ponto da teoria. Segundo, um erro na análise das relações entre capital e trabalho. O capitalismo selvagem, como acima descrito, foi superado, sim, mas não pelo comunismo e sim pela social-democracia e pela reorientação que se vê hoje no modelo chinês em curso.

No século XX encontramos entre os pensadores cristãos um eloquente filósofo neoplatônico, o jesuíta Teilhard de Chardin. Também no século XX, Horckheimer e Adorno, fundadores da Escola de Frankfurt, tentam expor e defender uma dialética negativa, ou seja, uma dialética sem síntese. Na verdade, trata-se, nesses autores, de uma crítica ao conceito marxista de comunismo como etapa final do percurso dialético da história. Consideramos correta a crítica feita por eles contra Marx e o comunismo, mas é preciso aqui lembrar que nem um nem outro dos autores citados desenvolve pensamento dialético propriamente dito. Dialética, nesses autores, a rigor inexiste.

Ainda no século XX, Ludwig von Bertalanffy, inspirado diretamente por Nicolau de Cues, como também por Goethe, Schelling e Hegel, recria o sistema neoplatônico em linguagem contemporânea e dá nascença ao que vem a ser chamado de Teoria de Sistemas (*System Theory*). Essa influenciou pesadamente autores tão díspares como Humberto Maturana (Biologia), Niklas Luhmann (Sociologia), Fritjof Capra (Física e Biologia); nesses autores, que se referem explicitamente a Bertalanffy, nem a tríade metódica nem a unicidade da substância recebem ênfase, embora elas estejam neles latentes ou pressupostas. A International Society for the System Sciences (ISSS), fundada por Bertalanffy em 1956, do ponto de vista do rigor científico, passou e passa lamentavelmente por altos e baixos. Os autores citados, principalmente nos Estados Unidos, não estão mais conscientes de que "sistema" é o nome moderno da dialética, principalmente quando se pensa a unidade do sistema como algo que está em evolução;

DIALÉTICA

eles esqueceram suas origens filosóficas e fazem filosofia neoplatônica sem o saber.

Sem citar Bertalanffy ou a Teoria de Sistemas, importantes autores continuam hoje trabalhando sobre os fundamentos neoplatônicos e neo-hegelianos. Aqui o neoplatonismo aparece sob os nomes de Teoria da Complexidade, Teoria de Auto-organização, Teoria de Sistemas Evolutivos Complexos, *Artificial Life* etc. Sejam citados John Holland (*Adaptation in Natural and Artificial Systems*, 1975), Richard Dawkins (*The Selfish Gene*, 1976, totalidade em movimento, necessitarista), John Maynard Smith (*Evolution and the Theory of Games*, 1982), Stuart Kauffman (*The Origins of Order*, 1993), Daniel Dennett (*Darwin's Dangerous Idea*, 1995, tudo em evolução, necessitarista), Edward Wilson (*Consilience: The Unity of Knowledge*, 1998, tudo em evolução), Eric Beinhocker (*The Origin of Wealth*, 2006).

Mas voltemos a Hegel e à reformulação corretiva do sistema que estou propondo. Na *Fenomenologia do Espírito* — dialética ascendente — Hegel parte do aqui e do agora de nosso mundo concreto para, atravessando uma série de figurações em que o Eu se amplia e se realiza, chegar finalmente ao Eu que se sabe idêntico ao Universo. O Eu é a substância do Universo, a Substância é o Eu universal. Na *Ciência da Lógica* — dialética descendente — Hegel traça as grandes linhas do último grande projeto, em linguagem filosófica, de um sistema neoplatônico. No primeiro livro, na Lógica do Ser, são elaboradas as categorias, isto é, os predicados generalíssimos. No segundo livro, na Lógica da Essência, é feita uma crítica radical a todos os sistemas filosóficos de nossa tradição ocidental que defendem uma estrutura dualista do Universo. No terceiro livro, na Lógica do Conceito, Hegel

21

pretende reconstruir a antiga Metafísica ao fazer uma meta-lógica de todas as lógicas e matemáticas possíveis (conceito subjetivo), uma metateoria de todas as ciências objetivas, como Física, Biologia etc. (conceito objetivo), e uma teoria absoluta que seria a síntese das duas primeiras. Nesse terceiro livro Hegel obviamente falhou, pois não atingiu nenhuma das metas propostas no projeto. A metalógica de todas as lógi-cas até hoje inexiste; a grande teoria unificada da natureza (*Great Unified Theory* — GUT), também esta, até hoje não a conseguimos formular satisfatoriamente. Não obstante, é preciso sempre de novo tentar: "navegar é preciso", diziam os argonautas companheiros de Teseu, e repetia Fernando Pessoa. Eis aqui uma nova tentativa. A reconstrução crítica e, assim, corretiva do projeto de sistema dialético, na tradição de Platão e de Hegel, pode ser articulada como se segue. Digo crítica corretiva, assim, porque minha proposta arti-cula uma dialética descendente que, à oposição das muitas outras acima citadas, não é determinista. Ela não deduz, ela explica *ex post*, ela permite contingências. Do ponto de vista explicativo, ela é tão rica e coerente como a teoria original apresentada por Darwin.

1. Lógica do Ser

1.0. Como fazer o começo? Filosofia que se quer crítica, após Descartes e Kant, não pode fazer nenhum pressuposto determinado. Se o faz, deixa de ser crítica e fica dogmática. Por conseguinte, o começo de uma filosofia crítica só pode ser uma proposição que não pressuponha nada de determinado. Ora, quando não se pressupõe nada de determinado e ainda assim se fala, estamos pressupondo tudo de forma indetermi-

DIALÉTICA

nada. Quem utiliza as categorias totalmente indeterminadas de ser e de nada não está fazendo nenhum pressuposto determinado. Esta é a via crítica, este é o começo do percurso.

1.1. Tudo é ser, ser sem nenhuma determinação, sem nenhum conteúdo, esta é a primeira proposição do sistema. Essa proposição — tese — é falsa, pois já o ato de fala que a enuncia e expressa é algo determinado; surge, assim, uma contradição performativa, pois o ato de fala determinado desmente o conteúdo falado. Assim, fica demonstrada a falsidade da proposição tética inicial.

1.2. Tudo é nada, um nada sem nenhuma determinação, sem nenhum conteúdo. Também essa proposição — antítese — é falsa, pois contém a mesma contradição performativa mencionada antes. Em lógica linear, a conclusão a ser tirada da falsidade de tese e de antítese — ambas proposições universais — é que algumas coisas são determinadas; outras, não. Essa conclusão, entretanto, é uma proposição particular, e, como tal, embora correta e verdadeira, não cabe no quadro das determinações universalíssimas do Universo. Em lógica dialética não se faz o jogo de contraditórios, mas sim o jogo de contrários. Descartamos como falsas as categorias do ser indeterminado e vazio e do nada igualmente indeterminado e vazio. Prova: existe algo determinado dentro desse Universo. Mas como essa determinação não pode vir de fora, é forçoso concluir que o Universo, em última instância, está em processo de autodeterminação.

1.3. Daí emerge a verdade da proposição sintética: tudo é devir. Ou seja, tudo está em processo de autodeterminação.

Essa é a primeira tríade dialética da Lógica do Ser. Após mostrar a falsidade da tese — tudo é ser —, bem como da antítese — tudo é o nada —, temos a conclusão verdadeira: tudo é devir.

2. Dessa primeira tríade seguem as seguintes categorias ou predicados universalíssimos: tudo é qualidade, tudo é quantidade, tudo é medida, isto é, a quantidade fletida sobre si mesma. O devir pressupõe dentro de si sua qualidade e sua quantidade em movimento de autodeterminação; esta, dobrando-se sobre si mesma, se descobre como medida.

3. Na Lógica do Ser ficam desse modo excluídas todas as filosofias que sejam ou dualistas ou só idealistas ou só materialistas. A pior posição, é óbvio, é a do dualista.

2. Lógica da Essência

2.1. Esse segundo livro poderia ter como título *Contra a Essência*, pois nele a própria noção de essência é dissolvida; para Hegel não existem essências, mas apenas algumas configurações que são logicamente necessárias e outras que são contingentemente mais ou menos estáveis. O homem não tem uma essência; esta é apenas uma configuração estável de relações em uma história contingente; o homem é fruto de um longo processo evolutivo. A questão central, quando se trata de binômios, é que inevitavelmente caímos na irracionalidade de um *progressus* ou de um *regressus ad infinitum*; aquilo que Hegel chama de má infinitude. A tentativa de resolver o problema de forma linear leva sempre, como levou Aristóteles e Tomás de Aquino, à postulação arbitrária e dogmática de pôr, em algum lugar, um primeiro começo (*arkhé*) ou um fim último (*télos*). Pôr onde? Em que lugar da série? Em qualquer lugar da série? Ela não é *ad infinitum*? Como, então, encontrar um começo ou um fim? A resposta correta, que evita o dogmatismo arbitrário, encontra-se no pensamento dialético que põe os polos opostos em forma de círculo que, girando, se constitui e se retroalimenta. Esse círculo, em que um polo constitui e alimenta o polo a ele oposto, é o círculo virtuoso. Este, em sendo virtuoso, resolve a questão do *regressus ad infinitum,* já porque a *causa sui* ocorre em múltiplos pontos da trama causal, como, por exemplo, na vida, na mente, na decisão livre etc. O começo se dobra sobre si mesmo e encontra seu fim em novo recomeçar. A causa causante e o efeito causado não entram em *regressus ad infinitum*, porque a primeira causa é sempre a *causa sui;* o movimento causal é primeiramente autocausação, e só por abstração analítica — *analysis* — é que temos, depois, a causa causante como algo separado do efeito causado. Mas não existe também o círculo vicioso? Não é neste que se pensa quando se fala de circularidade? Certo, existem círculos virtuosos como autoconsciência, autocausação, auto-organização etc., como existem também círculos viciosos, como, por exemplo, a escalada de violência no jogo de ataque e defesa. Nesses casos, o filósofo tem a tarefa de transformar os círculos viciosos, que são sempre autodestrutivos, em círculos virtuosos, que são sempre autoconstitutivos. O critério aqui é absolutamente pragmático: é virtuoso o círculo que dá certo. Os círculos viciosos são sempre autodestrutíveis.

2.2. Essência e aparência, ato e potência, forma e matéria, substância e acidente, fundante e fundado, causa causante e efeito causado, necessidade e contingência entram nas filosofias dualistas como polos opostos e excludentes. A dialética nos faz pensá-los como momentos internos da flexão sobre si mesma, da reflexão, unidade de dois polos que se constituem mutuamente em boa circularidade. Assim, em vez do dualismo de essência e aparência, emerge a categoria sintética e circular de automanifestação; do fundante e fundado surge o monismo da autofundamentação, que engendra dentro de si como momentos a ela internos, o que funda e o que é fundado. Causa causante e efeito causado não são irredutíveis nem existem em si mesmos e por si próprios, são, isso sim, momentos internos constituídos pela autocausação (*causa sui*); a oposição entre um e outro só surge quando esquecemos a unidade original que a eles dá origem. Sujeito e objeto primeiro se opõem e excluem, depois — na síntese — se unificam, sob o nome de sujeito absoluto. O interior e o exterior constituem outro binômio clássico; para a síntese deles não se criou um termo específico.

O todo e a parte constituem um binômio especial, pois nesse caso o termo "todo" não é um polo ao qual se opõe o outro polo, a saber, a "parte", mas significa a síntese das muitas partes dentro de uma identidade mais alta. O todo não é tese, a parte não é antítese. O todo é a síntese que dentro em si engendra, constitui, concilia e unifica as partes. É por isso que eu — nesse ponto de acordo com Hegel — não trabalho com um Deus transcendente, ato puro sem potência, necessidade sem contingência, o qual então criaria a natureza em sua multiplicidade e contingência. Nessa concepção teísta, que é a de Tomás de Aquino e de alguns autores contemporâneos, como L. Puntel, há uma contradição. Pois a totalidade realmente universal é somente aquela que compreende tanto o tal Deus criador quanto a criatura, tanto o tal absoluto quanto o contingente. Ao tentar provar a existência de um Deus necessário que não é o absoluto oniabrangente, ou seja, não é a totalidade realmente universal, Deus é provado duas vezes. Há aí dois deuses, e um deles não é o todo, o absoluto, o oniabrangente. Se alguém quiser, portanto, usar o termo "Deus", deve usá-lo só no singular e só com relação ao todo universal e oniabrangente. O todo é mais do que a soma de suas partes — transcendência —, mas, por outro lado, está presente em cada uma delas — imanência. Este é o panenteísmo que proponho e defendo.

2.3. É feita aqui a dissolução radical dos dualismos que perpassam os grandes sistemas filosóficos de nossa tradição. Isso não nos leva à dissolução total? O Universo não se desmancha? A razão não se quebra em cacos? Não, evidentemente que não. Pois a cada desconstrução de um binômio dualista corresponde a construção de uma tríade dialética. Superamos sim a dualidade de opostos que se excluem, guardamos esses mesmos polos opostos, mas unificados no conceito sintético. Em vez de binômios excludentes, trabalhamos com tríades dialéticas; em todas elas tese e antítese se conciliam e se unificam. A dissolução radical dos binômios dualistas nos leva à categoria final da Lógica da Essência: Tudo é relação para consigo mesmo, relação absoluta.

3. Lógica do Conceito

3.1. Como a Lógica da Essência faz a dissolução de todas as essências, a Lógica do Conceito desfaz todos os conceitos. O projeto de Hegel de fazer uma metalógica de todas as lógicas (conceito subjetivo) e uma metaciência de todas as ciências, *Theory of Everything* (conceito objetivo), não foi até hoje realizado. Não nego que a Filosofia um dia deva chegar lá, não nego que o núcleo duro da Filosofia seja exatamente esse. Mas sabe-se que, até agora, essas tentativas de reconstruir o sistema neoplatônico de Filosofia fracassaram.

3.2. Seja-me permitido propor à crítica de meus pares, com a humildade intelectual necessária, uma metaciência de todas as ciências, uma *Theory of Everything*, uma nova Metafísica. Ela existe há muitos anos em terminologia das ciências biológicas e sociais, e é denominada, desde Ludwig Bertalanffy, *Teoria de Sistemas*; mais recentemente, *Teoria da Complexidade* ou *Teoria de Sistemas Evolutivos Complexos*. Penso que, a partir do conceito da relação absoluta como antes exposto, do conceito do Universo que se constitui e desenvolve em movimento, podemos, sim, traçar as linhas mestras de uma teoria geral do mundo.

O primeiro e único grande princípio do Universo é aquele que formula a identidade que, pela mutação ou emergência do novo, está em movimento e que, sempre de novo, se reorganiza para que haja a indispensável coerência das partes entre si e para com o todo. Tudo é identidade, tudo é diferença, tudo é coerência. — A identidade aqui não é a identidade dos lógicos, "x = x". Pensemos na posição de um educador ao tratar de um adolescente que está em busca de sua identidade. Essa identidade do adolescente — nesse caso, sim — é uma identidade que se defronta com suas diferenças e procura no processo de identificação vir a ser aquela identidade que aqui e agora é um fim projetado e a ser alcançado. No ado-

DIALÉTICA

lescente, identidade é um processo em que o eu inicial perfaz um longo percurso até reencontrar-se consigo mesmo no eu final. A identidade, primeiro elemento do grande princípio do Universo, é a identidade em movimento. Ela se duplica, triplica e, ao replicar-se, constitui a série da identidade iterativa: "a, a, a..." Ainda não surgiu o novo; a diferença ainda não veio à tona, mas já há o dinamismo processual. Quando surge o novo, a identidade encontra-se com as mutações que brotam no processo: surge aí a emergência do novo, de algo que não estava pré-programado na identidade meramente iterativa do "a, a, a...". O Universo, que se replica e multiplica, desenvolve-se para dentro de si mesmo; fora do Universo não há nada. O grande sistema do Universo, pois, ao se replicar e ao engendrar seus subsistemas, não os põe fora de si, mas sim dentro de si mesmo.

3.3. O Universo, o primeiro e oniabrangente sistema, sendo ele o próprio devir, engendra de si e dentro de si mesmo os subsistemas que vão configurar mediante longa evolução a pluralidade concreta das coisas neste mundo em que vivemos. Homem, cabra, planta, molécula, átomo e quark são configurações de relações, mais ou menos estáveis, que foram surgindo dentro desse processo universal de evolução contingente e histórica. Os subprincípios de identidade e coerência constituem e garantem a unidade do todo, o subprincípio da diferença engendra a multiplicidade em que ele se desdobra. Daí o termo "desdobrar" (*explicatio*). Somos todos dobras — *plica* — da substância única que é o próprio sujeito objeto absoluto. Percebe-se claramente de onde vem a noção contemporânea de sistema e como esse sistema engendra seus subsistemas. Teoria de Sistema, Teoria da Complexidade e

29

Teoria da Evolução são os nomes modernos do neoplatonismo e do neo-hegelianismo. Meus agradecimentos, aqui, a Bertalanffy, Maturana, Luhmann, Capra, Kauffman e tantos outros que, embora não na linguagem da Filosofia, resgataram essa visão neoplatônica do mundo, mantiveram-na viva durante o século XX e a introduziram no século XXI.

Ao chegar ao fim voltamos ao começo. A Filosofia, em sua longa história, de Tales de Mileto até nossos dias, pode e deve ser compreendida como uma árvore. As raízes são os filósofos pré-socráticos, até Sócrates inclusive; este é o chão, este é o tronco do qual nasce a árvore da Filosofia. Esta, a Filosofia, já aí, se bifurca em dois grandes galhos — com suas muitas derivações —, a saber: o platonismo e o aristotelismo. O *platonismo* caracteriza-se pelo método triádico-dialético e pela unidade e unicidade da substância do Universo, como vimos acima. O *aristotelismo* põe enorme ênfase nos cortes (*analysis*) e nas dicotomias que deles surgem; não há ênfase suficiente — penso eu — na síntese, e os princípios filosóficos aparecem como binômios (substância e acidente, forma e matéria, ato e potência, corpo e alma etc.). Nos aristotélicos há sempre uma pluralidade de substâncias. A linha dialética começa com Platão e leva a Plotino, Agostinho, Proclo, Johannes Scotus Eriugena, Escola de Chartres, Giordano Bruno, Ficcino, Nicolau de Cues, Espinosa, Fichte, Schelling, Hegel, Marx, Teilhard de Chardin, Bertalanffy, Maturana, Luhmann, Kauffman etc. A linha analítica vem de Aristóteles e leva a Alberto Magno, Tomás de Aquino, Ockham, Descartes, Hume e o Empirismo inglês, Kant, Wittgenstein e à Filosofia Analítica de nossos dias.

Dialéticos e analíticos somos, entretanto, todos nós quando, argumentando com razões e em amizade uns contra os

DIALÉTICA

outros, construímos o diálogo que é a própria dialética. É exatamente isso que estamos fazendo. Verdades, mas também falsidades, vão emergir; o processo de falsificação irá desmascarar as inverdades. No curso do processo aproximamo-nos da verdade, sem jamais alcançá-la completamente. Pois a verdade é sempre e somente o todo.

Referências bibliográficas

C. CIRNE-LIMA. *Dialética para principiantes*. 3ª ed. São Leopoldo: Unisinos, 1966.

_____.*Depois de Hegel*. Caxias do Sul: UCS, 2006.

G. W. F. HEGEL. *Werke*. Edit. E. MOLDENAUER e K. M. MICHEL. Frankfurt am Main: Suhrkamp, 1971. 20 v.

E. LUFT. *Sobre a coerência do mundo*. Rio de Janeiro: Civilização Brasileira, 2005.

_____. *As sementes da dúvida*. São Paulo: Mandarim, 2001.

K. MARX. *O Capital*. Trad. R. SANTANA. Rio de Janeiro: Civilização Brasileira, 1980. 6 vol.

NICOLAI DE CUSA. *De docta ignorantia*. Hamburgo: Felix Meiner, 1979. 3 vol.

PLATÃO. *Oeuvres complètes*. Edit. M. CROISE. Paris: Les Belles Lettres, 1920. (Especialmente os diálogos. *Menon, República, Sofista, Filebo, Parmênides*).

B. SPINOZA. *Oeuvres complètes*. Edit. R. CAILLOIS, M. FRANCÈS, R. MISRAHI. Paris: Gallimard, 1954.

C. TAYLOR. *Hegel*. Frankfurt am Main: Suhrkamp, 1983.

II. Fundamentação última é viável?

Eduardo Luft

A esperança de escapar definitivamente da malha fina do ceticismo alimenta um empreendimento cujas pretensões são tão elevadas quanto temerárias: a instauração — ou encontro — de um fundamento último e inabalável para todo conhecimento legítimo. Firmemente arraigado em nossa cultura, esse projeto dominou boa parte do cenário da epistemologia clássica. O objetivo do presente artigo é examinar e criticar algumas das tentativas inspiradas nesse projeto, reenfatizando a força do assim chamado Trilema de Münchhausen. Estes os tópicos a serem tratados: 1) fundamentação última e o problema do começo da ciência; 2) a solução hegeliana e seu impasse; 3) a proposta kantiana e o risco de má circularidade; 4) a procura pela especificidade da prova transcendental; 5) transcendentalidade e conhecimento imediato: a chaga do solipsismo nas costas da "Filosofia da Intersubjetividade"; 6) a consistência do Trilema de Münchhausen; 7) o malogro do projeto de fundamentação última.

1

Para avaliar as reais pretensões envolvidas no projeto de uma fundamentação última do conhecimento podemos começar examinando uma de suas expressões modernas mais radicais: a *Ciência da Lógica*. Para Hegel, essa obra deveria propiciar a efetivação de um saber absoluto. Não se trata apenas de construir uma ontologia capaz de expor e fundamentar as leis universalíssimas, válidas tanto para a esfera do ser como para o domínio do pensamento. A *Lógica* tem uma pretensão muito mais vasta: dar sustentação a um conhecimento absoluto e necessariamente verdadeiro dessas leis universais.

O conhecimento seria absoluto porque o círculo lógico formado pela totalidade da rede categorial investigada na *Ciência da Lógica* não possuiria qualquer pressuposto externo: não haveria qualquer conceito ou proposição exterior ao sistema categorial cuja pressuposição seria necessária para a sua realização. Justamente a ausência de condicionamento externo permitiria a realização de um saber incondicionado, absoluto. Mas esse conhecimento também teria de ser necessariamente verdadeiro, ou seja, nenhuma das afirmações nele contidas poderia ser falsa.

Só ao cumprir esses dois requisitos qualquer tipo de conhecimento pode estar fundamentado de modo último, tornando-se inabalável e inacessível à dúvida, erguendo-se para além do fantasma do ceticismo. De fato, garantir a verdade necessária de certo tipo de conhecimento não basta para livrá-lo de toda dúvida possível e de toda possível refutação. Podemos ter uma proposição cuja verdade é necessária, mas apenas de modo condicional. *Se* pressupomos de saída tais e tais regras da Lógica como legítimas, então segue-se daí

FUNDAMENTAÇÃO ÚLTIMA É VIÁVEL?

que uma afirmação contraditória é necessariamente falsa. Mas como sabemos ser adequado, por exemplo, o princípio de não contradição? Só um saber sem condicionamentos ou absoluto pode eliminar pela raiz a insistente dúvida que ronda as afirmações iniciadas pelo "se" indicador do condicional. Mas existirá, de todo modo, um tal saber absoluto?

Hegel julgava que sim, mas um dos críticos mais incisivos de sua filosofia, o dinamarquês Sören Kierkegaard, tinha opinião inversa. Podemos sintetizar o ceticismo kierkegaardiano diante do projeto de fundamentação última do seguinte modo: sempre que pretendemos sustentar um conhecimento de modo racional — ou seja, por meio de provas, argumentos ou razões —, terminamos pressupondo um elemento não racional como ponto de partida da argumentação. O problema diagnosticado por Kierkegaard já era conhecido na filosofia grega: como estabelecer os fundamentos da ciência de modo racional, ou seja, por meio de argumentos? Podemos conceber a ciência como "a opinião verdadeira acompanhada de razão" (Platão, *Teeteto*, 202c). Se desejamos possuir a ciência de algo, faz-se necessário percorrer três etapas: a) uma opinião deve ser emitida; b) essa opinião deve ser verdadeira; c) é preciso dar razões que sustentem a verdade do opinado.

A realização das duas primeiras etapas parece descomplicada: emitimos uma opinião e provamos a sua verdade deduzindo-a de dadas premissas. Por outro lado, sabemos pelas regras lógicas que a conclusão de uma dedução somente pode ser assegurada como verdadeira sendo verdadeiras as suas premissas. Mas como obtemos a verdade das premissas? Isso só seria viável mediante o recurso a novas premissas, que também teriam de ser provadas verdadeiras, em um *regressus ad infinitum*. A alternativa seria estancarmos esse processo de prova em algum ponto. Ocorre que essa parada, apesar de dar sustentação à segunda das etapas mencionadas anteriormente, não é capaz do mesmo no que diz respeito à última: estancamos a atividade de dar razões e, com isso, extrapolamos o âmbito da ciência propriamente dito.

Aristóteles também reconheceu a dificuldade mencionada. Esta a sua resposta, ao menos parcialmente antecipada por Platão:[1] se o conhecimento realizado por mediações (provas ou argumentos) é incapaz de dar acesso último à verdade, e se a ciência só se dá sempre por meio de razões, então tem de existir um tipo de conhecimento mais fundamental do que o saber científico. Esse conhecimento primordial deve possuir pelo menos duas características: de um lado, deve ser imediato, ou seja, as verdades conhecidas por meio dele devem ser estabelecidas sem a necessidade de passos pregressos; de outro, deve ser ainda mais certo e infalível do que o conhecimento científico, pois fornecerá as bases para este e, sendo ele incerto, também seria duvidosa toda ciência possível. Aristóteles denominou essa forma de conhecimento *nous* (cf. Anal. Seg., 100b).

Ora, Kierkegaard poderia enfatizar, não sem motivo, o caráter arbitrário desse tipo de conhecimento imediato, o que fica implícito em sua crítica a Hegel. Segundo Kierkegaard, também a *Lógica* hegeliana precisaria partir de algum lugar: a cadeia de provas ou argumentos deve ter um começo. Isso não eliminaria da *Lógica* o seu caráter absoluto? O começo não é justamente o elemento exterior condicionan-

---

[1] Já Platão apelou, como recurso para evitar as dificuldades na fundamentação do conhecimento verdadeiro, a uma forma de "apreensão direta [imediata]: a apreensão do primeiro princípio não hipotético, que não pode deduzir-se de nenhum outro porque é superior a todos os demais" (D. Ross, 1993, p. 87).

te de todos os demais passos dados no decorrer da obra? Podemos até conceder que todas as afirmações da *Lógica*, tendo iniciado o processo probatório e sendo este realizado conforme a estrutura dialética sustentada por Hegel, sejam provadas como verdadeiras. Pode ser que toda a ontologia hegeliana, após começar, tenha de ser aceita como verdadeira. Todavia, basta apontarmos a precariedade do início para que a suspeita seja lançada sobre toda a obra e sua suposta "absolutidade". Como dirá Kierkegaard, "o começo só pode ser realizado se a reflexão é interrompida, e a reflexão só pode ser interrompida através de alguma outra coisa, e esse outro é algo totalmente diferente do lógico, pois é uma decisão" (Nachschr., 16a, p. 106). O ato de decidir começar por esse ou aquele ponto, por essa ou aquela premissa, é apenas isto: uma decisão sem qualquer fundamento anterior, sem razões, uma decisão cega.

2

Todavia, Hegel não deixou de levar em conta esse problema, o que parece ter passado despercebido por Kierkegaard. Hegel poderia inclusive levar adiante a crítica kierkegaardiana e estendê-la como a objeção central à própria solução platônico-aristotélica ao problema da fundamentação. O apelo a alguma forma de conhecimento imediato não foi um privilégio dos filósofos gregos: a pressuposição de uma intuição intelectual como forma de apreensão imediata e segura da verdade dos princípios é um dos pilares do sistema cartesiano, e constou como pressuposição decisiva nos sistemas filosóficos de Fichte (cf. WL-1797, p. 528) e Schelling (cf. FDSyst., p. 112). A exigência de uma renovação metódica por parte de Hegel surge justamente da constatação do caráter arbitrário de qualquer começo realizado sem razões. O apelo a alguma forma de intuição intelectual não é, segundo Hegel, uma solução satisfatória, pois esse tipo de conhecimento é como "o oráculo que devemos aceitar porque é feita a exigência de que intuamos intelectualmente" (GPh., v. 20, p. 435). Kierkegaard parece não ter reconhecido o quanto Hegel estava consciente do problema do começo da ciência, nem parece ter tematizado com o devido rigor a proposta hegeliana de solução a essa dificuldade.

A alternativa hegeliana não inclui nem o regresso ao infinito na cadeia probante nem o apelo a qualquer tipo de conhecimento imediato ou ato de decisão irracional para instituir o ponto de partida da ciência. À primeira vista, a solução apresentada no capítulo-chave da *Lógica*, intitulado "Com o que deve ser feito o começo da ciência", parece paradoxal. Hegel propõe a defesa de um início realizado sem pressuposições (WL, v. 5, p. 69). Mas essa expressão não deve nos iludir: Hegel não está defendendo o recurso a um conhecimento direto de dado elemento, por meio do qual poderíamos instaurar o começo da ciência. Se o início é imediato, algo meramente pressuposto mas ainda não provado, isso revela a necessidade de prosseguirmos com o intuito de justificá-lo no decorrer da elaboração da ciência.

A ideia é instaurar uma circularidade estrita no sistema categorial, ancorada na atividade sintetizante do lado positivo-racional ou especulativo do método, o que permitiria a elevação do meramente pressuposto a algo posto pela lógica imanente do processo de constituição do sistema categorial: "O essencial para a ciência não é tanto que o início seja algo puramente imediato, mas que o todo desta [ciência]

FUNDAMENTAÇÃO ÚLTIMA É VIÁVEL?

seja um círculo em torno de si mesmo, onde o primeiro torna-se também o último, e o último, também o primeiro" (Hegel, WL, v. 5, p. 70). Essa circularidade é instaurada, portanto, por meio de uma lógica da pressuposição e da posição. Todo o elemento pressuposto contingentemente ao início da ciência deve, ao final do processo, ser revelado como algo necessário. Aquilo que era tido no começo por arbitrário é revelado, ao fim, quando a totalidade do conjunto se destaca da pluralidade aparentemente desconexa das partes, como momento necessário do todo. A eliminação das pressuposições *enquanto* elementos contingentes e exteriores ao sistema categorial não resulta, portanto, do recurso a um ato irracional e arbitrário, ou a qualquer suposta intuição intelectual.

Deixando de lado a questão acerca de se é possível instaurar uma estrutura circular desse tipo sem cair em um círculo vicioso, devemos salientar que a solução hegeliana termina em um impasse. Esse impasse diz respeito à incompatibilidade entre as dimensões crítica e especulativa da dialética hegeliana, como pretendo ter mostrado em outro lugar (E. Luft, 1999). A crítica das pressuposições implícita no lado negativo-racional do lógico, em terminologia hegeliana, pressupõe a presença de ocorrências contingentes na esfera do pensamento, ou seja, pressupõe que cada uma das categorias tematizadas criticamente possa ser mal alocada no sistema categorial, de modo a surgir uma contradição a ser superada por uma nova tematização dessa categoria. Mas justamente essa possibilidade de alocação indevida de categorias é inviabilizada quando o círculo categorial se plenifica, quando o saber se torna absoluto ou incondicionado. O círculo fechado promovido pela especulação, caso funcionasse como pretendia Hegel, teria de eliminar a dimensão crítica do método, e, com isso, a Ideia Absoluta produziria a sua própria supressão.

3

Deve-se salientar que, por detrás da argumentação realizada até agora, reside implícito o assim denominado Trilema de Münchhausen (cf. H. Albert, 1991): na cadeia de provas da verdade de uma proposição dada, ou caímos em um regresso ao infinito, ou precisamos apelar a um ato arbitrário de parada — e o *nous* aristotélico, bem como a *intellektuelle Anschauung* em Fichte e Schelling, apontam para uma solução nesse sentido — ou tornamo-nos reféns de circularidade viciosa — acusação que não pode ser descartada no contexto da *Lógica* hegeliana. Os problemas apontados pelo Trilema eram já conhecidos dos antigos céticos, e foram tematizados criticamente pelo próprio Hegel em texto de 1801 (Skep., p. 244).

A aceitação da inescapabilidade do Trilema não conduz necessariamente a um ceticismo radical — nenhuma forma de conhecimento verdadeiro é possível —, mas apenas a uma forma de ceticismo moderado ou, se quisermos, criticismo — todas as nossas pressuposições estão abertas a possíveis modificações, desde que tenhamos bons argumentos para tanto. Esses bons argumentos não serão, novamente, definitivos, mas poderão ser considerados os melhores de que dispomos sob tais e tais situações cognitivas.

Para evitar o que poderíamos chamar ao menos de uma vitória parcial do ceticismo, autores contemporâneos têm insistido no retorno das tentativas de fundamentação última do conhecimento. Entre as mais destacadas correntes nesse

FUNDAMENTAÇÃO ÚLTIMA É VIÁVEL?

contexto encontram-se a Pragmática Transcendental apeliana e seus seguidores. Essa corrente está claramente inspirada pela questão kantiana: quais as condições de possibilidade do conhecimento em geral? Contudo, a problemática do conhecimento não é mais tratada no contexto de uma teoria da subjetividade e de suas faculdades (sensibilidade, entendimento, razão), passando a vincar-se em uma investigação mais abrangente da capacidade humana para o discurso. Não são apenas as condições de possibilidade da experiência que estão em jogo, mas as condições de todo o discurso possível, o que permitiria a superação do dualismo kantiano entre razão teórica e prática, pois o discurso tem a universalidade capaz de abarcar todas as questões racionais, seja em epistemologia, seja em ética.

A influência kantiana também transparece no núcleo central dessa filosofia transcendental renovada: deve-se não apenas mostrar as condições de possibilidade de todo discurso com sentido, mas é necessário provar o caráter absoluto ou não relativizável de tais condições. A prova transcendental é reinvestida de sua antiga pretensão de fundar de modo absoluto ou último o conhecimento ou, mais amplamente, o discurso legítimo. Deve-se salientar, de saída, que tal empreendimento só será viável se for capaz de superar a forte ambiguidade dominante na argumentação kantiana: se a prova transcendental é tão decisiva, então a sua estrutura precisa estar claramente apresentada, de modo que possamos satisfazer as condições de intersubjetividade tão intensamente apregoadas pela própria Pragmática Transcendental.

Sabemos que, no que diz à argumentação kantiana, essa clareza nunca foi alcançada. Até hoje, o real sentido da prova transcendental introduzida por Kant permanece objeto de disputa entre os intérpretes: há autores que a consideram um tipo de dedução lógica (H. Palmer, 1983); outros, como inferência sintética *a priori* (M. Niquet, 1991, p. 192 ss.), e ainda outros, como uma estrutura complexa tendo por premissas uma proposição analítica, outra empírica, concluindo com uma proposição sintética *a priori* (M. Hossenfelder, 1981, 1988).

O certo é que a Pragmática Transcendental, representada por seu idealizador K. O. Apel, não pretende seguir a metodologia kantiana, por aceitar a célebre objeção de má circularidade levantada por uma série de autores destacados.[2] A objeção procede se concebermos o argumento transcendental realizado na *Crítica da Razão Pura* como um tipo de prova direta mediante procedimento regressivo-dedutivo.

Citemos um exemplo. Tomemos o procedimento que Kant adota na primeira exposição transcendental, no contexto da Estética (*Crítica da Razão Pura*). Busca-se nesse ponto provar o "espaço" como forma pura da intuição sob a pressuposição prévia de que a geometria contém proposições sintéticas *a priori*. Segundo Kant, a geometria é uma ciência que "[...] *determina sinteticamente e* a priori *as propriedades do espaço*" (KrV, B 40); pergunta-se, então, "*o que precisa* [muss] *ser a representação do espaço para que um tal conhecimento dele seja possível?*" (B 40). Conclusão: o espaço "[...] *precisa* [muss] *ser originariamente intuição* [...]. *Mas*

---

[2]Entre os principais, S. Maimon, 1969, p. 50-51, R. Kroner, 1921, v. 1, p. 74, F. Paulsen, 1924, p. 244 ss., e M. Wundt, 1924, p. 410-411. Para a crítica contemporânea, cf. H. Palmer, 1983.

FUNDAMENTAÇÃO ÚLTIMA É VIÁVEL?

essa intuição precisa ser encontrada em nós a priori, *antes de toda a percepção de um objeto* [...]" (B 40-1).

É fácil constatar o caráter notoriamente regressivo do argumento proposto por Kant: ele parte de um conhecimento dado e vai na direção de suas condições de possibilidade (o procedimento progressivo percorreria o caminho inverso). Agora, possui esse argumento uma estrutura inferencial, ou seja, o filósofo quer *deduzir* a verdade das premissas de certas condições de possibilidade da verdade da existência de certo tipo de conhecimento *a priori*? Se a resposta for sim, então a argumentação é circular. Vejamos esse ponto em detalhe. Kant parte da constatação de que a geometria determina o espaço sinteticamente e *a priori*; ele oferece, então, argumentos que procuram sustentar o vínculo entre essa ciência e certos elementos transcendentais sem os quais ela não seria possível. Segundo o autor, proposições sintéticas ou são *a posteriori* ou *a priori*. No primeiro caso, temos proposições fundadas na experiência e com caráter contingente e não universal; só no segundo caso temos proposições com caráter universal e necessário, e estas só são possíveis porque fundadas não na experiência mas em certos elementos transcendentais e *a priori* fornecidos pela subjetividade transcendental. Com esses pressupostos básicos da filosofia transcendental kantiana (que poderiam ser, de todo modo, questionados) alcançamos a primeira premissa do argumento: que o espaço seja uma forma pura da intuição é condição necessária para a realização da geometria enquanto ciência capaz de elaborar proposições sintéticas e *a priori*. A segunda premissa do argumento, ou seja, que a geometria contém proposições sintéticas *a priori*, Kant pretende obtê-la de uma

EDUARDO LUFT

simples constatação fática.[3] A partir dessas duas premissas, o filósofo procura, então, inferir a proposição que afirma o espaço como forma pura da intuição como proposição verdadeira. O argumento como um todo teria a seguinte forma lógica: 1. Se a geometria contém proposições sintéticas *a priori*, então o "espaço" é uma forma pura da intuição; 2. A geometria contém proposições sintéticas *a priori*; 3. Então, o "espaço"' é uma forma pura da intuição. O argumento como um todo é circular (má circularidade). Isso porque, se a primeira premissa é verdadeira, então a segunda premissa só pode ser obtida como verdadeira se pressupusermos de saída a verdade da conclusão — que a geometria contém proposições sintéticas *a priori*, isso só pode ser estabelecido como verdadeiro se considerarmos o espaço de saída como forma pura da intuição —, e não podemos agora querer inferir daí a conclusão novamente como verdadeira sem má circularidade.

Para escapar da má circularidade, mantendo a estrutura regressiva da argumentação, precisamos recusar o seu caráter dedutivo, enfraquecendo a prova: não temos mais a pretensão de inferir a verdade das condições de possibilidade, mas sim-

---

[3]Devemos deixar claro que o cerne da prova transcendental não é a passagem da efetividade de certos juízos sintéticos *a priori* à sua possibilidade, mas de sua efetividade às condições de possibilidade; ou seja, não se trata de provar *que* esses conhecimentos são possíveis, mas *como* o são. Como diz Kant: "*destas ciências [Física e Matemática puras], já que elas são efetivamente dadas, é conveniente perguntar: como elas são possíveis; pois que elas precisam ser possíveis, isso é provado de sua efetividade*" (KrV, B 20-1). Se a *Crítica* se resumisse a um tratamento do primeiro problema (do *que* e não do *como* da possibilidade do conhecimento apriorístico), então bastaria para o sucesso desse empreendimento uma simples inferência em Lógica Modal da possibilidade dos juízos sintéticos *a priori* a partir de sua efetividade. Mas esse não é o caso: a prova das condições de possibilidade é a meta própria do argumento transcendental.

FUNDAMENTAÇÃO ÚLTIMA É VIÁVEL?

plesmente *mostrá-las*. Esse passo foi dado por pesquisadores como M. Wundt[4] e R. Bubner. *Provar*, nesse contexto, não equivaleria a uma prova lógica, à aceitação necessária de uma certa conclusão a partir da aceitação da verdade de certas premissas, mas a uma *mostração* de fundamentos de direito que legitimam dado ponto de vista: "Não se trata aqui de uma obrigação de concordância, [como aquela] que uma correta prova [*Beweis*] traz consigo para todo ser racional, mas da indicação [*Nachweis*] de uma legitimação" (Bubner, 1984, p. 65).

4

Os teóricos da Pragmática Transcendental não podem, todavia, aceitar esse enfraquecimento da prova transcendental, por uma razão muito simples: fazê-lo equivale a pagar com a recusa da pretensão de fundamentação última. Como diz Bubner: "fundamentos racionais não se pode discutir sem se colocar em confronto com a [própria] razão. Direitos legítimos pode-se certamente discutir, sem ser por isso acusado de irracional" (Bubner, 1994, p. 66).

Todavia, para além do enfraquecimento da prova, resta ainda outra saída para evitar o círculo vicioso: pode-se adotar um procedimento regressivo, mas agora no contexto de uma tentativa de refutação do ponto de vista do adversário por *reductio ad absurdum*. O próprio Kant o fez na *Crítica da Razão Pura*. Na versão de 1787 da *Crítica*, Kant dedicou-se

---

[4]"A prova acontece não de modo demonstrativo, mas na forma de comprovação [*Bewährung*], a única forma em que uma proposição geral pode ser provada, enquanto esta precisa ser sempre pressuposta para a investigação do campo almejado" (1924, p. 411).

longamente a expor aquele que seria o fundamento último da capacidade de síntese própria ao entendimento, ou seja, a unidade da apercepção, tentando de algum modo prová-la como verdadeira, por ser a condição necessária de possibilidade do conhecimento objetivo. Desse modo, o filósofo afirma, em B 131-2: o "[...] *eu penso precisa poder acompanhar todas as minhas representações; senão algo seria representado em mim que não poderia de modo algum ser pensado, o que significaria que a representação seria ou impossível ou ao menos [não seria] nada para mim*". Essa argumentação tem a forma: 1. Se eu tenho representações, então o "eu penso" acompanha as minhas representações; 2. O "eu penso" não acompanha as minhas representações; 3. Então, eu não tenho representações (formalmente: $[((p \rightarrow q) \wedge \neg q) \rightarrow \neg p]$). Como o adversário supostamente tem representações, resulta que ele ao mesmo tempo aceita p e, de acordo com a prova anterior, nega p, ou seja, a sua opinião foi refutada. Poderíamos também utilizar a *reductio ad absurdum* como momento no contexto mais amplo de uma prova indireta: se q é mesmo condição necessária de possibilidade de p (premissa 1), e p é verdadeiro (premissa 2), então o adversário não pode senão aceitar a verdade de q; negá-la implicaria recusar a afirmação "$((p \rightarrow q) \wedge p) \rightarrow q)$" — justamente o que ele pretende ao considerar q falso, sendo as premissas verdadeiras —, o que conduz a uma contradição (revelada por "redução ao absurdo", pois das duas premissas pode-se inferir a verdade de q; logo, o adversário nega e aceita q). Mostrando falso o ponto de vista do oponente, revelamos indiretamente o caráter irrecusável da verdade de q, sendo verdadeiras as mencionadas premissas.

Mas os filósofos da Pragmática Transcendental não podem, tampouco, aceitar essa saída para o mencionado impasse da argumentação transcendental. Por quê? Em primeiro lugar, a "redução ao absurdo" se faz no contexto da utilização do Modus Tollens da Lógica Formal, ou seja, trata-se de uma argumentação condicionada pela validade das regras da Lógica e, portanto, não pode ser considerada incondicionada ou absoluta, capaz de uma fundamentação última, como enfatiza o próprio Apel (1993, v. 2, p. 405 ss.) Mas temos outros problemas: a mencionada refutação só funciona se supomos a primeira premissa como verdadeira, ou seja, se de fato q é condição necessária de possibilidade de p. Mas como temos garantia disso?

Desse modo, a Pragmática Transcendental necessita fornecer algum tipo de argumentação que transcenda o marco tanto da Lógica dedutiva quanto de qualquer tipo de argumentação fraca. Como isso é possível? Esse só pode ser o caso se os seus defensores fornecerem, ao contrário de Kant, uma versão clara e consistente de argumentação transcendental capaz de fundamentação última, com a sua estrutura plenamente explicitada para que possamos avaliar os seus possíveis méritos e deméritos. Mas alguém foi capaz disso?

5

Se buscamos o esclarecimento mais abrangente de todos os elementos envolvidos pelo tipo de tentativa de fundamentação última defendido na Pragmática Transcendental, devemos recorrer à obra *Reflexive Letztbegründung: Untersuchungen zur Transzendentalpragmatik*, de W. Kuhlmann. Segundo o autor, o primeiro princípio de toda a Pragmática Transcendental afirma: "A situação daquele que argumenta com sentido é para nós pura e simplesmente *unhintergehbar* ['irretrocedível', em tradução aproximada]" (1985, p. 51). Sendo assim, todo o esforço do filósofo pragmático-transcendental deve se concentrar na busca de fundamentação — e última — desse mesmo princípio.

Deve-se ter em vista que não se está afirmando o caráter irrecusável da argumentação como tal, mas apenas da argumentação *com sentido*. Ora, argumentar com sentido é afirmar ou recusar dada ideia ou ponto de vista dentro de um quadro normativo implícita ou explicitamente pressuposto. Quem argumenta desse modo pressupõe, portanto, certas regras do discurso com sentido. Entre as regras que formam o núcleo irrecusável de toda argumentação sensata estão, segundo Kuhlmann, as seguintes: "[...] que a pretensão de validade da verdade pertence às afirmações, que afirmações podem ser fundamentadas, que elas podem ser refutadas e, em caso de sua refutação, devem ser recusadas, que afirmações podem ser utilizadas para confirmação (fundamentação), [ou] refutação de outras afirmações, assim como as implicações imediatas dessas regras" (1985, p. 98).

Devido ao caráter universalíssimo dessas regras pressupostas, o princípio da Pragmática Transcendental não pode ser provado sem má circularidade. De fato, para provar o caráter irrecusável da situação de quem argumenta com sentido, precisaríamos utilizar as mencionadas regras essenciais e, com isso, pressuporíamos o que precisamos provar. Ou seja, o problema da circularidade retorna, e, com ele, a tentativa de evitá-lo por meio da prova indireta. Para realizar a prova indireta, assumimos a posição de quem pretende recusar o princípio primeiro da Pragmática Transcendental, mediante a seguinte afirmação: "as regras da argumentação não valem para mim" (Kuhlmann, 1985, p. 83). Ocorre que o ato de

FUNDAMENTAÇÃO ÚLTIMA É VIÁVEL?

fala de quem afirma isso desde sempre inclui, por exemplo, pretensão de verdade. Como o suposto adversário pretende negar o que, ao menos implicitamente, desde sempre afirma ao realizar a asserção mencionada, ele entra em contradição. Reduzindo ao absurdo a tentativa de negação do princípio da Pragmática Transcendental, provamos indiretamente a sua verdade.

Tudo está claro. Agora, como sabemos que, de fato, ao menos as regras acima mencionadas são mesmo as condições necessárias de possibilidade de todo o discurso com sentido? O que entendemos por discurso com sentido? Um discurso sem sentido deixa de ser qualquer tipo de discurso? Não ter sentido equivale a não poder ser compreendido? Se há uma linha divisória a separar a argumentação com sentido da argumentação sem sentido, como oferecer — sem circularidade — argumentos para que uma pessoa transite deste para o outro lado da linha, do discurso supostamente sem sentido para o discurso com sentido? Como sustentar a legitimidade dessas regras universais em lugar de outras possíveis? Enfim, depois de toda a nossa encenação, o cético poderia retrucar: "Bela prova! E o mesmo vale para qualquer argumentação 'transcendental': se afirmo p mas nego q, enquanto q é condição necessária de possibilidade de p, então nego p. Afirmo e nego p, afundando na contradição. Não nego a correção lógica de teu argumento. Apenas pergunto: é de fato isso o que afirmo? Não. Afirmo p e nego q mas nego — ou ao menos ponho em dúvida — a proposição que afirma q como condição necessária de possibilidade de p."

O contra-argumento do filósofo pragmático-transcendental salta à vista: "Meu caro cético, atribuis a mim um tipo de prova indireta cuja incapacidade de fundamentação última

49

é notória. Trata-se de uma prova por dedução lógica, o que não permite uma fundamentação desse tipo. Isso porque: 1) argumentos dedutivos são condicionados — suas conclusões dependem da verdade das premissas —, jamais incondicionados ou absolutos, e só uma argumentação incondicionada ou absoluta permite a requerida fundamentação *última*; 2) dedução lógica desde sempre pressupõe as regras da Lógica, sendo, portanto, por elas condicionada, quando a verdadeira fundamentação última deve, pelo contrário, ela mesma propiciar a fundamentação de todo e qualquer elemento fundante do discurso com sentido, inclusive as próprias regras da Lógica; 3) a dedução lógica considera apenas a dimensão sintático-semântica da linguagem, quando uma fundamentação última, como entendida no contexto da Pragmática Transcendental, deve também levar em consideração a sua dimensão performativa."

Em suma, o filósofo pragmático-transcendental precisa urgentemente fornecer os argumentos para diferenciar de modo claro o seu tipo de prova indireta da prova anteriormente mencionada, onde utilizamos apenas e tão somente o Modus Tollens e os recursos conhecidos da Lógica Formal, e que sabemos, como já dito, ser uma prova sempre condicionada e jamais incondicionada. M. A. de Oliveira, em sua importante obra *Sobre a Fundamentação*, escreve: "A alternativa apresentada pela pragmática transcendental é substituir a *derivação* pela *reflexão* (explicitação, tematização do implícito): trata-se de, pela mediação da reflexão crítica sobre a estrutura e os limites da dúvida sensata, buscar algo que, em princípio, não pode ser alcançado pela dúvida sensata e pela argumentação crítica, porque é sua condição

FUNDAMENTAÇÃO ÚLTIMA É VIÁVEL?

necessária, que, portanto, não pode ser negado sem que a própria dúvida se destrua a si mesma" (1993, p. 71).

Mas, o que vem a ser propriamente "reflexão"? Note-se a dificuldade de sua definição pelo próprio autor: ela pode ser entendida como "explicitação", "tematização", "busca" do implícito etc. Deve-se salientar que a mera busca não configura qualquer fundamentação última. Nem sequer se revela com isso qualquer estrutura probante específica que pudesse ser vista como capaz de realizar tal meta. Tampouco Kuhlmann, ao afirmar que "fundamentação última reflexiva ocorre muito mais por meio da *descoberta* [*Aufdeckung*] do irretrocedível [*unhintergehbar*] já sempre por nós reconhecido" (1985, p. 75), oferece qualquer critério capaz de realizar o prometido. Busca, explicitação, descoberta, seja o que for, podem ser proporcionadas do seguinte modo: supomos a prova indireta descrita acima, e, por atos de pensamento, retrocedemos à premissa fundante que apresenta um certo elemento como condição necessária de possibilidade de certa afirmação. Temos, aqui, um procedimento que pode, no máximo, tornar explícito o implícito, mas jamais *prová-lo*. Esse procedimento é, como vimos, aceito por teóricos como Wundt e Bubner, que substituem a *prova estrita* pela mera *mostração*, enfraquecendo a argumentação para escapar da má circularidade e, justamente por isso, inviabilizando qualquer tentativa de fundamentação última. Note-se que o próprio Kuhlmann enfatiza: "Os recursos do descobrir [*des Aufdeckens*] não atuam aqui como fontes da validade de x (como *rationes essendi* ou *validitatis*), mas como *rationes cognoscendi*" (1985, p. 93).

Então, onde reside a peculiaridade da argumentação realizada pela Pragmática Transcendental? O seu único caráter

EDUARDO LUFT

verdadeiramente diferenciador, talvez de fato o mais decisivo, parece residir na última afirmação do pragmático-transcendental em seu pequeno diálogo com o cético citado anteriormente: a prova indireta por dedução lógica não leva em consideração a dimensão performativa do discurso: "Que a peculiaridade e o valor heurístico da *reflexão transcendental* como método especificamente *filosófico* não são sequer notados na discussão atual acerca da 'fundamentação última', parece-me depender do fato de que a abstração da dimensão *pragmática* da argumentação, característica para a *Filosofia Analítica*, conduz a pensar o problema da 'fundamentação última' apenas como [uma questão de] pressuposições de *proposição* ou *asserção lógica (sintático-semântica)*" (Apel, 1993, v. 2, p. 406).

Toda a aposta do filósofo pragmático-transcendental recai, portanto, sobre o caráter específico de uma prova fundada não apenas em uma contradição formal no discurso. A contradição peculiar por ele afirmada é *pragmática*, e se dá entre um nível semântico-sintático e outro performativo da linguagem. A minha afirmação de p — "As regras da argumentação não valem para mim" — não está em uma contradição meramente formal com premissas pressupostas: a contradição *pragmática* se dá, muito mais, no jogo entre os níveis performativo e proposicional de p (Kuhlmann, 1985, p. 88-89).

O que isso pode trazer de novo para a perspectiva de uma fundamentação última? Segundo Kuhlmann, essa relação torna a perspectiva de uma dúvida *imediatamente* sem sentido: "Dúvida acerca da adequação das expressões performativas é ao mesmo tempo dúvida sobre aquilo de

FUNDAMENTAÇÃO ÚLTIMA É VIÁVEL?

que dependem os padrões de medida dessa dúvida e, com isso, **imediatamente** [destaque meu] sem sentido [*unmittelbar sinnlos*]" (1985, p. 88). A exigência de *razões* acerca do verdadeiro caráter das pressuposições que estão em jogo no contexto da refutação do cético é posta em suspenso *à custa* da afirmação do caráter imediato do conhecimento instaurado pela dimensão performativa da linguagem. Quem não abstrai do nível performativo da linguagem concederá que "[...] já temos a solução de nosso problema *antes* que tenhamos realizado a procura por evidências teóricas pró ou contra (p)" (Kuhlmann, 1985, p. 84).

Justamente essa especificidade da prova transcendental permite, segundo Kuhlmann, a elevação daquele que argumenta do nível de uma reflexão meramente teórica para uma reflexão estritamente transcendental. A mera reflexão teórica exigirá o esclarecimento dos pressupostos utilizados na refutação do cético, inclusive uma teoria dos atos de fala e da linguagem em geral capaz de explicitar o que se entende por discurso com sentido, por que são essas e não outras as condições de possibilidade do discurso com sentido etc. Como todas essas instâncias são passíveis de discussão e dúvidas, a reflexão teórica mostra-se desde sempre condicionada e falível. Pelo contrário, a reflexão estrita prescindiria de qualquer esclarecimento teórico posterior ao próprio ato de fala realizado no instante da autorrefutação do cético.

A reflexão "teórica" é desse modo intitulada por Kuhlmann para acentuar o seu caráter objetivante, por meio do qual obscurecemos a dimensão subjetiva do ato de fala: consideramos o objeto de reflexão como algo objetivo, situado diante de nós, e do qual não fazemos parte.[5] O ato de fala é tematizado enquanto objeto, enquanto uma atividade exterior a nós mesmos, na qual não estamos envolvidos. Essa condição objetivante da posição teórica seria a responsável, segundo Kuhlmann, pelo esquecimento da dimensão performativa e promoveria, com isso, o obscurecimento da participação no ato de fala daquele que duvida — o cético. Elevar-se ao nível da reflexão estrita é considerar também e principalmente a dimensão performativa, o que traria o acesso imediato e indubitável às referidas pressuposições, minando toda a dúvida acerca do princípio defendido pela Pragmática Transcendental. De fato, sempre que retornarmos ao nível teórico, ou seja, sempre que recusarmos a suposta imediaticidade do conhecimento implicado pela tematização da dimensão performativa da linguagem, o ceticismo renascerá com toda a sua força. A presença de qualquer instância mediadora dará lugar à possibilidade da dúvida acerca da verdade ou legitimidade dos passos pregressos para obter certa conclusão.

Não há nada de errado, diga-se de saída, com a ênfase dada por Kuhlmann à dimensão performativa da linguagem. O problema está, muito antes, nas pressuposições feitas com o intuito de utilizar a distinção dimensão sintático-semântica/dimensão performativa do discurso como instrumento para a fundamentação última. É verdade

---

[5] "Com 'posição teórica' queremos dizer sobretudo isto: comumente, nos aproximamos dos objetos teóricos a partir da posição e perspectiva de um observador que está fora, distanciado; para nós, enquanto teóricos, apenas está aí aquilo que, para uma observação distanciada, está *na frente* e é trazido *para* a nossa *frente*; para nós, enquanto observadores teóricos, não está aí o que não pode ser trazido à nossa frente na posição de objeto teórico" (Kuhlmann, 1985, p. 78.)

FUNDAMENTAÇÃO ÚLTIMA É VIÁVEL?

que, sem essas pressuposições, mais especificamente, sem a pressuposição do suposto caráter imediato do saber de quem não abstrai da dimensão performativa do discurso, a argumentação do pragmático transcendental terminaria esvaziada, pois seria incapaz de estipular qualquer diferença plausível entre prova indireta por dedução lógica e por argumentação transcendental. Mas não devemos deixar de considerar o alto preço a ser pago pela adesão a esse pressuposto. Só conseguimos acalmar a dúvida do cético, que insiste em alertar para instâncias não provadas em toda a nossa "argumentação transcendental" — exigindo, com isso, a reinserção de nosso discurso pretensamente soberano na vizinhança do Trilema de Münchhausen —, mediante a postulação de algum tipo de conhecimento imediato e, justamente por isso, inacessível à posição teórica, ou seja, inacessível a qualquer tipo de objetificação.

É sobretudo curioso observar, nesse contexto, o uso de artifício comum na Filosofia Hermenêutica — a suposição do caráter não objetivável de certas instâncias do discurso —,[6] avessa como esta é a todo projeto de um saber absoluto, justamente para dar sustentação a uma suposta fundamentação última do conhecimento. Mas o resultado é ainda mais indesejável. O apelo a algum tipo de imediaticidade, capaz de estancar de vez a ânsia daquele que busca razões, é um recurso utilizado pelos filósofos, como vimos, desde os gregos. Ocorre que toda forma de saber imediato, justamente pelo seu caráter de imediaticidade, *é intersubjetivamente inescrutável* (um "oráculo", como diria Hegel). Somente podemos compartilhar o conhecimento de algo porque compartilhamos as mediações

---

[6]Para a crítica desse postulado, cf. Albert, 1994, sobretudo p. 84 ss.

que nos conduzem à afirmação de algo como algo: não há conhecimento sem método; não há algo para nós — e não apenas para mim — sem que tenhamos acesso ao caminho comum que temos de percorrer para a obtenção de algo como intersubjetivamente conhecido. A consequência dessa argumentação para a Pragmática Transcendental é dura: como a suposta Filosofia da Intersubjetividade pôde cair refém de uma forma tão intensa de solipsismo?

6

Por tudo o que foi dito, o Trilema de Münchhausen permanece incólume, soberano sobre as várias propostas de superá-lo. Mas há uma tentativa de fundamentação última que procura tirar dessa pretensa situação de soberania a autorrefutação do Trilema. Segundo V. Hösle,[7] *"das Münchhausentrilemma behauptet, Letztbegründung sei unmöglich"* [o Trilema de Münchhausen afirma que fundamentação última é impossível] (1997, p. 153). Mas uma afirmação desse tipo conteria, segundo o autor, reivindicação de necessidade — "[...] ('É impossível que a' diz tanto quanto 'é necessário que não-a')" (1997, p.153) —, e, por sua vez, "im idealen Bereich kann m.E. 'notwendig' **nur** [destaque meu] 'letztbegründet' bedeuten [...]" ["em âmbito ideal, 'necessário' somente pode significar, a meu ver, 'fundamentado de modo último'"] (1997, p. 154 nota). Sendo assim, existiria fundamentação última, notoriamente a aceita de modo implícito pelo próprio Trilema.

---

[7]Para a proposta de fundamentação última apresentada por Hösle, cf. tb. *Begründungsfragen des objektiven Idealismus* (1987).

FUNDAMENTAÇÃO ÚLTIMA É VIÁVEL?

O Trilema terá ruído de vez? Agora, examinemos com cuidado a prova de Hösle. "Necessário" poderá significar apenas, mesmo que em "âmbito ideal", "fundamentado de modo último"? Se, como dizíamos, todo conhecimento supõe mediações, portanto, condicionamentos, estaremos com isso impedidos de fazer uso do conceito de "necessidade"? Seguindo Hegel, devemos distinguir nesse contexto dois sentidos do conceito de "necessidade", enquanto "necessidade relativa (condicionada)" e "necessidade absoluta (incondicionada)".[8] Algo é necessário apenas de modo relativo quando a afirmação de sua necessidade se dá *sob condições*. Ao inverso, algo é necessário de modo absoluto quando a afirmação de sua necessidade se dá sem condições ou de modo incondicionado. Quando dizemos: "se tais e tais regularidades de fato funcionam como prevê a Física, então *nessas circunstâncias* ocorre necessariamente esse acontecimento", ou ainda: "se tais e tais regras da Lógica são de fato aceitas, então, enquanto as pressupomos, segue necessariamente que 'p ∨ ¬p' é uma afirmação verdadeira", estamos fazendo afirmações de necessidade relativa ou condicionada. Não temos garantia de que os pressupostos em que estão assentadas essas afirmações condicionadas (pressupostos como a verdade das leis da Física ou a adequação e universalidade das regras da Lógica) não sejam alterados no futuro por motivos específicos. A mera convicção de que nossos pressupostos sejam inalteráveis, como ocorre no caso das regras lógicas, não é capaz de reverter o fato de que tais regras são *meras pressuposições*, não passíveis de qualquer fundamentação última.

---

[8]Para essa diferenciação, cf. a dialética hegeliana das modalidades (WL, v. 6, p. 207 ss).

Sendo assim, o que diz o Trilema? Ele faz uma afirmação de caráter condicionado ou incondicionado? Se o Trilema supusesse como impossível *sem mais* (de modo incondicionado, como reza a proposição mencionada por Hösle) a fundamentação última, a sua inconsistência seria notória. Mas por que esse seria o caso? O Trilema deve ser visto como uma hipótese acerca da racionalidade humana. A partir do que conhecemos acerca de nossa própria capacidade de argumentação, levantamos a hipótese geral de que todas as formas de argumentação com pretensão de fundamentação última caem no impasse descrito. *Se* a hipótese é verdadeira, então a tentativa de fundamentação última é inviável (uma consideração hipotética, portanto). Posso ter boas razões para considerar a referida teoria da argumentação como verdadeira, mas como poderia estabelecer o caráter último, definitivo, dessas razões? Somente se o Trilema pressupusesse a reivindicação do caráter último da verdade da teoria da argumentação por ele pressuposta, somente então a sua autorrefutação seria inevitável. Mas esse não é o caso.

7

Com isso, o presente artigo pode chegar a seu desfecho. Se o conhecimento humano se dá sempre por mediações, porque somente desse modo uma afirmação pode transformar-se em *conhecimento*, em saber instaurado intersubjetivamente, então a ninguém pode ser dogmaticamente vedada a exigência de razões. Se não podemos estancar em nenhum ponto a pergunta pelas razões, então não há nem pode haver fundamentação última.

FUNDAMENTAÇÃO ÚLTIMA É VIÁVEL?

Poderíamos, por outro lado, em vez de negar de vez toda pretensão de fundamentação última, considerá-la apenas como uma ideia reguladora, kantianamente falando, como fim sempre almejado, como uma tarefa sempre refeita na práxis argumentativa? Mas esse também não pode ser o caso, pois, das duas, uma: ou o fim almejado pode ser alcançado ou não. Se ele pudesse ser alcançado, então a hipótese mencionada anteriormente — a inviabilidade de fundamentação última — seria falsa, mas temos boas razões para considerá-la verdadeira. Se, por outro lado, ele não pudesse ser alcançado, então a sua busca seria necessariamente vã.

Uma doutrina falibilista consistente não pode ter a fundamentação última nem como meta viável agora nem como ideia reguladora da práxis argumentativa. O projeto de instaurar de uma vez por todas os alicerces seguros do conhecimento deve ser abandonado.

Referências bibliográficas

ALBERT, H. *Traktat über kritische Vernunft*. 5ª ed. Tübingen: Mohr, 1991.

_____.*Kritik der reinen Hermeneutik. Der Antirealismus und das Problem des Verstehens*. Tübingen: Mohr, 1994.

APEL, K. O. *Transformation der Philosophie*. 5ª ed. Frankfurt am Main: Suhrkamp, 1993, v. 2.

ARISTÓTELES. Analíticos Segundos [Anal. Seg.]. In: *Tratados de Lógica (Órganon)*. Madri: Gredos, 1995, v. 2.

_____.*Analytica Priora et Posteriora*. Oxford: Clarendon Press, 1964.

BUBNER, R. Selbstbezüglichkeit als Struktur transzendentaler Argumente. In: E. Schaper/W. Vossenkuhl. *Bedingungen der Möglichkeit. 'Transcendental arguments' und transzendentales Denken*. Stuttgart: Klett-Cotta, 1984, p. 63-79.

Enzyklopädie Philosophie und Wissenschaftstheorie. J. Mittelstrass (org.). Stuttgart/Weimar: Metzler, 1995 (v. 1, 2, 3), 1996 (v. 4).

FICHTE, J. G. Versuch einer neuen Darstellung der Wissenschaftslehre [WL-1797]. In: *Fichtes Werke.* Berlim: de Gruyter, 1971, v. 1.

HEGEL, G. W. F. Vorlesungen über die Geschichte der Philosophie [GPh.]. In: *Georg Wilhelm Friedrich Hegel. Werke.* Frankfurt am Main: Suhrkamp, 1986, v. 18-20.

_____.Wissenschaft der Logik [WL]. In: *Georg Wilhelm Friedrich Hegel. Werke.* 2ª. ed. Frankfurt am Main: Suhrkamp, 1990, v. 5-6.

_____.Verhältnis des Skeptizismus zur Philosophie. Darstellung seiner verschiedenen Modifikationen und Vergleichung des neuesten mi tem alten [Skep.]. In: *Georg Wilhelm Friedrich Hegel. Werke.* 2ª ed. Frankfurt am Main: Suhrkamp, 1990, v. 2.

HÖSLE, V. Begründungsfragen des objektiven Idealismus. In: Forum für Philosophie Bad Homburg (org.). *Philosophie und Begründung.* Frankfurt am Main: Suhrkamp, 1987, p. 212-267.

_____.*Die Krise der Gegenwart und die Verantwortung der Philosophie: Transzendentalpragmatik, Letztbegründung, Ethik.* 3ª· ed. Munique: Beck, 1997.

HOSSENFELDER, M. Kants Idee der Transzendentalphilosophie und ihr Missbrauch in Phänomenologie, Historik und Hermeneutik. In: I. Heidemann/W.Ritzel (org.). *Beiträge zur Kritik der reinen Vernunft: 1781-1981.* Berlin/Nova York: de Gruyter, 1981, p. 306-345.

_____.Überlegungen zu einer transzendentalen Deduktion des kategorischen Imperativs. In: Forum für Philosophie Bad Homburg (org.). *Kants transzendentale Deduktion und die Möglichkeit von Transzendentalphilosophie.* Frankfurt am Main: Suhrkamp, 1988, p. 280-302.

KANT, I. *Kritik der reinen Vernunft* [KrV A,B]. 3ª ed. Hamburgo: Meiner, 1990.

KIERKEGAARD, S. Abschliessende unwissenschaftliche Nachschrift zu den Philosophischen Brocken [Nachschr.]. In: *Sören Kierkegaard: Gesammelte Werke.* 3ª ed. Munique: Eugen Diedrichs Verlag, 1994, v. 16a-b.

KRONER, R. *Von Kant bis Hegel.* Tübingen: Mohr, 1921, 2 v.

KUHLMANN, W. *Reflexive Letztbegründung: Untersuchungen zur Transzendentalpragmatik.* Munique: Alber, 1985.

FUNDAMENTAÇÃO ÚLTIMA É VIÁVEL?

LUFT, E. *Método e sistema. Investigação crítica dos fundamentos da filosofia hegeliana.* Porto Alegre: PUCRS, Tese de Doutorado, 1999.

MAIMON, S. *Über die Progressen der Philosophie.* Bruxelas: Culture et Civilisation, 1969.

NIQUET, M. *Transzendentale Argumente. Kant, Strawson und die sinnkritische Aporetik der Detranszendentalisierung.* Frankfurt am Main: Suhrkamp, 1991.

OLIVEIRA, M. A. de. *Sobre a fundamentação.* Porto Alegre: Edipuc-RS, 1993.

PALMER, H. *The transcendental fallacy. Kant-Studien,* Berlim, v. 74, p. 387-404, 1983.

PAULSEN, F. *Immanuel Kant. Sein Leben und seine Lehre.* 8ª ed. Stuttgart: Frommanns, 1924.

PLATON. *Théétète* [Teeteto]. In: *Oeuvres Complètes.* Paris: Les Belles Lettres, 1950, v. 8.

ROSS, D. *Teoría de las ideas de Platón.* 3ª ed. Madri: Cátedra, 1993.

SCHELLING, F. W. J. Fernere Darstellungen aus dem System der Philosophie [FDSyst.]. In: *Friedrich Wilhelm Joseph Schelling: Ausgewählte Schriften.* 2ª ed. Frankfurt am Main: Suhrkamp, 1995, v. 2.

WUNDT, M. *Kant als Metaphysiker.* Stuttgart: Ferdinand Enke, 1924.

III. Analítica do dever-ser

Carlos Cirne-Lima

Uma teoria geral do dever-ser, ou seja, a fundamentação de uma ética geral, foi o tema que tentei esboçar, em suas linhas mestras, em artigo publicado em dezembro de 1999.[9] Meus argumentos, naquele trabalho, articulam-se como uma proposta de fundamentação da ética geral, pensada e construída no espírito e na tradição do projeto de Filosofia Dialética. Trata-se de um projeto de sistema que usa o método dialético, trata-se de uma Filosofia que caracteriza toda uma corrente do pensamento ocidental de Platão a Hegel. A Filosofia Dialética, como dialética ascendente, sai do múltiplo e das coisas empíricas e sobe aos primeiros princípios, o Uno e a Díade; a Dialética, como dialética descendente, sai dos primeiros princípios e volta ao múltiplo, explicando a diversidade das coisas no mundo histórico desde o ovo

---

[9]CIRNE-LIMA, C. Ética de Coerência Dialética, in: *Veritas*, v. 44, n. 4 (1999) p. 941-964.

inicial (*ex-plicari, explicatio ab ovo*). Essa é a Dialética de Platão, Plotino e Proclo, na Antiguidade Grega, de Agostinho e Johannes Scotus Eriugena, na Idade Média, de Giordano Bruno e de Nicolaus Cusanus, na Renascença, de Espinosa, Goethe, Fichte, Schelling e Hegel, na Modernidade. Esta é a Filosofia que por mais de 24 séculos profundamente marcou a História de nossa civilização ocidental.

Contra essa Filosofia, em especial contra o sistema de Hegel, foram levantadas contundentes e convincentes razões. O próprio Hegel, em plena maturidade, afirmou solene e melancolicamente que a Filosofia chega sempre tarde demais para dizer o que deve ser feito.[10] Pode uma autocrítica ser mais contundente do que essa? Se a Filosofia, sempre e por princípio, chega tarde demais, para que Filosofia? Poucos anos depois, Schelling, em suas preleções sobre História da Filosofia Contemporânea ministradas na Universidade de Munique,[11] mostrou que o sistema de Hegel elimina gradativamente a contingência de dentro do sistema, impossibilitando, assim, verdadeira historicidade, liberdade, livre-arbítrio e responsabilidade. Kierkegaard acrescentou mais uma crítica, que, na História do século XX, se mostrou não só exata mas também terrivelmente ameaçadora: o sistema dialético esmaga o indivíduo e pode, assim, conduzir ao totalitarismo político; o stalinismo, de triste memória, é disso testemunha. Como se tudo isso ainda não bastasse, somam-se às prece-

---

[10]HEGEL, G. W. F. *Werke* (ed. Theorie Werkausgabe, E. Moldenauer / K. M. Michel). Frankfurt am Main: Suhrkamp, 1970, vol. 7, p. 26-28. Cf. "*Um noch über das Belehren, wie die Welt sein soll, ein Wort zu sagen, so kommt dazu ohnehin die Philosophie immer zu spät.*" Ibidem, p. 28.
[11]SCHELLING, F. W. J. *Ausgewählte Schriften*. Frankfurt am Main: Suhrkamp, 1985, vol. 4: *Zur Geschichte der neueren Philosophie (wohl 1833-1834)*, p. 417-616.

ANALÍTICA DO DEVER-SER

dentes as objeções levantadas contra o sistema de Hegel por Trendelenburg[12] e, em nosso século, por Karl Popper[13] e pela Filosofia Analítica: a contradição apenas destrói a razão, jamais a constrói. Como pode a contradição ser o motor de um método filosófico que se quer racional?

Proponho, aqui — como em trabalhos anteriores —, dando continuidade à tradição neoplatônica, uma nova formulação do sistema dialético. Mais especificamente, proponho uma transformação corretiva do sistema de Hegel, último grande projeto de sistema dialético. Mantenho de Hegel o projeto filosófico, por ele expresso no prefácio da *Fenomenologia do Espírito*, projeto que por toda a sua vida o guiou: conciliar a substância de Espinosa[14] com o Eu livre de Kant. Hegel fez um gigantesco esforço sistemático — um dos maiores na História da Filosofia —, mas, como sabemos, não teve sucesso. A tarefa, à primeira vista tão simples, Hegel não conseguiu resolvê-la. O sistema por ele proposto contém, sim, contingência expressa e explicitamente, mas a contingência vai, no decorrer da argumentação, sendo mais e mais corroída, para ser afinal, como no fenômeno médico da rejeição de órgãos implantados, expulsa do sistema. Essa gradual corrosão da contingência faz com que o sistema todo, em Hegel, se torne um sistema necessitário, no qual liberdade consiste apenas em conhecer e abraçar a necessidade que perpassa todo o

---

[12]TRENDELENBURG, A. *Logische Untersuchungen*, 2 vol., Berlim, 1840.
[13]POPPER, K. Was ist Dialektik?, in: *Logik der Sozialwissenschaften*, ed. E. Topitsck, Köln/Berlin, 1965, p. 262-290.
[14]Sobre Espinosa, cf. CHAUÍ, M. *A nervura do real. Imanência e liberdade em Espinosa*. São Paulo: Companhia das Letras, 2 vol., 1999; LEVY, L. *O autômato espiritual. A subjetividade moderna segundo a Ética de Espinosa*. Porto Alegre: LPM Editores; cf. o magnífico resumo em CHAUÍ, M. Paixão, ação e liberdade em Espinosa, *Folha de São Paulo*, 20 de agosto de 2000, caderno MAIS, p. 15-19.

Universo e que, assim, determina também nossa História e nossa vida. Dessa maneira, não há, no sistema proposto por Hegel, ética, não há dever-ser, não há liberdade, não no sentido em que Kant e todos nós hoje a entendemos. Hegel percebeu isso claramente: a coruja de Minerva só levanta voo quando cai o entardecer, e a Filosofia chega sempre tarde demais para dizer o que deve ser feito. Hegel construiu, sim, um sistema neoplatônico como Espinosa o queria; Hegel pôs, sim, contingência e liberdade dentro de sua lógica dialética; não conseguiu, entretanto, evitar que a liberdade de Kant,[15] a liberdade no sentido pleno, fosse rejeitada pela dinâmica interna do sistema. A tarefa, pois, de conciliar a substância de Espinosa com a liberdade de Kant é uma tarefa não concluída, é uma questão não resolvida, é uma pergunta ainda sem resposta. Essa tarefa que a grande tradição filosófica nos põe, eu modestamente a assumo, sabendo que corro o risco que fez implodir os sistemas de Espinosa, de Schelling, de Hegel, de Karl Marx e de tantos outros. Não concordo com aqueles filósofos contemporâneos — e eles são multidão — que, em face da dificuldade do problema, abandonam não apenas os sistemas elaborados pelos grandes pensadores do idealismo alemão que nos antecederam, mas também todo o projeto neoplatônico, o ideal de fazer Filosofia como Sistema, de fazer Filosofia como a ciência universalíssima que abrange todas as outras ciências, de construir um sistema no qual tenham espaço, além da substância de Espinosa, também a liberdade e a ética em sentido pleno. A esmagadora

---

[15]A liberdade de Kant é a liberdade no sentido em que a compreendem quase todos os grandes éticos do século XX, como Habermas, Apel, Höffe, Rawls, G. Singer, P. Singer e outros. Eu também a entendo neste sentido: escolha entre alternativas que são igualmente possíveis.

ANALÍTICA DO DEVER-SER

maioria dos filósofos contemporâneos, mesmo na tradição continental, desistiu da tarefa e abandonou a questão. Eles consideram a tarefa impossível de ser realizada, e voltam, por isso, à filosofia de Kant com suas dicotomias, voltam à separação rígida entre o *a priori* e o *a posteriori*, voltam ao método transcendental, voltam à dicotomia entre razão teórica e razão prática, voltam ao imperativo categórico. Também a ética do discurso assume essa posição. Ela segue um padrão kantiano, modernizado, sim, mas sujeito às mesmas objeções levantadas contra Kant por Fichte, Schelling e Hegel. Mas todos sabemos — e eu, desde meu tempo de estudante, orientado por meus professores, sabia — do colapso do sistema de Hegel em face das objeções feitas por Schelling, Trendelenburg, Kierkegaard, Nietzsche, Heidegger e tantos outros. Estudei, sim, mas nunca defendi como corretos os sistemas de Schelling e de Hegel. Abandonei os sistemas, sim, porque sabidamente incorretos, mas nunca abandonei o projeto de Filosofia por eles propostos, nunca abandonei a tarefa inconclusa de conciliar a substância de Espinosa com o Eu livre de Kant. Essa é a motivação e a explicação de minhas tentativas de tracejar o esboço de um sistema neoplatônico de Filosofia, tanto em *Dialética para Principiantes*,[16] como no artigo de dezembro de 1999, que, neste trabalho, retomo e reformulo.

Retomo, aqui, as mesmas ideias centrais, traço as linhas mestras do mesmo sistema e da mesma ética, mas desta vez utilizo o método e a linguagem dos filósofos analíticos. Tento esboçar, passo a passo, as linhas fundamentais de uma

---

[16]CIRNE-LIMA, C. *Dialética para Principiantes*. Porto Alegre: Edipuc-RS, 1997.

ética geral, fazendo uma analítica do dever-ser. Começo, numa primeira parte, com uma análise metalógica daquilo que é sempre pressuposto em todo e qualquer discurso — a identidade, a diferença e a coerência, ou seja, o Princípio de Não Contradição. Numa segunda parte, verifico o que acontece quando os três princípios metalógicos, elaborados na primeira parte, são traduzidos para a linguagem das ciências da natureza e a estas aplicados. Na terceira parte, traço as linhas mestras de uma ética geral, que brota como que naturalmente da primeira e da segunda parte.

1. Metalógica

Coloco como começo, como fundamento, de minha demonstração a proposição tautológica **A = A** . Poderia utilizar aqui qualquer outra tautologia, como **B = B**, ou **Sócrates = Sócrates, Universo = Universo** etc. Interessa, aqui, ao argumento, a tautologia perfeita, pois a proposição tautológica é sempre e necessariamente verdadeira. Ninguém jamais discordou disso, ninguém consegue pôr isso em dúvida. Eis o primeiro princípio que levanto: a identidade expressa na proposição tautológica **A = A**. Denomino-o princípio da identidade.

O princípio da identidade, assim formulado, é sempre verdadeiro e pressupõe como condição necessária de sua possibilidade dois elementos que estão nele contidos de maneira implícita. A identidade simples do **A** e a iteração deste **A**, de sorte que possamos colocá-lo uma vez à esquerda, outra vez à direita do sinal de igualdade. Podemos iterar novamente a operação toda, construindo assim a série **A = A = A**... Explicitando os elementos necessários nele contidos, o princí-

ANALÍTICA DO DEVER-SER

pio da identidade se desdobra, pois, em três subprincípios: identidade simples, identidade iterativa, identidade reflexa.

Princípio da identidade
Identidade simples: A
Identidade iterativa: A, A, A...
Identidade reflexa: A = A

O princípio da identidade, que eu saiba, jamais foi por alguém negado, pois quem o pretende negar sempre o pressupõe de novo. A identidade simples e a identidade iterativa são condições necessárias de possibilidade da proposição tautológica e possuem, portanto, igual verdade e necessidade. Esse é o primeiro princípio da metalógica de toda e qualquer linguagem.

O segundo princípio da metalógica diz que, além do A, identidade simples, identidade iterativa e identidade reflexa, há na linguagem outras entidades como o B, o C, o D..., como a disjunção, a conjunção, a implicação etc., como as variáveis lógicas. Há também, inarredável e irremovível, o ato de fala. O segundo princípio diz apenas que, além da proposição tautológica A = A, existe algo mais, uma alteridade, uma diferença, que aparece sob a forma de signos semântico-linguísticos, como B, C, D... e de conexões sintático-linguísticas, como implicação, disjunção etc., como variáveis lógicas, bem como de atos de fala, a base pragmática de toda e qualquer linguagem. Sem isso, não há fala, não há linguagem, não há possibilidade de argumentação. O princípio da diferença — assim o chamo — expressa também condições necessárias de possibilidade de toda e qualquer fala que vá além da mera tautologia. Ele expressa e explicita — e isso é aqui de grande importância — a necessidade do ato de fala, que, embora em si contingente, é condição necessária de possibilidade da linguagem. A necessidade lógica da proposição tautológica, para ser expressa em linguagem, pressupõe sempre, como condição necessária, a existência contingente de algum ato de fala. A necessidade, aqui, pressupõe como seu fundamento a facticidade do ato de fala contingente. Em outras palavras e com rigor ainda maior: a existência contingente do ato de fala é condição necessária de possibilidade para que a necessidade lógica da proposição tautológica venha a ser expressa em linguagem. A necessidade, aqui, depende da facticidade contingente; como, aliás, nos primeiros axiomas das lógicas modais, em que a possibilidade e a necessidade de p são derivadas da facticidade de p. O princípio da diferença introduz, para além da identidade de A, isto é, da tautologia, uma diferença, uma alteridade, algo que não é A e sim B, ou C, ou D etc.

Princípio da diferença
Emergência da alteridade: B, C, D...
Outros operadores lógico-semânticos (implicação, disjunção etc.)
As variáveis lógicas
O ato contingente de fala (facticidade)

Pergunta-se, agora, se essa diferença, se essa alteridade pode ser derivada de A por dedução rigorosa. Ou, em outras palavras: B, a diferença, está pré-programada em A, ou na série iterativa de A, A, A... ou na tautologia A = A? Muitas entidades podem certamente ser derivadas da tautologia, mas a pergunta aqui é dura e cabal: pode-se deduzir toda e

ANALÍTICA DO DEVER-SER

qualquer diferença existente no Universo da tautologia inicial? Tudo, toda a lógica, todo o Universo, todas as coisas, inclusive nosso ato contingente de fala, está pré-programado na tautologia inicial? Que eu saiba, nenhum lógico jamais afirmou isso; para fazer lógica são precisos, além da tautologia, outros axiomas, as variáveis e os atos de fala. Mas, quanto à natureza e ao Universo, há, sim, na História da Filosofia, autores que pensavam poder deduzir tudo de um ou dois primeiros princípios. Platão, Fichte, Schelling e talvez Hegel podem ser aqui citados como defensores da tese de que tudo está pré-programado no primeiro princípio. O ovo inicial conteria, como *implicatum*, tudo o que depois dele se desenvolveria necessariamente como *explicatum*. A Filosofia seria a ciência que faz a *explicatio ab ovo*, que reconstrói a partir do ovo inicial, *plica* por *plica*, dobra por dobra, todo o desenvolvimento do Universo. Todo o Universo com suas coisas, inclusive nosso ato de fala, estaria assim pré-programado no primeiro princípio; quem conseguisse captar e decodificar essa programação inicial poderia predizer todos os acontecimentos que ocorreram, que ocorrem e que irão ocorrer no curso do desenvolvimento do Universo. Temos aqui o determinismo radical e o necessitarismo total, que eliminam a contingência do sistema e tornam, assim, a liberdade de escolha impossível. Esses pensadores negam o princípio da diferença, pois toda e qualquer diferença seria apenas um ulterior e necessário desenvolvimento do primeiro princípio, que é a identidade. Repito a pergunta: está tudo pré-programado no primeiro princípio? Ou existem entidades, seres, coisas, que não estão pré-programados e se constituem, assim, em diferença real, em alteridade verdadeira, em facticidade de um B que se opõe à necessidade do A = A e a esta não se deixam reduzir? Quem diz que tudo está pré-programado não precisa do princípio da diferença, mas fica com o ônus da prova: ele precisa deduzir realmente tudo, todo o Universo, a partir de A = A. O senhor Krug,[17] como sabemos, exigia de Fichte que deduzisse a pena com a qual ele estava escrevendo. Isso é possível? Isso foi tentado; tentativas existiram, mas há hoje entre os filósofos unanimidade sobre o fato de que todas elas fracassaram. Além disso, temos hoje a demonstração feita por Goedel: foi demonstrado com exatidão e rigor que há, em qualquer sistema axiomatizado, proposições verdadeiras que não podem ser nele deduzidas. Além do argumento de Goedel, há a facticidade indedutível do ato contingente de fala. O ato contingente de fala, se realmente dedutível, deixaria de ser contingente e tornar-se-ia necessário; contingência e dedutibilidade não são copossíveis. Concluo, pelas razões expostas, que o princípio da diferença é verdadeiro e como tal o introduzo, dando ênfase especial à facticidade do ato de fala: pelo menos meu ato de fala, em sua facticidade contingente, não está pré-programado no princípio de identidade, A = A, não é dele dedutível, não é consequência necessária de um princípio necessário e necessitante.

Diante da radical facticidade, da existência contingente de meu ato de fala (e de tantas outras coisas mais), concluí acima que nem tudo está pré-programado na identidade

---

[17]Cf. KRUG, W. T. *Gesammelte Schriften*, 12 vol. Leipzig, 1830-1841; cf. vol. IX, p. 349-382, 383-434. HEGEL, G. W. F. *Werke* (Theorie Werkausgabe, ed. E. Moldenauer / K. M. Michel), Frankfurt am Main: Suhrkamp, 1983, vol. 2. p. 164 ss, p. 188-207. Cf. tb. HOESLE, V. *Hegels System. Der Idealismus der Subjektivität und das Problem der Intersubjektivität*. Hamburgo: Felix Meiner, 2 vol., vol. 1, p. 88 ss.

ANALÍTICA DO DEVER-SER

primeira, sendo assim necessário introduzir como verdadeiro o princípio da diferença, que, para além do A, introduz um B, um C, um D etc. Observe-se aqui que isso, a facticidade específica do ato de fala, não é mais algo *a priori*, e sim algo *a posteriori*. Aqui temos, numa análise metalógica dos atos de fala, no elemento pragmático da linguagem, a raiz da contingência e da historicidade. Uma metalógica que contemple a pragmática — e hoje não pode deixar de fazê-lo — introduz contingência e facticidade no sistema. Superamos com isso, como veremos no final deste trabalho, a raiz mais profunda do erro sistêmico cometido por Fichte, Schelling e Hegel.

A diferença, ou seja, a emergência do novo, cria uma nova situação na qual vige o princípio da coerência. Além da identidade tautológica do A = A, há um B, um C, um D etc., que não são o A nem estão nele pré-programados. Duas coisas podem, então, ocorrer. Primeiro, que um dos polos anule e elimine o outro, isto é, pode ocorrer que um dos polos seja verdadeiro e o outro seja falso. Aqui surgem e atuam as regras lógicas de inferência, segundo as quais, por exemplo, se uma proposição A (afirmativa universal) é verdadeira, a correspondente proposição contrária E (negativa universal) é necessariamente falsa. Nesses casos, a diferença que emergiu e se opôs à identidade do A é logicamente eliminada; a emergência do novo, nesse caso, foi extremamente fugaz, pois as regras de coerência, em face da verdade de A, eliminaram, com necessidade lógica, as proposições a ela contrárias (E) e contraditórias (O). A coerência, nesse primeiro caso, se faz por eliminação de um dos polos que entram em contradição. Percebe-se, entretanto, de imediato, que tal maneira de estabelecer a coerência não contribui em nada para o surgimento da variedade e da multiplicidade. Pois a anulação não constrói e sim destrói.

Essa primeira maneira de restabelecer a coerência é aquela que conhecemos e utilizamos na lógica contemporânea: a eliminação de um dos dois polos em contradição. Há, ainda, uma segunda maneira de restabelecer a coerência, hoje não mais utilizada em lógica matemática, que consiste na velha e tradicional regra que manda, se e quando necessário, fazer as devidas distinções. Por exemplo: Sócrates é maior e menor do que 1,60m. Ambas as proposições podem ser mantidas como verdadeiras, se e quando se fizerem as devidas distinções: Sócrates, enquanto está de pé, é maior que 1,60m; Sócrates, enquanto está sentado, é menor que 1,60m. O princípio de coerência, nesse segundo caso, em vez de eliminar um dos dois polos em contradição, conserva ambos os polos opostos, o que é logicamente possível pela reduplicação feita no sujeito lógico da proposição, pela introdução das devidas distinções. Aqui se abre o espaço para a emergência da multiplicidade e da variedade. Observemos a novidade: essa segunda maneira de resolver as contradições emergentes se formula como um princípio deôntico: É preciso fazer as *devidas* distinções, *deve-se* fazer as distinções, sem as quais a contradição explode em nossa cara e destrói a racionalidade. O Princípio de Não Contradição, quando anula lógica e necessariamente um dos dois polos opostos, é um princípio necessário e necessitante. O Princípio de Não Contradição em sua segunda forma, mais ampla e mais construtiva, é um princípio deôntico. Temos aqui, na própria formulação do Princípio de Não Contradição, o fundamento último do dever-ser. Muito antes da ética propriamente dita, já agora, na metalógica, temos a emergência e a fundamentação do dever-ser como operador modal do princípio da coerência. Ou, invertendo a posição, já estamos em território da ética, pois o operador lógico que utilizamos no âmago da metalógica é o dever-ser. A passagem de proposições descritivas e/ou lógico-necessárias para proposições normativas faz-se, já aqui, na metalógica, através da autofundamentação do Princípio de Não Contradição, que, para ter validade universal, precisa ser formulado com o operador deôntico. A ética propriamente dita é apenas uma ulterior expansão da metalógica.

Princípio da coerência
Eliminação de um dos dois polos opostos
Introdução de novos aspectos pela elaboração das devidas distinções

Existem outras proposições, outros princípios de metalógica? Existem, sim, mas aqui não precisamos deles; eles são introduzidos quando da elaboração ulterior dos diferentes subsistemas lógicos. Sintetizando, os três princípios são os seguintes:

Princípios da metalógica
1. Identidade
Simples A
Iterativa A, A, A...
Reflexa A = A

2. Diferença
O novo, o diferente B

3. Coerência
Eliminação de um dos polos
Fazer as devidas distinções

Os três princípios metalógicos elaborados anteriormente são, como veremos, fundamento bastante para construir uma teoria geral do dever-ser. O dever-ser é, aqui, introduzido e fundamentado como o operador modal do Princípio da Contradição a ser evitada, da Contradição que deve ser evitada (ou, como diz Apel, das *Prinzip des zu vermeidenden Widerspruchs*). A questão que, em face das posições de Apel, Habermas, Höffe e tantos outros, aqui surge é a seguinte: pode-se dessa metalógica ir direto para a ética geral, sem passar por uma filosofia da natureza? A ética do discurso faz isso. Habermas e Apel partem da contradição performativa a ser evitada e constroem, de imediato, a ética geral, introduzindo já aqui os princípios D e U. Não há, para eles, nenhuma mediação através da natureza, não há, para eles, nada que se interponha entre a metalógica e a ética geral. Mais, para eles o discurso filosófico se concentra apenas em dois pontos: uma Filosofia da Linguagem e uma ética geral. A filosofia da natureza — para eles, bons kantianos que são — desapareceu, o estudo da natureza é entregue às ciências empíricas, à Física e à Biologia. Seja-me permitido discordar e fazer a mediação através de uma filosofia da natureza. No projeto de sistema que proponho, depois da metalógica, coloco uma metafísica e uma metabiologia, para só depois chegar à ética geral, ou, na terminologia de Hegel, à filosofia do espírito. Restabeleço assim a sequência hegeliana: lógica, natureza e espírito.

ANALÍTICA DO DEVER-SER

2. Metafísica

A passagem da primeira parte do sistema, da metalógica, para a segunda parte, a natureza, sempre foi uma construção intelectual extremamente delicada, complexa e prenhe de graves consequências. Em Hegel, a última categoria da lógica, a ideia absoluta, "deixa sair de si, livremente" a natureza. Nas exatas palavras de Hegel: *"A passagem aqui deve ser entendida de tal maneira que a ideia se deixa sair de si mesma, segura absolutamente de si própria e repousando em si mesma"* (*"das Übergehen ist hier vielmehr so zu fassen, dass die Idee sich selbst frei entlässt, ihrer absolut sicher ujnd in sich ruhend"*).[18] A natureza, segundo as palavras de Hegel, seria algo que emana livremente da lógica; natureza é a lógica que saiu de dentro de si mesma e está agora fora de si, está alienada. Sabemos, entretanto, que a dinâmica interna do sistema de Hegel não permite essa leitura contingente e libertária; liberdade, em Hegel, é um processo necessário e necessitante, pois a contingência vai sendo gradativamente eliminada do sistema. A lógica engendra necessariamente a natureza, e, já por isso, essa natureza não tem espaço para a contingência e a verdadeira historicidade, tornando todo o sistema uma construção determinista e necessitária. A passagem da lógica para a natureza é um movimento logicamente necessário, pensa e diz Hegel, de sorte que a natureza assim originada é, ela mesma, produto necessário de um processo inexorável. Hegel, nesse exato lugar, errou, e errou muito, pois as consequências sistêmicas são

---

[18]HEGEL, G. W. F. *Werke* (Theorie Werkausgabe, ed. E. Moldenauer / K. M. Michel). Frankfurt am Main: Suhrkamp, 20 vol. 1983. *Wissenschaft der Logik*, ibidem, vol. 6, p. 573.

enormes. Se essa passagem é necessária e necessitante,[19] todo o sistema se fecha, o sistema torna-se necessitário e exclui, assim, a contingência e a liberdade no sentido contemporâneo do termo. Liberdade transforma-se, assim, para Hegel, em consciência da necessidade. Hegel errou, sim; então, o que fazer? Perguntamos, aqui: é possível fazer essa passagem de outra maneira? É possível fazer essa passagem de sorte que a natureza não fique, em si mesma, necessária? Como fazer essa passagem de maneira que o sistema fique um sistema aberto, aberto para as contingências e para os atos de livre escolha, para o exercício da liberdade e da responsabilidade no sentido contemporâneo da palavra? Ciente das questões cruciais que cercam essa passagem da lógica para a natureza, voltemos um passo atrás e recomecemos o raciocínio a partir dos três princípios da metalógica.

Princípios, para ser verdadeiramente princípios, devem ser universalíssimos. Para ser universalíssimos, os primeiros princípios devem valer para todas as coisas e entidades, devem ser aplicados a todas as coisas, inclusive a si mesmos. Princípios universalíssimos devem ser, pois, também aplicáveis a si mesmos, devem valer de si mesmos. Os princípios elaborados na metalógica são aplicáveis a eles mesmos? A resposta é decididamente positiva quanto ao princípio da identidade e ao princípio da coerência. A identidade é sempre idêntica a si mesma, a coerência é sempre coerente consigo mesma. O primeiro e o terceiro princípios são, como de imediato se vê, autoaplicáveis e podem, sob esse aspecto, ser considerados

---

[19]Cf. a esse respeito WANDSCHNEIDER, D./ HÖSLE, V. Die Entäusserung der Idee zur Natur und ihre zeitliche Entfaltung als Geist bei Hegel, in: *Hegelstudien*, 18. (1983) p. 173-199.

como universalíssimos. Mas, vale o mesmo para o segundo princípio? Ou surge, aqui, uma antinomia lógica? O princípio da diferença que emerge sem estar pré-programada na identidade que a antecede, esse princípio da diferença é diferente de si mesmo? A diferença é diferente dela mesma? Se ela é diferente dela mesma, então, ela não é diferença e, não sendo diferença, ela é identidade. Se ela é identidade, então ela não é diferença: a diferença não é diferença e sim identidade. Este é o primeiro lado da antinomia. O segundo lado da antinomia é o seguinte: mas, se a diferença é idêntica a si mesma, então ela, por isso mesmo, é diferença e exige ser vista e tratada como tal. A diferença é diferença e não identidade. Este, o segundo lado da antinomia. Vê-se claramente que a diferença, quando aplicada a si mesma, se torna uma antinomia lógica estrita.[20] Sendo diferente, ela é idêntica; sendo idêntica, ela fica diferente. E assim aqui, como em todas as antinomias estritas, oscilamos entre uma proposição e a outra, movidos por uma tremenda força lógica que não nos permite parar.

Temos aqui, no princípio da diferença, exatamente o mesmo problema que Frege e Bertrand Russell tinham com

---

[20]Agradeço a E. Luft por ter me apontado a emergência, neste exato lugar de meu raciocínio, de uma antinomia lógica. Agradeço também a Thomas Kesselring pelas discussões, havidas há mais de uma década, sobre esse assunto, que à época ficaram inconclusas. Cf. sobre o tema HEISS, R. *Logik des Widerspruchs*, Berlim/Leipzig: Gruyter, 1932. Cf. tb. KESSELRING, T. *Die Produktivität der Antinomie. Hegels Dialektik im Lichte der genetischen Erkenntnistheorie und der formalen Logik*, Frankfurt am Main: Suhrkamp, 1984. WANDSCHNEIDER, D. *Grundzüge einer Theorie der Dialektik*, Stuttgart: Klett-Cotta, 1995. Cf. tb. contra a posição de Wandschneider PUNTEL, L. B., Dialektik und Formalisierung. Discussion. In: *Journal for General Philosophy of Science*, 2 (1997) p. 1-17. Penso que a objeção de Puntel atinge, sim, a teoria de Wandschneider, mas não aquela por mim aqui proposta.

a classe vazia; temos o movimento incessante que nos joga da verdade para a falsidade, de um lado da antinomia para o outro lado, sem jamais parar. Não há por que se admirar. Qualquer princípio autoflexivo, se e enquanto negativo, fica antinômico. O que não podemos, sem perder a racionalidade, é ficar no vaivém da antinomia. Sabemos, desde Bertrand Russell, que a solução para a antinomia consiste na distinção entre níveis de linguagem;[21] engendrando novos níveis de linguagem, podemos e devemos evitar a antinomia. Em nosso caso, aqui, no que toca ao princípio da diferença, o problema é o mesmo e a solução parece ser a mesma. Também aqui podemos e devemos engendrar níveis diversos de linguagem. A diferença é necessária e idêntica a si mesma enquanto ela é princípio principiante de uma metalógica, mas ela é contingente enquanto é engendrada como diferença, enquanto é princípio principiado. A diferença é necessária como *principium principians*, é contingente como *principium principiatum*. Ou, na terminologia de Espinosa, a diferença é necessária enquanto *natura naturans*, é contingente enquanto *natura naturata*. O impetuoso movimento, ínsito em todas as grandes antinomias, ocorre também aqui, no princípio da diferença. Desencadeia-se, aqui, uma força metalógica, um movimento primevo e poderoso, que, num primeiro momento, parece fazer tudo implodir, mas, num segundo momento, quando se engendra a solução da antinomia através da introdução de diferentes níveis, constitui-se no próprio motor de desenvolvimento do sistema dialético. Pois o movimento engendrado pelo princípio da diferença faz surgir a multiplicidade de níveis, ou seja, a diferença entre eles. Num primeiro nível, o princípio da diferença é idêntico a si mesmo e neces-

---

[21] A *theory of types* é, em seu cerne, apenas uma distinção de níveis de linguagem.

ANALÍTICA DO DEVER-SER

sário; num segundo nível, ele é, embora idêntico a si mesmo, diferente de si mesmo. O engendramento da diferença, que aqui aflora, é, em dois momentos consecutivos, antinomia e solução da antinomia. O vigoroso movimento de um lado para o outro faz, aqui, com que a diferença seja engendrada como algo que é, embora idêntico a si mesmo, diferente de si mesmo. Essa é a diferença primeva, que é, primeiro, uma antinomia estrita; logo depois, a solução de uma antinomia.

Impõe-se, agora, a pergunta: quando a diferença é apenas antinomia? Quando ela é solução de antinomia? A resposta é clara, certa e decidida: se a multiplicidade de níveis ou aspectos é engendrada, então a antinomia está resolvida; isso sabemos desde Bertrand Russell. Se não é engendrada a multiplicidade de níveis, então não há solução. Ficar na antinomia é não apenas incômodo, mas também irracional. Pois, desde sempre, estamos, em nosso discurso real, fora da antinomia, sabendo e aceitando a multiplicidade ínsita na diferença que permeia nossos atos de fala e que os determina como contingentes e históricos. A diferença, além de ser um primeiro Princípio, é um fato real existente, ela é e existe como a realidade a partir da qual construímos toda a metalógica. Conclui-se que a metalógica, desde sempre, pressupõe uma natureza, uma natureza real e contingente como nossos atos de fala.[22] A estrutura lógico-semântico-pragmática dos três primeiros princípios da metalógica nos leva, através de uma antinomia básica, a postular e a

---

[22]Quando a solução para uma antinomia é apenas uma construção lógica, sem que existam diferenças reais de níveis, toda a estrutura antinômica fica circular, e a antinomia, depois de percorrer as etapas de sua circularidade, volta a seu começo meramente lógico, continuando a ser, assim, um processo antinômico, ou seja, um processo irracional. Os trabalhos de Blau mostram isso, embora ele não se dê conta disso com clareza. Cf. BLAU, U. Die Logik der Unbestimmheitheiten und Paradoxien, in: *Erkenntnis,* 22 (1985), p. 369-459.

introduzir a existência de uma natureza que, diferentemente da metalógica, é em si contingente e histórica. A força e a violência do pulsar antinômico não levam, aqui, a uma explosão, mas a uma solução: a metalógica deixa sair de si, livremente, a natureza. A natureza, contingente e histórica como nossos atos de fala, existe como algo diferente e distinto da metalógica. A primeira parte do sistema engendrou a segunda parte, sim, mas essa passagem não se fez de maneira necessitária. A natureza, aqui, é contingente, e o espaço para a liberdade e a responsabilidade está, assim, aberto. A natureza aparece aqui sob seu duplo aspecto: ela é necessária enquanto condição necessária de possibilidade de nosso pensar; ela é contingente, ou seja, não necessária, enquanto existe de fato como algo contingente. Disso decorre algo de suma importância para o método do filosofar: essa natureza, sendo contingente, não pode ser deduzida de maneira lógica e *a priori*. A mesma análise lógico-semântico-pragmática que nos levou aos primeiros princípios da metalógica nos leva, agora, a uma natureza que se desenvolve contingentemente, a uma natureza que se desdobra em História Natural. O conhecimento analítico *a priori* abre, agora, espaço para que o conhecimento seja também *a posteriori*. A filosofia da natureza — em oposição clara a Schelling e a Hegel — é uma disciplina em que o *a priori* não reina sozinho, não, ele se concatena com o *a posteriori*, formando uma tessitura racional, sim, mas contingente. Quais, então, os princípios de uma tal filosofia da natureza? Quais os princípios que regem seu desenvolvimento contingente e histórico?

Se a segunda parte do sistema se engendra a partir da primeira, se os primeiros princípios são verdadeiramente princípios que regem todas as coisas, então também a natureza tem que ser regida pelos princípios da identidade,

ANALÍTICA DO DEVER-SER

da diferença e da coerência. Os princípios têm que ser os mesmos; isso é, *a priori*. É isso que ocorre? É, de fato, assim, *a posteriori*? Verificamos, olhando para a natureza, *a posteriori*, pois, que é de fato assim. Podemos, a partir dos três primeiros princípios da metalógica, construir de imediato uma metabiologia. Pois desde Charles Darwin praticamente todos os biólogos concordam em dizer que a natureza se faz e desenvolve segundo certos princípios. Quais os primeiros princípios de uma tal evolução contingente e histórica? Se estamos corretos em nossa visão, eles devem ser os mesmos que mapeamos na metalógica. Coloquemos, para verificar, os princípios da metalógica e os de uma metabiologia, como os biólogos hoje a concebem, lado a lado. Disso resulta o seguinte quadro de correspondências:

Metabiologia

Princípios da metalógica	Princípios da metabiologia
1. Identidade	
Simples A	indivíduo
Iterativa A, A, A...	reprodução, família
Reflexa A = A	espécie
2. Diferença	
O novo, o diferente B	emergência do novo, mutação por acaso
3. Coerência	
Eliminação de um dos polos	morte = seleção natural
Fazer as devidas distinções	adaptação = seleção natural

A passagem da metalógica para as múltiplas lógicas formais e para as matemáticas se faz *a priori* pela introdução paulatina de novos axiomas lógicos que se somam aos três princípios metalógicos antes elaborados. Lógica formal e matemática são ciências que trabalham de modo estritamente *a priori*, nelas não há facticidade nem existências contingentes. Nas ciências formais tudo que pode ser necessariamente é o que é. Aqui existem apenas os dois operadores modais clássicos, possibilidade e necessidade. O que é possível, é necessário de maneira positiva, o que não é possível, o impossível, também é necessário, só que de maneira negativa. A passagem para a natureza, como vimos, não é assim. O movimento antinômico do segundo grande princípio, do princípio da diferença, é resolvido e superado pela introdução da multiplicidade fática de diversos níveis; a facticidade real, a existência contingente de diversos níveis, é o elemento que permite que os três primeiros princípios deixem de operar no vazio, no vácuo, como uma engrenagem meramente formal, na qual a multiplicidade emerge de dentro da identidade para logo depois nela desaparecer de novo. Esse foi o erro que Hegel cometeu e que nós, hoje, queremos todos evitar. A facticidade do ato de fala, que existe como algo contingente, é o elemento modal em que surge a natureza. Determinada e entendida assim, a natureza não pode nem deve ser uma ciência formal e *a priori*, como a lógica e a matemática. Sendo uma ciência que lida com fatos contingentes, que podem ser e podem não ser mas que de fato são, a filosofia da natureza tem que ser uma ciência parcialmente *a priori*, parcialmente *a posteriori*, na qual o surgimento e o desenvolvimento das coisas contingentes são entendidos e compreendidos como uma História Natural. O curso do desenvolvimento dos seres

ANALÍTICA DO DEVER-SER

naturais, a partir de seu primeiro começo — *ab ovo* — até a multiplicidade que conhecemos do mundo em que vivemos, é um processo de evolução regido por leis que, desde o começo, o determinam e dirigem. Quais são essas leis? Se estamos corretos no que afirmamos anteriormente, os princípios necessariamente têm que ser o mesmos: os princípios de identidade, de diferença e de coerência. E de fato o são. A estrutura da metabiologia é exatamente a mesma da metalógica. O que os biólogos chamam de darwinismo, ou seja, a teoria geral da evolução, é, na realidade, uma velha teoria neoplatônica sobre a *explicatio mundi,* sobre o desenvolvimento das coisas a partir de um ovo inicial (*explicatio ab ovo*).

O princípio da identidade, em metabiologia, fundamenta o indivíduo e, como subprincípio de iteração, marca profundamente toda a Biologia. Biologia explica os seres vivos, e seres vivos são aqueles que possuem a incrível capacidade de reproduzir-se. A reprodução, no âmbito macro, e a replicação no âmbito celular são características absolutamente centrais da Biologia. Em nosso século, a teoria do caos determinístico, iniciada por David Ruelle e Robert May, e a geometria dos fractais, principalmente em Mandelbrot,[23] abriram espaços para enormes progressos na ciência. Observemos, aqui, que tanto a teoria do caos determinístico como a geometria dos fractais possuem como núcleo duro cálculos iterativos e sempre e necessariamente neles se apoiam. A multiplicidade das formas da natureza viva, determinada pelo caos determinístico e expressa em geometria fractal, é a concretização, na natureza, de processos iterativos. Também a teoria de

---

[23]Para uma visão geral, cf. GLEICK, J. *Chaos. Making a New Science.* Nova York: Penguin Books, 1988, 354 p.

CARLOS CIRNE-LIMA

auto-organização, de enorme importância em nossos dias, fundamenta-se no Subprincípio da identidade iterativa. O movimento circular de auto-organização, que é filosoficamente uma forma de autocausação, é uma forma de concretização da identidade que se organiza como tal e se repete. Só que esses processos, para poderem perdurar, são objeto da seleção natural: aqui entra e atua o princípio da coerência.

Como passar da metabiologia para a metafísica? A elaboração de uma metafísica hoje ainda não está disponível, porque os físicos, como sabemos, ainda não conseguiram elaborar a grande teoria sintética em que estejam compatibilizadas tanto a mecânica clássica e a teoria da relatividade como a mecânica quântica. Mas muitos esforços são feitos nessa direção, e a grande teoria, síntese da relatividade e da mecânica quântica, ainda não está disponível, mas já desponta no horizonte. Se as teses anteriormente expostas sobre metalógica e metabiologia estão certas, as leis da metafísica têm que ser as mesmas, a saber: identidade, diferença e coerência. A mecânica clássica e a teoria geral da relatividade, em sua concepção geral, apontam para o núcleo necessitário da identidade e da coerência dura. As incertezas, a lógica e o cálculo probabilísticos, as variáveis aleatórias, a vaguidade de situações caóticas e difusas, típicos da mecânica quântica, tudo isso aponta para o princípio da diferença.

A Matemática do século XXI, diz David Munford num artigo que faz o elenco dos problemas matemáticos pendentes de solução — em livro publicado por autores conhecidos, como M. A. Tiyha, V. Arnold, P. Lax e B. Mazur —,[24] de-

---

[24]Cf. V. ARNOLD et alii (editores). *Mathematics – Frontiers and Perspectives*. Providence: American Mathematical Society, 2000, 459 p. Cf. a resenha de N. C. da Costa, em *Folha de São Paulo*, 9 de julho de 2000, caderno MAIS, p. 13.

ANALÍTICA DO DEVER-SER

verá substituir a lógica clássica, núcleo duro da matemática tradicional, por uma lógica *soft*, isto é, probabilística, com múltiplos graus de contingência e de liberdade. Isso permitirá, então, em futuro próximo, como diz W. Witten, no mesmo livro, a elaboração da assim chamada Teoria M (de mãe, mistério ou mágica), na qual estarão conciliadas as teorias da relatividade e da mecânica quântica, especificamente, as teorias das cordas e das supercordas. A existência e a repetição dos mesmos padrões e dos mesmos princípios básicos em todas as grandes teorias da Física e da Biologia estão levando os cientistas mais e mais a procurar aquilo que E. Wilson,[25] num livro que não pode ser bastante encomiado, chama de *Consilience*. Sejam aqui citados, além de Wilson e de Witten, Ilya Prigogine,[26] Steven Kaufmann,[27] Richard Dawkins,[28] John D. Barrow,[29] David Deutsch,[30] entre tantos outros. Essa convergência marcante de pontos de vista e essa coerência de estrutura e de princípios — esse o sentido da palavra do inglês antigo *consilience* — apontam para uma teoria geral da natureza, que, se estão corretas as teses anteriormente de metalógica e de metabiologia, deverá girar em torno de identidade, diferença e Coerência.

---

[25] WILSON, E. O. *Consilience. The Unity of Knowledge*. Nova York: Random House, 1999, 367 p.

[26] PRIGOGINE, I. *The End of Certainty. Time, Chaos and the New Laws of Nature*. Nova York: Free Press, 1997, 228 p.

[27] KAUFMANN, S. *At Home in the Universe. The search for the Laws of Self-Organization and Complexity*. Nova York/Oxford: Oxford University Press, 1995, 321 p.

[28] DAWKINS, R. *The selfish Gene*. Oxford: Oxford University Press, 1976.

[29] BARROW, J. D. *Teorias de Tudo. A busca da explicação final*. Rio de Janeiro: Zahar, 1994, 292 p.

[30] DEUTSCH, D. *The Fabric of Reality*. Nova York: Penguin, 1998.

3. Ética geral

A passagem da filosofia da natureza para a filosofia do espírito, ou seja, para uma ética geral, se faz como que ao natural. Ao transliterar os três primeiros princípios da linguagem lógica, em que originariamente estão, para uma linguagem ética, surge o seguinte quadro:

Princípios da M-Lógica	Princípios da M-Física	Princípios da M-Ética
1. Identidade		
Simples A	indivíduo	homem
Iterativa A, A, A...	replicação, reprodução	família, educação
Reflexa A = A	espécie	sociedade, cultura
2. Diferença		
O novo, o diferente B	emergência do novo	criatividade do ato
	mutação por acaso	livre, invenção, arte
3. Coerência		
Eliminação de um	morte = seleção natural	o mal — quando há
dos polos		incoerência
Fazer as devidas	adaptação = seleção	o bem — quando há
distinções	natural	coerência

O dever-ser, em sua estrutura, foi introduzido e justificado já na metalógica como a formulação universalíssima do Princípio de Não Contradição, da contradição a ser evitada. O dever-ser já vale como lei na metalógica e diz tanto aos filósofos analíticos quanto aos dialéticos o que fazer quando surgir uma contradição. O mesmo princípio reaparece na natureza como a lei de seleção natural, que elimina os não coerentes ou os obriga a fazer as devidas distinções; no caso, as adaptações. Na ética geral, o princípio da coerência surge, de novo, como aquele dever-ser que nos diz o que deve ser feito e o que não deve ser feito. O bem moral e o mal moral são o que são por força da coerência ou não coerência do agente moral consigo mesmo, com o outro eu, com o meio ambiente, com o Universo. A característica, pois, do bem moral é a coerência universal. Se e quando a regra que determina uma ação pode ser universalizada, isto é, se está em coerência universal, então estamos fazendo o bem e não o mal. Kant tem razão, Apel e Habermas têm razão: Universalização é o critério de eticidade. E é preciso que essa coerência surja num discurso real e concreto, pois, como os homens são contingentes e históricos, a coerência deve se realizar também nessa realidade histórica concreta. Por isso e para isso tem que haver o discurso real, no qual, antecipando a situação ideal do discurso, buscamos o consenso. Apel e Habermas, aqui, têm toda razão.

Só que, em oposição a eles, construímos uma ética que se apoia sobre uma filosofia da natureza, que, por sua vez, se apoia sobre uma metalógica. Não precisamos, por isso, para além dos princípios U e D, de um Princípio G (*Gründe*), pois o dever-ser na teoria proposta já emerge de dentro da natureza. Há aí uma superação e uma conciliação dos núcleos duros do naturalismo e do contratualismo. Família, Sociedade e Estado são não só naturais, como também contratuais. O contrato aqui surge de dentro da natureza e a determina ulteriormente. Não há, entretanto, falácia naturalista, porque o dever-ser não é ancorado apenas na natureza e sim na metalógica. Além de dispensar o uso de um terceiro princípio, o princípio G (*Gründe*), a solução proposta apresenta, em oposição à ética do discurso, duas grandes vantagens: fundamenta com rigor as regras do bem-viver (*des guten Lebens*) e serve de base teórica para toda uma Ecologia.

À guisa de conclusão, seja-me permitido dizer o seguinte: Apel e Habermas têm toda razão no que dizem de positivo; não têm razão — me parece — quando excluem a filosofia da natureza do interior da Filosofia. As controvérsias sobre a existência de um terceiro princípio, *Gründe*, além dos princípios D e U, apontam para esse deficit. As dificuldades que encontram em justificar regras do bem viver e em fundamentar a Ecologia são prova disso. A solução aqui proposta, embora semelhante à ética do discurso em alguns pontos, consiste numa transformação dos sistemas neoplatônicos de Espinosa, Fichte, Schelling e Hegel. O sistema neoplatônico foi aberto, já na metalógica, pela introdução da facticidade e, correlativa a esta, pela introdução do dever-ser como princípio da coerência. O sistema aqui proposto é claramente monista. Pergunta-se: Materialismo ou Idealismo? Embora muitos materialistas possam, talvez, identificar-se com tudo ou quase tudo que foi dito, prefiro chamar o sistema de idealismo. Pois, antes da natureza, há e vige uma metalógica. Os três primeiros princípios — identidade, diferença e coerência — apontam para a idealidade, para o dever-ser, não para o que de fato é, para o mundo empírico. Não se trata, pois, daquilo que hoje chamamos de materialismo empiricista. Apresentamos aqui uma Filosofia idealista, um idealismo que foi corrigido, sim, que foi *"aggiornato"*, que ficou contemporâneo, que contém contingência, que contém historicidade, que abre espaços para a liberdade e a responsabilidade, que é um sistema que é parcialmente *a priori* e parcialmente *a posteriori*. A objeção sobre a irracionalidade da contradição foi por mim abundantemente tratada e, penso eu, respondida em outros trabalhos; a objeção do necessitarismo e da ausência de uma verdadeira ética, tentei

ANALÍTICA DO DEVER-SER

respondê-la neste trabalho. Facticidade e dever-ser foram ancorados e fundamentados na metalógica, o que permitiu traçar as linhas mestras de uma metafísica, especificamente, de uma metabiologia e de uma ética geral, isto é, de uma filosofia do espírito. Tentei construir um sistema dialético usando apenas a linguagem e os instrumentos conceituais do método analítico. Analítica do dever-ser? Sim, como também uma dialética do dever-ser. Dialética e analítica, aqui, se complementam e se fundem num único método.

IV. Considerações dialéticas sobre o sistema do dever-ser

Eduardo Luft

1. Considerações introdutórias

O projeto de sistema de filosofia proposto por Carlos Cirne-Lima nasce de uma intuição central: algumas ambiguidades que perpassam o pensamento hegeliano deixam-nos carentes de uma interpretação clara de tópicos relevantes do sistema de filosofia, e, naqueles casos em que a situação de ambiguidade se resolve, Hegel termina se inclinando para a defesa de posições dificilmente conciliáveis com o todo do pensamento dialético.

A dialética exige a conceituação das categorias universalíssimas que estruturam o espaço lógico-ontológico enquanto pares em oposição correlativa, forjando o jogo de opostos que dota o sistema de dinamismo. Tenha-se em mente, por exemplo, a oposição entre necessidade e contingência. Se falamos aqui de oposição entre correlativos, pouco sentido faz supor que o sistema de filosofia deva ser estruturado de modo a enfatizar a primeira categoria, subordinando a ela o seu oposto. Todavia, segundo Cirne-Lima, o pensamento hegeliano "inclina-se — sobre isso não há a menor dúvida — para o necessitarismo, no qual a liberdade é apenas uma necessidade interiorizada, no qual uma Razão do Universo, que é totalmente impessoal — e não nós mesmos —, determina o sentido da natureza e da história".[31]

Poderíamos dar ainda mais ênfase à crítica de Cirne-Lima e afirmar: a filosofia hegeliana, na maior parte das vezes profundamente dialética, contém elementos incompatíveis com exigências cruciais que desta emanam. A meu ver, não encontramos aqui apenas ambiguidades, mas uma forte incoerência que mina o sistema hegeliano desde os seus fundamentos, ou seja, desde o cerne da *Ciência da Lógica*.[32] Cirne-Lima não diria algo tão enfático. Sua tendência era, e acredito que ainda é, supor que o novo projeto de sistema possa ser compreendido como uma correção do sistema hegeliano, e não como o reconhecimento de seu colapso. Quero examinar no que segue se esse intento é viável.

2. Impasses na dialética hegeliana

Permitam-me explicitar em que consiste a incoerência anteriormente mencionada assim como a compreendo, desse modo pretenderei dar ainda mais ênfase à imperiosa necessidade de uma nova filosofia sistemática, ao mesmo tempo

---

[31] *Sobre a Contradição*, p. 99.
[32] Cf. E. Luft, *As Sementes da Dúvida*, especialmente p. 178 ss.

que procurarei mostrar em que medida o aprofundamento da abordagem crítica inaugurada por Cirne-Lima pode ser o ponto de partida para um distanciamento bem maior do pensamento hegeliano, com a revisão da própria arquitetônica do sistema de filosofia.

Reconstruo no que segue, em forma abreviada, a dialética das modalidades — tópico tão caro para a própria abordagem crítica desenvolvida por Cirne-Lima —, assim estarei lançando luz tanto sobre as dificuldades que considero centrais no pensamento hegeliano quanto sobre os fundamentos do projeto cirne-limiano de um sistema do dever-ser. O leitor poderá notar divergências entre a interpretação da dialética modal aqui proposta e aquela que emerge em obras como *Sobre a Contradição* e *Depois de Hegel*. Contrariamente a Cirne-Lima, não creio na existência de ambiguidades no tratamento hegeliano da teoria modal. A trama categorial desenvolvida nesse contexto da *Ciência da Lógica* é, a meu ver, plenamente consistente com a *teleologia do incondicionado*, característica do desenvolvimento lógico do Conceito. O problema não é a ambiguidade, mas a dificuldade bem mais séria de compatibilizar esse tipo específico de teleologia com traços essenciais do pensamento dialético. Vejamos agora por quê.

A dialética das modalidades trata da constituição da trama categorial composta pelos conceitos *contingência, necessidade, possibilidade* e *efetividade*. Essas quatro categorias modais são tematizadas e constituídas em três rodadas: formal, real e absoluta. Na primeira rodada, a efetividade ou a existência de qualquer ser efetivo supõe a vigência do princípio lógico-ontológico da identidade ou da não contradição. O que é efetivo tem de ser possível, e só o é respeitando o princípio da identidade. O ser efetivo não pode deixar de expressar em sua existência a lei da identidade, e justamente nesse sentido ele é algo necessário, ou seja, é necessariamente idêntico consigo mesmo.[33]

Mas a mera adequação à lei da identidade não determina o conceito de efetividade; pelo contrário, resta não preenchido o vasto espaço lógico-ontológico que abarca todos os seres possíveis, e não se explica por que se manifesta na existência esse ser efetivo, e não qualquer outro. Nesse sentido, o ser efetivo é algo contingente, um ser que poderia por igual não ser. Hegel entende surgir aqui uma contradição no tratamento isolado do princípio da identidade como fundamento do conceito de efetividade: pretendemos explicar ou determinar o conceito de efetividade pelo mero apelo à lei da identidade, mas essa é apenas condição necessária e não suficiente para explicar o ser efetivo. Trata-se de um tipo de contradição pragmática:[34] queremos dizer toda a efetividade, mas dizemos de fato apenas um de seus aspectos parciais. O reconhecimento dessa contradição nos leva para além da primeira rodada.

Na rodada real, o efetivo é determinado como efetivo, mas apenas em oposição a outros seres efetivos,[35] forjando

---

[33]"Segundo o primeiro, meramente positivo aspecto, a possibilidade é a mera determinação formal da *identidade consigo mesmo* ou a forma da essencialidade" (WL, II, p. 203).

[34]Para a tese de que a contradição dialética é um tipo de contradição pragmática, cf. W. Wieland, "Bemerkungen zum Anfang von Hegels Logik", e V. Hösle, *Hegels System*, p. 198 ss.

[35]"A possibilidade formal é apenas a reflexão-em-si como identidade abstrata, que algo não se contradiga em si mesmo. Mas enquanto nos referimos a determinações, circunstâncias, condições de uma coisa, para reconhecer nisso sua possibilidade, não observamos mais sua mera possibilidade formal, e sim sua possibilidade real" (WL, II, p. 208).

CONSIDERAÇÕES DIALÉTICAS SOBRE O SISTEMA DO DEVER-SER

redes de condicionamento que se estendem ao infinito. Hegel defende, como pensador dialético que é, uma ontologia relacional: qualquer ser somente pode ser determinado como efetivo ao estar em relação com outros seres efetivos. Sendo dadas as condições para que um ser apenas possível se torne efetivo, ou seja, sendo dadas as condições para a sua manifestação, o ser passa *necessariamente* a existir, mas tais condições iniciais são, por sua vez, também efetividades e dependem, para sua gênese, de condições precedentes, e assim ao infinito. O efetivo é *necessário* enquanto resultado inevitável de dados condicionamentos existentes no entorno, ele é contingente enquanto sua manifestação depende de uma série causal que, ao se estender ao infinito, não se consuma, permanecendo ancorada em um ponto de partida não fundado. Por isso Hegel entende essa necessidade como meramente relativa ou condicional. Mais uma vez pretendemos expor a determinação da efetividade como um todo, mas o que afirmamos de fato é a vigência de um aspecto precário da efetividade, em que ela é incapaz de se consolidar.

A ontologia relacional deve ser instância de uma abordagem holista, em que a vigência de qualquer ser efetivo remete à presença da totalidade efetiva e autodeterminante do Conceito. Essa é a ideia que Hegel desenvolverá na terceira e última rodada, sustentando que as categorias de *contingência* (primeira rodada) e *necessidade relativa* (segunda rodada) devem ser conciliadas na síntese da *necessidade absoluta*. Como pode a necessidade absoluta ser síntese das duas outras categorias modais? O que segue é central para compreender o conceito hegeliano de dialética e reforçar minha interpretação anterior que apontava para a presença de uma teleologia do incondicionado no Conceito hegeliano. Vejamos como Hegel define a categoria-síntese do quadro dos conceitos modais: "O pura e simplesmente necessário *é* somente porque é, não tendo nenhuma outra condição ou fundamento. Mas ele é por isso pura *essência*; seu *ser* é a simples reflexão-em-si; ele é *porque* é. Como reflexão, ele tem fundamento e condição, mas tem apenas a si como fundamento e condição."[36] A necessidade absoluta emana do caráter incondicionado do processo de autodeterminação ou autofundamentação do Conceito. Seguindo a terminologia hegeliana, consideremos a logicidade do Conceito como a *interioridade* e a teia dos seres relativos ou finitos como a *exterioridade*. A exterioridade só deixa de ser dominada pela necessidade meramente relativa (que é sempre também mera contingência) quando permeada pela logicidade do Conceito em seu processo de automanifestação absoluta: só então a exterioridade torna-se perfeitamente idêntica à interioridade, e a necessidade relativa é elevada à necessidade absoluta: "Mas o *ser* é, ao contrário, também *essência*, e o *devir* é *reflexão* ou *aparecer*. Assim a exterioridade é a sua interioridade, sua relação é absoluta identidade, e a *passagem* do efetivo ao possível, do Ser ao Nada, [é] uma *unificação consigo mesmo*; a contingência é absoluta necessidade; ela mesma é o pressupor daquela primeira e absoluta efetividade."[37]

Aqui se explicita, em sua inteireza, a lógica teleológico-circular do Conceito: a esfera dos seres contingentes, que ao

---

[36]WL, v. 6, p. 215.
[37]WL, v. 6, p. 217.

início emerge como mera pressuposição, como algo exterior ao Conceito, é revelada ao final como posta pela logicidade dialética, como o início de um processo que deverá necessariamente desembocar na manifestação plena do próprio Conceito. A contingência aparece aqui, portanto, assumindo duas funções: ela é a marca do ponto de partida, da autoextrusão originária do Conceito, e o fator de alteridade a ser resolvido no círculo necessário de plenificação do absoluto. O movimento do Conceito é *circular* porque todas as três fases mencionadas — as rodadas formal, real e absoluta — são do início ao fim o seu processo de autodeterminação; ele é teleológico porque o Conceito inicia em sua manifestação mais pobre e distanciada de si, e tende ao fim de sua plena realização.

Até aqui a reconstrução do texto hegeliano. Onde reside o problema para o qual gostaria de chamar a atenção? Devo enfatizar que a dificuldade não reside no caráter teleológico-circular do Conceito, mas no tipo de teleologia defendido por Hegel, que tenho denominado *teleologia do incondicionado*, ou seja, na tese hegeliana de que o processo de autodeterminação do Conceito direciona-se para a *plenificação do lógico*. Esse tipo específico de teleologia está na origem dos conhecidos impasses do pensamento hegeliano. Na *Fenomenologia do Espírito,* a consciência será conduzida desde sua posição ingenuamente realista, passando pelo idealismo subjetivo, até o idealismo objetivo e sua consumação em um saber absoluto; na *Lógica*, a autotematização do pensamento puro levará à fundamentação última do Conceito; no processo civilizacional, o devir do Conceito conduzirá o espírito humano, de suas manifestações políticas mais singelas, até o ápice do estado moderno racionalmente fundado. Ora, como conciliar o dinamismo infinito da dialética com a exigência de acabamento ou plenificação do processo em um fim incondicionado? Em todos esses casos, a teleologia do incondicionado transmuda a circularidade produtiva do pensamento dialético no círculo vicioso do Conceito consumado.

3. Considerações dialéticas sobre o sistema do dever-ser

Que mudanças deveriam ser realizadas no sistema hegeliano para que ele ainda permanecesse de pé? Cirne-Lima acredita que a chave para a reconstrução do sistema dialético está na reinterpretação da dialética modal, anteriormente exposta em suas linhas gerais. Se necessidade e contingência estão em oposição dialética ou correlativa, ambas devem ser compreendidas como instâncias igualmente relevantes de uma nova categoria sintética, agora concebida como uma necessidade fraca regida por um dever-ser, em oposição à necessidade absoluta característica do Conceito hegeliano. Se o princípio da coerência rege o mundo, ele não o faz de modo a determinar as ocorrências futuras dos eventos, mas a regrá-las tendo em vista a exigência deôntica da superação das contradições. Em lugar do Conceito hegeliano, temos agora a tríade identidade, diferença e coerência.

Aquelas que poderiam ser vistas como categorias a serem tematizadas no segundo capítulo da primeira seção da Doutrina da Essência, sob a denominação de *identidade*, *diferença* e *contradição*, são entendidas por Cirne-Lima como a estrutura mesma da lógica dialética. A identidade é concebida de três modos: como identidade simples, iterativa

CONSIDERAÇÕES DIALÉTICAS SOBRE O SISTEMA DO DEVER-SER

e reflexa.[38] Por sua vez, o princípio da coerência é a versão deôntica do princípio de não contradição, compreendido como lei do ser e do pensamento. Mas o que vem a ser o princípio da diferença? Aqui surge a principal novidade introduzida por Cirne-Lima: a ênfase na diferenciação entre oposição contraditória e contrária, e a compreensão da segunda como o lugar originário onde se funda a dimensão de contingência inerente ao devir dialético: "Identidade simples, iteração e identidade reflexa não conseguem explicar o que é B e como este B emerge. B aí é um conceito contrário, uma negação determinada, não dedutível, não derivável. O que é contrário, de repente, sem causa prejacente, está aí e aparece, na linguagem e na experiência."[39] Sendo assim, a contingência não é apenas a marca do início do desenvolvimento lógico, ou o elemento incômodo a ser resolvido em seu acabamento, como ocorria em Hegel. Pelo contrário, ela é concebida como a condição de possibilidade que sustenta o dinamismo infinito do devir dialético.

Quais as consequências de fundar a contingência em um princípio capaz de torná-la cooriginária com a necessidade? Como já dito anteriormente, Cirne-Lima compreende sua posição não como ruptura com o sistema hegeliano, mas como sua correção ou revisão em uma posição mais consistente. Creio, todavia, que a radicalização da referida tese de Cirne-Lima nos conduz para muito mais longe, e tende a solapar a própria estrutura do sistema de filosofia como concebido por Hegel. Quero agora detalhar por que penso assim.

---

[38] *Dialética para Principiantes*, p. 124.
[39] Id., p. 125.

A primeira mudança estrutural do sistema de filosofia decorre da impossibilidade da fundamentação última dos primeiros princípios em um contexto teórico marcado pela exigência da tematização estritamente dialética da relação entre necessidade e contingência e, portanto, da relação entre o que há de *a priori* e de *a posteriori* na constituição do discurso teórico. Se a atividade de pensamento é marcada *por princípio* por aquela oposição dialética entre o necessário e o contingente, todo processo de prova terá sempre uma dimensão *a posteriori* ou empírica[40] incontornável. Como, nesse contexto, realizar a fundamentação última do Conceito?

Lembremos que, para Hegel, a *Lógica* deveria realizar a fundamentação última do saber via reconstrução sistemático-crítica da metafísica. A fundamentação última só seria possível tendo em vista o caráter estritamente circular do processo de justificação do Conceito: todos os pressupostos que constituem o ponto de partida da *Lógica* deveriam ser *repostos* e provados na imanência do próprio desenvolvimento dialético. É verdade que a *Lógica* pressupõe a *Fenomenologia do Espírito* como prova primeira da identidade entre ser e pensar: "O conceito de ciência pura [...] é pressuposto no presente tratado, já que a *Fenomenologia do Espírito* não é mais do que sua dedução."[41] Ou, muito mais, é verdade que a obra pressupõe ainda a presença das categorias aí depositadas na linguagem,[42] repositório da longa e

---

[40]Tampouco o processo de prova inerente aos sistemas formais se constitui no contexto de um apriorismo absoluto: todo sistema formal pressupõe, de modo incontornável, conceitos e regras que não podem ser formalmente fundados de modo último, e são apenas pressupostos e tematizados em linguagem *informal*.

[41]WL, v. 5, p. 43.

[42]WL, v. 5, p. 20.

conflitada tradição filosófica ocidental, assim como a decisão do filósofo de pensar o próprio pensamento.[43]

Esses vínculos podem ser compreendidos como a consequência direta, e quase banal, da própria estrutura circular do sistema: a *Ciência da Lógica* está, por assim dizer, no ápice de todo devir histórico do pensamento ocidental. Nesse sentido, toda a Filosofia do Real a precede. Mas essa condicionalidade genética não significa necessariamente dependência lógica ou de validade. Hegel acreditava ter encontrado na teleologia circular do Conceito a resposta para o problema do começo da filosofia. A dialética do Conceito seria capaz de demonstrar como, liberando-se dos pressupostos contingentes que marcam o problema do começo, a *Lógica* poderia realizar a fundamentação última da razão em um processo estritamente apriorístico.[44] O que está de acordo com a conhecida afirmação de Hegel: "O mesmo desenvolvimento do pensamento que se apresenta na história da filosofia é exposto na própria filosofia, mas livre da exterioridade histórica, *no puro elemento do pensar.*"[45] Como a estrutura do sistema é derivada da estrutura do Conceito, a fundamentação última deste na *Lógica* seria transmitida para todas as outras partes do sistema. Todas as demais partes do sistema dependem da *Lógica* para sua fundamentação, não sendo esta, todavia, dependente daquelas. A *Lógica* é concebida por Hegel, portanto, como uma ciência autárquica, independente de qualquer disciplina a ela externa, e fundamento de todas as demais disciplinas filosóficas.

---

[43]WL, v. 5, p. 68.
[44]Nesse ponto só posso concordar com V. Hösle, para quem Hegel é "o mais radical apriorista da História da Filosofia" (*Hegels System*, p. 80n).
[45]Enz, v. 8, § 14.

Acredito ter demonstrado, todavia, que esse projeto de autofundamentação última do saber é não apenas irrealizável, mas contraditório com os pressupostos mais básicos do pensamento dialético.[46] Sendo assim, a própria tese da autarquia da *Lógica* no todo do sistema colapsa, e a relação entre a teoria da totalidade — que envolve, em vínculo de pressuposição mútua, uma lógica, uma cosmologia e uma ética filosóficas — e as diversas disciplinas que formam o saber humano deve ser revista. Tenha-se em mente, por exemplo, que o pensamento crítico não deve mais ser concebido como instância de um processo apriorístico de justificação; devemos, pelo contrário, concebê-lo como a tarefa infinita do diálogo entre posições teóricas rivais; um diálogo que se desenvolve, em primeiro lugar, na contraposição entre filosofias opostas; em segundo lugar, entre a filosofia e os saberes particulares. Enfim, o projeto de construção do sistema dialético deve se desenvolver no contexto de uma *filosofia falibilística*.

Mas há uma segunda mudança estrutural, a meu ver ainda mais profunda do que a primeira. Digamos assim: a primeira mudança decorre de uma tese epistemológica, e provoca uma revisão geral da relação entre as diversas filosofias, entre as próprias disciplinas filosóficas e entre a filosofia e os demais saberes; a segunda nasce de uma tese ontológica e provoca uma reviravolta na compreensão da relação entre *ideia* e *realidade*, pondo em xeque os pressupostos mais fundos do idealismo objetivo. Em que consiste essa mudança?

---

[46]O motivo da contradição já foi aventado anteriormente: a plenificação do *lógico* em um saber absoluto é incompatível com o dinamismo infinito característico do pensamento dialético. Para mais detalhes, cf. E. Luft, *As Sementes da Dúvida*, p. 178 ss.

CONSIDERAÇÕES DIALÉTICAS SOBRE O SISTEMA DO DEVER-SER

Como vimos, uma das principais contribuições de Cirne-Lima foi ter elevado a contingência de uma posição secundária a núcleo duro do sistema de filosofia, mediante a introdução do princípio da diferença. Sabemos que o princípio da diferença é responsável pela introdução do "novo", daquele(s) elemento(s) não derivável(is) de nenhuma regra anterior. A ele deve a dialética sua dinamicidade; a partir dele podemos conceber o Universo como um devir contínuo, ao modo de Heráclito, em contraposição à imutabilidade do ser de Parmênides.

Podemos, todavia, lançar a seguinte dúvida: tanto quanto os princípios da identidade e da coerência, o princípio da diferença é uma lei universalíssima, aplicável igualmente a tudo o que é pensado ou pode ser pensado, a tudo o que existe ou pode existir. Ele deve, portanto, poder ser aplicado à própria esfera metafísica dos primeiros princípios. Mas o que queremos dizer quando afirmamos que o princípio da diferença é aplicável, enquanto gênese do *novo,* à esfera dos primeiros princípios? Significa isso afirmar que *podem* surgir novos princípios? É possível o surgimento de outros princípios para além de identidade, diferença e coerência?

A resposta de Cirne-Lima a essa crítica, lançada por mim em 1998,[47] é a seguinte: a esfera dos primeiros princípios não pode conter, ela mesma, outros elementos além dos que

---

[47]Crítica enviada por e-mail, a meu ver um dos veículos mais produtivos para se trocar ideias filosóficas, durante minha estada de Doutorado-Sanduíche em Heidelberg. Mantém-se o dinamismo do diálogo, intercalado pelas breves e revigorantes pausas que marcam o intervalo entre o envio de um e-mail e a aguardada resposta. As pausas impedem que o trabalho árduo da investigação filosófica seja cortado por réplicas ou tréplicas de ideias ainda não devida e calmamente refletidas: o silêncio revigora a escuta, e faz mesura ao pensamento.

ela contém; por consequência, a autoaplicação da tríade identidade-diferença-coerência gera uma contradição, que só pode ser superada pela constituição de outra esfera, para além daquela em que habitam os primeiros princípios, uma esfera real para além da esfera ideal, onde o novo possa surgir sem que o sistema entre em colapso. Residiria aqui a *necessária* produção da esfera real a partir da esfera ideal, como única resposta possível à contradição anteriormente detectada.

Essa proposta de solução do impasse parece-me *ad hoc*. Em primeiro lugar, nada há na própria teoria cirne-limiana dos primeiros princípios que, por si só, conduziria a tal problema. A contradição não surge da pura e simples autoaplicação dos primeiros princípios, mas de sua autoaplicação *aliada* ao pressuposto de que tais princípios vigoram em uma esfera autônoma em relação ao real. Se uma tese central do idealismo objetivo é justamente a afirmação da anterioridade lógica da esfera dos primeiros princípios, do reino ideal, e sua independência perante o reino real, então é o próprio idealismo objetivo que está na base do surgimento da mencionada aporia. Por outro lado, a referida proposta de solução não supera o próprio dualismo entre as esferas ideal e real, mas o prorroga ao infinito: é só porque o reino real permanece continuamente sendo criado, e por assim dizer, distanciando-se perpetuamente de sua fonte originária, que a contradição não retorna ao núcleo do sistema.[48] Assim, o sistema dialéti-

---

[48]Salta aos olhos, nesse ponto, a semelhança entre o projeto de sistema de Cirne-Lima e a filosofia de Fichte, que funda na tensão entre determinismo e liberdade o processo infinito de autoextrusão do eu — um processo que, creio, Hegel consideraria contaminado pela má-infinitude.

CONSIDERAÇÕES DIALÉTICAS SOBRE O SISTEMA DO DEVER-SER

co, centrado no caráter correlativo e cooriginário de ideia e realidade, é transmudado em um sistema do dever-ser.

Esse dualismo que vejo latente na proposta de Cirne-Lima é, na verdade, consequência direta da preservação da estrutura sistemática da filosofia hegeliana no quadro geral do sistema do dever-ser. Cirne-Lima substitui a teleologia do incondicionado do Conceito hegeliano pela estrutura em dever-ser do princípio da coerência, mas preserva a tese não menos problemática da autarquia do *lógico* que está na raiz do dualismo e, com ele, do mencionado impasse na autoaplicação dos primeiros princípios.

Na busca pela superação desse impasse recorrente, creio crucial a tomada de certa distância do pensamento hegeliano: torna-se premente a necessidade de retornar às origens, beber novamente da fonte platônica para renovar o pensamento dialético. O diálogo com o Platão maduro permite a tomada de consciência das aporias de uma versão dualista de filosofia sistemática, além de fornecer as bases para repensar a filosofia dialética. Em *Sobre a Coerência do Mundo* procurei demonstrar por que o próprio princípio da coerência pode ser compreendido como expressão da dialética do Uno e do Múltiplo, em uma reconstrução livre, especulativa, da teoria platônica dos primeiros princípios desenvolvida no *Filebo*. Em um momento decisivo do diálogo, Platão afirma: "de Uno e Múltiplo seja [feito] tudo aquilo que sempre se diz que é, e contenha em si combinados o limite e o ilimitado."[49] O filósofo expõe, então, a teoria dos quatro gêneros: *peras* ou limite, *apeiron* ou o ilimitado, *ousia* ou o existente que

---

[49] *Filebo*, 16c.

resulta da mistura dos dois primeiros gêneros, e a causa dessa mistura, ou seja, o *nous* ou inteligência.[50] O ilimitado é entendido por Platão como sinônimo de "Múltiplo", um princípio produtor de diversidade, e quando não mediado pela força ordenadora do limite ou do "Uno", gerador de caos e desordem.

Creio que o *Filebo* supera possíveis interpretações dualistas da teoria das ideias. Essa teoria é assim resumida por Sócrates, no *Parmênides*: "Que estas formas permaneçam na natureza como paradigmas, que as coisas se pareçam a elas e sejam como imagens delas, e que a dita participação das coisas nas formas resulte não ser mais que uma representação destas";[51] se compreendemos desse modo a relação entre as ideias e as coisas, contra-arguirá Parmênides, o semelhante e sua imagem teriam inevitavelmente de participar de um terceiro elemento que viabilizasse a ideia de participação; sendo assim, teríamos, para cada relação estabelecida entre uma forma e uma entidade real, um terceiro elemento que os englobasse. Ora, como explicar que seja possível agora a relação entre esse terceiro elemento e os outros dois a ele subordinados? Precisaríamos de um quarto elemento, e assim um quinto, um sexto etc. Surge aqui o argumento do "terceiro homem", como posteriormente o denominará Aristóteles.[52] Se essa crítica pode atingir em cheio argumentos dualistas porventura expostos em outros diálogos de Platão, provavelmente anteriores ao *Parmênides* e ao *Filebo,* o que se

---

[50] *Filebo*, 27b-c.
[51] *Parmênides*, 132d.
[52] Cf. *Metafísica*, 990b15, 1079a10.

CONSIDERAÇÕES DIALÉTICAS SOBRE O SISTEMA DO DEVER-SER

destaca é a resposta nova introduzida nesse último diálogo: a desordem não tem sua origem em um princípio radicalmente diverso da ideia, ou seja, na *hyle,* na matéria amorfa, mas é uma possibilidade inerente ao princípio constituidor do Universo: o Múltiplo, quando não mediado pela força limitadora da inteligência, conduz à incoerência. A matéria, ela mesma, é expressão da estrutura dos primeiros princípios, e não algo externo em relação a eles, e a oposição radical entre uma esfera inteligível e outra sensível, reciprocamente excludentes, colapsa.

Sigamos agora o seguinte raciocínio, exposto em detalhes em *Sobre a Coerência do Mundo*: coerência é a unidade de uma multiplicidade, ou a multiplicidade em unidade, e o princípio da coerência não é senão o próprio modo de auto-organização dos eventos enquanto sistemas. O Universo é formado por eventos, e todos os eventos são ou sistemas ou instâncias de sistemas. Todo processo de auto-organização de um sistema pode se dar em dois extremos: no predomínio máximo da unidade sobre a multiplicidade ou no predomínio máximo da multiplicidade sobre a unidade. Qualquer evento que é instância de outros eventos pode se desfazer, transformando o evento que o abarca, mas o Universo, como síntese abarcante de todos os eventos, reais ou possíveis, não pode se desfazer, caso contrário teríamos o absurdo de uma queda no nada. Sendo o sistema de todos os sistemas reais e possíveis, o Universo não pode deixar de ser coerente consigo, e assim múltiplas, potencialmente infinitas configurações do Universo são compatíveis com a preservação de sua coerência interna. O Universo, então, move-se continuamente entre os extremos do máximo predomínio do Uno sobre o Múltiplo, e vice-versa.

Seguindo esse modelo, a autoaplicação do princípio da diferença ou do Múltiplo não causa qualquer contradição: a gênese do novo exigida pelo princípio da diferença dá-se justamente na variação subdeterminada das configurações de Universo, a invariância exigida pelo princípio da identidade manifesta-se na preservação da autocoerência do Todo, sob todas as suas potencialmente infinitas configurações. Se, todavia, supusermos que o princípio da coerência não é o próprio modo de auto-organização do Universo como sistema; se supusermos que o princípio pertence a uma esfera ideal, logicamente anterior ao real; nesse caso, e só nesse caso, a autoaplicação do princípio da diferença é contraditória.

Prova-se, assim, que a esfera do real não é, no contexto do projeto de sistema de Cirne-Lima, *produzida necessariamente* para resolver o problema da contradição na autoaplicação do princípio da coerência. Ela está, pelo contrário, desde sempre pressuposta no contexto de um modelo dualista que, ao postular a separação entre um reino inteligível e outro sensível, *gera a contradição anunciada*. É só porque de saída postulamos, implicitamente, aquele dualismo que a contradição foi gerada.

Se levarmos em conta que a tese da vigência de uma esfera inteligível para além do sensível, da ideia para além da matéria, é constitutiva de todas as formas do idealismo objetivo, então vemos aqui que o idealismo objetivo precisa ser superado por um modelo que compreenda o caráter co-originário de ideia e matéria, inteligível e sensível, idealidade e realidade. A própria dialética assim o exige: essas categorias fundamentais têm de estar em oposição correlativa!

Se todo idealismo começa e acaba na tese da autorreferência absoluta da ideia, subjetiva ou objetivamente considerada, e todo realismo se esgota no enigma de uma matéria ou de uma objetividade amorfa, a ser ordenada e estruturada de fora por qualquer elemento a ela estranho, então uma filosofia da coerência dialética deveria justamente propor ir além dessa dicotomia: ideia e matéria são apenas dois aspectos de uma mesma totalidade. Uma vez o jovem Schelling introduziu o termo Ideal-Realismo (e sua contraparte: Real-Idealismo)[53] justamente para propor superar o idealismo subjetivo fichtiano através de uma teoria que reintegrasse o eu à natureza. Talvez seja hora de propor uma reconstrução livre, especulativa do Ideal-Realismo no contexto de uma nova Metafísica da Natureza ou Cosmologia Filosófica.

Referências bibliográficas

ARISTÓTELES. *Aristotle's Metaphysics (Metafísica)*. Oxford: Clarendon Press, 1958, v. I-II.

CIRNE-LIMA, C. R. V. *Sobre a Contradição*. Porto Alegre: Edipuc-RS, 1993.

_____.*Dialética para Principiantes*. Porto Alegre: Edipuc-RS, 1996.

_____.*Depois de Hegel. Uma reconstrução crítica do sistema neoplatônico*. Caxias do Sul: Educs, 2006.

LUFT, E. *As Sementes da Dúvida. Investigação crítica dos fundamentos da filosofia hegeliana*. São Paulo: Mandarim, 2001.

_____.*Sobre a Coerência do Mundo*. Rio de Janeiro: Civilização Brasileira, 2005.

HEGEL, G. W. F. Wissenschaft der Logik [WL]. In: *Georg Wilhelm Friedrich Hegel: Werke*. 2ª ed. Frankfurt am Main: Suhrkamp, 1990, v. 5-6.

---

[53] Cf. *Über den wahren Begriff der Naturphilosophie und die richtige Art ihre Probleme aufzulösen*, p. 21.

EDUARDO LUFT

_____.Enzyklopädie der philosophischen Wissenschaften [Enz]. In: *Georg Wilhelm Friedrich Hegel: Werke*. Frankfurt am Main: Suhrkamp, 1989, v. 8.

HÖSLE, V. *Hegels System. Der Idealismus der Subjektivität und das Problem der Intersubjektivität*. Hamburgo: Meiner, 1988.

PLATÃO. Philebos [Filebo]. In: *Platon Sämtliche Werke*. Frankfurt am Main/Leipzig: Insel, 1991, v. VIII.

_____.Parmenides [Parmênides]. In: *Platon Sämtliche Werke*. Frankfurt am Main/Leipzig: Insel, 1991, v. VII.

SCHELLING, F. W. J. Über den wahren Begriff der Naturphilosophie und die richtige Art ihre Probleme aufzulösen. In: *F.W.J. Schelling. Ausgewählte Schriften*. 2ª ed. Frankfurt am Main: Suhrkamp, 1995, v. 2, p. 11 ss.

WIELAND, W. Bemerkungen zum Anfang von Hegels Logik. In: Horstmann, R.-P. (org.). *Seminar: Dialektik in der Philosophie Hegels*. Frankfurt am Main: Suhrkamp, 1989, p. 194-212.

V. A verdade é o todo

Carlos Cirne-Lima

As muitas e para mim sempre profícuas discussões sobre temas da Filosofia de Hegel que tive com meu colega e amigo, o Prof. Dr. José Henrique Santos, a quem esta Festschrift é dedicada, ele as concluía dizendo invariavelmente: "Pelo viés da Fenomenologia fica mais fácil." Em agosto de 2001, na semana filosófica em homenagem aos 80 anos do padre Lima Vaz, depois da conferência que fiz sobre o problema da contradição em Hegel, José Henrique, cavalheiro como sempre, veio congratular-me pela exposição, acrescendo, depois: "Analisaste a questão só pelo viés da Ciência da Lógica e da Lógica da Enciclopédia. Pela Fenomenologia ficaria mais simples e mais claro." Ele tinha, mais uma vez, toda razão. Volto, por isso, ao tema da contradição em Hegel, ampliando e completando, pelo viés da Fenomenologia, o que apresentei no trabalho mencionado. Na primeira parte, resumo brevemente os argumentos já apresentados na conferência citada. Na segunda parte, analiso a mesma questão pelo viés da Fenomenologia. Na terceira parte, mostro como minha proposta sobre a contrariedade como motor da dialética, vista agora sob o moto de que a Verdade é o Todo, deixa de ser uma mera defesa de Hegel contra as objeções de Trendelenburg e de Popper e passa a ser uma exposição positiva de como se engendra a dinâmica que move o sistema.

Contradição ou contrariedade?

A objeção que Trendelenburg, Karl Popper e toda a Filosofia Analítica contemporânea levantam contra Hegel consiste na radical irracionalidade da contradição. Contradição, segundo Hegel, é o núcleo duro da dialética e o motor que move todo o sistema. Contradição, diz a objeção, consiste em dizer e, ao mesmo tempo, desdizer-se; desde o livro *Gama de Aristóteles* sabemos que quem fala uma contradição não diz absolutamente nada, pois contradição é o próprio nonsense. Essa objeção, que atinge de maneira central o método e o sistema de Platão e de Hegel, precisa ser resolvida de maneira absolutamente clara e convincente. Se não o for, os sistemas de Platão e de Hegel têm que ser abandonados e jogados no lixo; assim faz o cientista sério com as teorias que tenham sido refutadas. Desde a morte de Hegel essa pergunta está, apesar das muitas tentativas, sem solução satisfatória. Daí meu empenho, durante pelo menos duas décadas, em tentar resolvê-la.

O problema consiste no seguinte: segundo os dialéticos, em especial segundo Hegel, tese e antítese, na dialética, se opõem pela contradição e são ambas proposições falsas. É isso que põe o pensamento em movimento e obriga a abandonar o nível de tese e antítese e, fazendo a *Aufhebung*, elevar-se

A VERDADE É O TODO

a um nível mais alto, no qual ambos os opostos então se conciliam. Os dialéticos afirmam que *Aufhebung* consiste num processo em que simultaneamente se supera um elemento e se guarda um outro. *Aufheben* significaria, então, superar-guardar. A objeção de Trendelenburg e de Karl Popper, sem entrar no mérito de uma *Aufhebung* qualquer, se atém a um problema bem simples. Como foi afirmado anteriormente, a dialética começa com a oposição contraditória entre tese e antítese, que ambas têm que ser demonstradas como sendo proposições falsas. Ora, diz a objeção, proposições contraditórias nunca, jamais, podem ser simultaneamente falsas. A regra, desde Aristóteles conhecida e por todos aceita, diz que, sendo uma proposição verdadeira, a proposição contraditória a ela oposta é sempre falsa. E vice-versa: sendo uma proposição falsa, a proposição contraditória a ela oposta é sempre e necessariamente verdadeira. O que significa que duas proposições contraditórias jamais podem ser simultaneamente verdadeiras ou simultaneamente falsas. Ora, Hegel e os dialéticos afirmam que tese e antítese são proposições opostas pela contradição e afirmam também que são ambas proposições falsas. Isso é logicamente impossível. Assim sendo, a dialética repousa sobre um pressuposto lógico falso e tem que ser abandonada como uma teoria falsa. Falsa exatamente por ser contraditória.

Essa objeção, desde que foi colocada por Trendelenburg no século XIX, paira no ar sem resposta bastante. Todos — sim, literalmente todos — os filósofos dialéticos procuram desde então por uma resposta que seja logicamente bastante e que seja aceita pelos lógicos. A dialética, então, é analisada sob os mais variados aspectos, é descrita, é parafraseada, é comentada; é dissecada em suas partes, é colocada sob os mais variados horizontes de interpretação. Não há nenhum livro minimamente relevante sobre a Filosofia de Hegel que não trate do problema. E nenhuma resposta satisfatória se obteve que pudesse ser aceita pelos lógicos. Minha proposta de solução consiste em dizer que contradição em Hegel não é a contradição de Aristóteles e da Lógica Formal, mas sim a contrariedade. Quando Hegel diz contradição, ele quer sempre dizer contrariedade. Tese e antítese, na dialética, são sempre falsas, e é essa falsidade que impele o pensamento para a síntese, que, em nível mais alto, concilia os opostos que antes eram excludentes. Houve, aí, uma *Aufhebung*, em que alguns elementos de tese e antítese foram superados e abandonados, outros elementos foram guardados. É igualmente correto dizer que, para fazer dialética, é preciso demonstrar a falsidade da tese e da antítese, para, só então, passar à síntese. O núcleo duro da objeção e de minha proposta de solução consiste na relação lógica existente entre tese e antítese, que são ambas proposições falsas. Hegel chama tese e antítese de proposições contraditórias; mas sabemos que isso é logicamente impossível, pois duas proposições contraditórias jamais podem ser simultaneamente falsas. Resta só uma alternativa: ou Hegel errou redondamente ou ele usa, como os juristas, outra terminologia que não aquela usual entre os lógicos e entende por contradição outro tipo de oposição, a saber, a contrariedade. Este é o núcleo duro de minha proposta: quando Hegel diz e escreve contradição, ele quer dizer contrariedade. Pois duas proposições contraditórias não podem ser simultaneamente falsas, mas duas proposições contrárias podem, sim, ser simultaneamente falsas. Desde Aristóteles o sabemos.

A VERDADE É O TODO

Poder-se-ia aqui objetar que minha proposta escapa da objeção levantada por Trendelenburg e Popper, mas que ela não encontra respaldo no texto de Hegel. Eu estaria fazendo não uma interpretação, mas uma correção de Hegel. Não é verdade. A análise cuidadosa do texto de Hegel mostra que ele, ao dizer contradição, na realidade estava querendo dizer aquilo que os lógicos chamam de contrariedade. A prova disso se faz examinando o quantificador das proposições que são tese e antítese. Se o quantificador, em ambos os casos, for universal, trata-se de proposições contrárias e não de proposições contraditórias. Ora, o sujeito lógico de todas as proposições da Lógica de Hegel é sempre o mesmo e tem sempre o mesmo quantificador universal. Se isso é correto, então, o que Hegel chama de contradição é sempre aquilo que os lógicos chamam de contrariedade. Hegel nos dificulta o trabalho de demonstração, pois o sujeito lógico das proposições em toda a sua Lógica permanece oculto. A *Ciência da Lógica* começa com um anacoluto: ser, ser indeterminado, ser sem nenhum conteúdo. Sabemos que ser é uma categoria, um predicado, portanto. Mas qual é o sujeito oculto da proposição? Qual seu quantificador? Na *Lógica da Enciclopédia*, Hegel nos diz que o sujeito lógico de todas as proposições, que fica nelas sistematicamente oculto, é o Absoluto. Assim sendo, também o quantificador é sempre o mesmo quantificador universal. Na *Ciência da Lógica*, o sujeito oculto do anacoluto inicial e de todas as demais proposições lógicas é exposto, bem no começo, no capítulo sem número que tem o instigante título *Womit der Anfang der Wissenschaft gemacht werden muss*. A filosofia tem que ser crítica argumenta Hegel. Ora, para ser crítica, não pode pressupor nada. No entanto, quem não faz nenhum pressuposto determinado, quem não pressupõe nada, está a pressupor tudo de maneira indeterminada. O nada da determinação é o tudo da indeterminação. Assim, o sujeito oculto de todas as proposições da Grande Lógica pode ser expresso nos seguintes termos: tudo que foi pressuposto e que tem que ser criticamente reposto é ser; tudo que foi pressuposto e tem que ser criticamente reposto é nada; tudo que foi pressuposto e tem que ser criticamente reposto é devir etc. Tese e antítese, aí, possuem claramente o mesmo sujeito e o mesmo quantificador universal: tudo que foi pressuposto e que tem que ser criticamente reposto. As proposições da tese e da antítese, ambas falsas, são proposições contrárias; elas não são contraditórias, pois o quantificador universal continua o mesmo.

Penso ter resolvido, com clareza e rigor, a questão proposta por Trendelenburg e Popper: onde Hegel diz contradição, entenda-se contrariedade. Se aceitamos isso, o problema lógico desaparece e a objeção está resolvida. Resolvida uma questão, entretanto, aparecem sempre novas questões mais à frente. Duas linhas de objeções aqui se abrem. A primeira linha de objeções vem dos comentadores e estudiosos de Hegel. Os leitores tradicionais podem objetar que fiz exatamente aquilo que Hegel sempre tentou evitar, ou seja, dizer explícita e expressamente, com todas as letras, qual o sujeito lógico das proposições da Lógica. Eles têm, em parte, razão. Hegel pensa e diz que a proposição completa, constituída de sujeito e predicado lógicos, não é a forma adequada de expressar a verdade. Não é por acaso que Hegel começa a Lógica com um anacoluto e quase nunca nos diz qual o sujeito lógico do qual se predicam as categorias. Lamentavelmente, não posso alongar-me sobre esse tema, que deve ser tratado em outro contexto. A segunda linha de objeções vem dos lógicos e fi-

A VERDADE É O TODO

lósofos analíticos, que, a essa altura, podem dizer o seguinte: tudo bem, foi mostrado que a dialética não é bobagem, pois tese e antítese não são proposições contraditórias, mas sim contrárias; mas qual a força motriz que nos faz subir a um nível supostamente mais alto? Como e por que os contrários, antes opostos excludentes, estão agora conciliados? Essas novas questões surgem, ao natural, uma vez respondida a pergunta inicial de Trendelenburg e Popper. Qual a resposta? É aqui que voltamos à Fenomenologia, para lá buscarmos elementos para respondê-las.

2. O sujeito lógico na Fenomenologia

O primeiro capítulo da Fenomenologia, o capítulo sobre a certeza sensível, é o melhor lugar para analisar a questão do sujeito lógico das proposições dialéticas, pois nesse texto ele está dito e expresso com todas as letras. O conteúdo concreto da certeza sensível, à primeira vista, parece ser o conhecimento mais rico e mais verdadeiro de todos (tese). Mas, olhando melhor, percebemos que essa certeza é só o mais abstrato, o mais pobre e o menos verdadeiro de todos os conhecimentos (antítese). Pois o sujeito que conhece é, na certeza sensível, apenas este Eu aqui, um este puro, vazio e singular, que conhece apenas que algo é. A pobreza do este que aponta para um eu singular e para um objeto igualmente singular, um mero ser que apenas é, vazio e sem a rede de relações que o determine ulteriormente, a pobreza do mero este vazio (antítese) se opõe à ideia (tese) de que a certeza sensível seja o conhecimento mais rico e mais verdadeiro.

Após esse preâmbulo, em que Hegel resume todo o seu raciocínio posterior, é colocada a pergunta que vai caracterizar o núcleo duro da tese: qual a verdade da certeza sensível? Como e por que o conhecimento sensível é verdadeiro? Eis agora a formulação da tese: o conhecimento sensível é verdadeiro se seu objeto é, ou seja, se o objeto é o verdadeiro (*das Wahre*) e o essencial (*das Wesen*). Transformando a proposição condicional em proposição tética, a tese fica formulada da seguinte maneira: a verdade (*das Wahre*) e a essência (*das Wesen*) da certeza sensível estão no objeto. Hegel passa, então, a mostrar a falsidade dessa tese. A certeza sensível nos dá apenas este objeto. Hegel vai mostrar, a seguir, que este objeto não é a verdade e a essência da certeza sensível, pois ele é totalmente vazio de conteúdo. Ele começa com o este do objeto, este objeto. O que é este? O que significa o termo este? O este se nos apresenta como o agora e o aqui. O que é o agora? Agora é noite, respondemos e pensamos ter captado e dito a verdade. Só que perdemos essa pretensa verdade quando a escrevemos. Pois a frase escrita "Agora é noite", lida algum tempo depois, lida durante o dia, aparece em sua inverdade, pois agora não é mais noite, mas sim dia. O mero ato de escrever transformou a verdade do agora em inverdade. O mesmo acontece com o aqui. "Aqui há uma árvore", inicialmente uma proposição verdadeira, transforma-se imediatamente em inverdade quando viramos o rosto e olhamos para outro lado, para uma casa, pois agora "Aqui é uma casa". O este, o aqui e o agora são um universal totalmente vazio e sem conteúdo, eles não têm e não mostram a verdade e a essência da certeza sensível.

Após a demonstração da falsidade da tese, "A verdade e a essência da certeza sensível estão no objeto", Hegel formula a antítese: "A verdade e a essência da certeza sensível estão no sujeito." Hegel, depois de mostrar a inverdade do este objeto

A VERDADE É O TODO

da certeza sensível (tese), passa a demonstrar a inverdade do este eu (antítese). Se a verdade não está no objeto, ela tem — pensa erroneamente o bom-senso — que estar no eu: a força de sua verdade (da certeza sensível) está, portanto, no eu, na imediatidade de meu olhar, de meu ouvir etc. Quando eu digo "Agora é dia", "Agora é noite", "Aqui há uma árvore", "Aqui há uma casa", o dia e a noite, a árvore e a casa não são a verdade e a essência do conhecimento, pois eles desaparecem com o mero passar do tempo e com um pequeno movimento de cabeça. O que fica, o que permanece, o que é a verdade e a essência da certeza sensível têm que estar, portanto, no eu, isto é, no sujeito, e não no objeto. Só que este eu é, de novo, um mero este, colocado num aqui e agora. Também este eu, sujeito da certeza sensível, é tão evanescente e inverdadeiro como o objeto. Muitos outros eus dizem de si mesmos, com toda a razão, que são este eu. Conclui-se, assim, que também a proposição antitética é falsa. A verdade e a essência da certeza sensível estão no sujeito é uma proposição falsa. A seguir, Hegel mostra que, como a tese e a antítese são ambas falsas, somos obrigados a admitir que a verdade e a essência da certeza sensível estão no movimento, ou, com maior exatidão, na história do movimento que se realiza entre o sujeito e o objeto. O movimento concreto — e nesse sentido, não mais vazio de conteúdo — entre sujeito e objeto constitui uma história em que um momento vem depois do outro, em que um momento leva ao outro, em que cada momento possui sua verdade. Mas trata-se aqui de uma verdade em movimento, uma verdade que, diríamos hoje, está na unidade de sujeito e objeto em suas inter-relações concretas e, assim, históricas. A verdade e a essência da certeza sensível estão na unidade de sujeito e de objeto, ambos tomados em sua concretude histórica. Esta é a síntese do primeiro capítulo.

Fica claro, assim, que tese e antítese também aqui são proposições contrárias e não proposições contraditórias. A análise do sujeito lógico das proposições téticas e antitéticas na Fenomenologia leva à mesma conclusão a que chegáramos acima, quando do estudo da questão na *Ciência da Lógica* e na *Enciclopédia*. Ou seja, quando Hegel diz contradição ele quer dizer aquilo que os lógicos chamam de contrariedade, pois tanto na tese como na antítese o quantificador continua sendo universal. Nesse caso, a universalidade do quantificador se expressa nos termos, repetidos tanto na tese como na antítese: a verdade e a essência da certeza sensível estão no... O quantificador *todos* não está expresso *ipsis verbis* nesse sujeito lógico, mas está indubitavelmente implícito. Pois a verdade, para Hegel, é sempre o Todo. Realmente, se não entendêssemos o termo "A verdade e a essência da certeza sensível" como "Toda a verdade e a essência da certeza sensível", a argumentação de Hegel cairia por terra. Pois ele demonstra a inverdade da proposição "Agora é noite" quando nos manda fazer o *experimentum mentis* de escrever essa verdade e, horas depois, durante o dia, reexaminá-la. Examinada à luz do dia, aparece, então, a inverdade da proposição "Agora é noite". Ora, se Hegel se ativesse a uma verdade que não é o Todo, se ele se ativesse a uma verdade do sentido de Tarski, poderia e deveria dizer que a proposição "Agora é noite" neste exato momento do espaço e do tempo corresponde aos fatos e é, por isso, verdadeira. Hegel não se atém à definição de verdade de Tarski, Hegel não quer saber a verdade momentânea e evanescente de uma certeza sensível, correspondência momentânea entre sujeito e objeto, que, logo

A VERDADE É O TODO

mais, deixa de ser a certeza que é e se transforma em incerteza. Uma tal verdade, para Hegel, é apenas uma verdade parcial; melhor, uma parte da verdade. Mas, como a verdade é sempre o Todo, as verdades apenas parciais são sempre inverdades. Proposições que expressam verdades parciais não são, por isso, proposições verdadeiras e têm que ser descartadas como proposições falsas. Tese e antítese, por expressarem apenas verdades parciais, são, à luz da definição de que a Verdade é o Todo, proposições falsas. Elas incluem, sim, um elemento positivo (a verdade momentânea, a verdade que é parcial), mas não incluem aquela totalidade que lhes daria a verdade no sentido pleno de a Verdade é o Todo. E é por isso que Hegel afirma que a verdade da certeza sensível não está nem no objeto nem no sujeito, enquanto estes são pensados isoladamente e sem concretude histórica, mas sim na unidade concreta e histórica de sujeito e objeto. A verdade total da certeza sensível, que é para Hegel a única que merece o nome de verdade, consiste na História da inter-relação de identidade entre sujeito e objeto. Esta é a História que ele Hegel vai tematizar em cada capítulo da *Fenomenologia do Espírito*. A verdade, pois, no sentido hegeliano de completude do Todo, não nos permite parar na tese e na antítese, como se estas fossem o Todo. As sínteses de cada tríade, que parecem inicialmente ter captado o Todo, num exame mais acurado transformam-se novamente em teses que possuem apenas verdade parcial e que por isso são falsas e têm que ser abandonadas; e assim até chegarmos à última categoria, ao saber absoluto.

A unidade histórica e concreta de sujeito e objeto na certeza sensível leva à síntese que consiste na História de seu movimento (*Geschichte ihrer Bewegung*), que consiste na História de sujeito e objeto, que em seu movimento de constituição mútua desaparecem um no outro porque se fundiram numa unidade concreta. Sujeito e objeto não mais se opõem, mas se mostram em sua unidade dinâmica, como uma totalidade em movimento de autoconstituição. Esta é a síntese. Houve aqui uma *Aufhebung*. Foi superada e deixada para trás a visão de que sujeito e objeto podem ser considerados e expressos como sendo elementos que se opõem e se excluem; foi guardado o elemento que aponta para a inter-relação concreta em que ambos, sujeito e objeto, se constituem mutuamente em sua história concreta. Eis a síntese como *Aufhebung*.

Esta síntese, porém, capta e expressa tanto o eu (sujeito) como as coisas (objeto) apenas como o conjunto dos muitos estes, dos muitos aqui e agora. O que parecia ser um indivíduo posto no aqui e agora do espaço e do tempo mostra que é, na realidade, um universal. Pois o conjunto dos muitos estes, dos muitos aqui e agora é não mais um indivíduo singular (seja como sujeito, seja como objeto), mas um conjunto, ou seja, um universal. E a síntese transforma-se, desse modo, em nova tese, na tese que dá início ao segundo capítulo, ao capítulo sobre a percepção (*Wahrnehmung*). O conhecimento, que até aqui era o conhecimento da certeza sensível, amarrado na singularidade concreta dos muitos estes, dos muitos aqui e agora, transforma-se num conhecimento que conhece não mais apenas o singular concreto, mas primeira e essencialmente um universal.

Mostrar que tese e antítese, na dialética, não são proposições contraditórias mas sim contrárias é apenas o primeiro passo para entender a dialética como método. Nesse primeiro passo, que é preponderantemente negativo, são refutadas as objeções tradicionais de Trendelenburg, de Popper e da Filosofia Analítica em geral. Mas esse primeiro movimento é meramente defensivo, ele é puramente negativo. Ele mostra, sim, que a dialética não implode logicamente por conter uma contradição — não é contradição, mas sim contrariedade —, mas ele não mostra como a dialética pode ser uma força motriz que move o sistema e como empurra o pensamento da falsidade de tese e antítese para a verdade da síntese, para um nível mais alto e mais nobre. A força motriz da dialética, do começo até o fim do sistema, é sempre a busca da verdade, e, como a Verdade é o Todo, a busca da Totalidade. Por que não paramos, derrotados e inermes, em face da falsidade de tese e antítese? Qual força nos faz ir mais adiante e procurar a verdade que, não encontrada em tese e antítese, tem que estar mais adiante, num nível mais alto? Qual a força que nos faz subir a um nível mais alto — o da síntese — e, sempre de novo, recomeçar a busca pela verdade? A força que move a dialética como método e como sistema é a ideia de que a Verdade é o Todo. Assim, se tese e antítese são falsas, porque suas verdades são apenas verdades parciais e, por isso, inverdades, a certeza de que a Verdade é o Todo nos impulsiona para a frente e para cima, sempre em busca da Totalidade.

Isso não significa que tese e antítese, inverdades por serem verdades apenas parciais, devam ser jogadas no lixo, ou seja, devam ser jogadas para fora do sistema. Não, tese e antítese, mesmo não sendo verdadeiras porque não são o Todo, são conservadas e guardadas como elementos constitutivos do sistema. Tese e antítese, enquanto inverdades por não serem o Todo, são pontos de vista que ficam para trás e são abandonados. Mas a verdade parcial que contêm não permite que as joguemos no lixo, que as joguemos para fora do sistema. Elas são *aufgehoben*, elas são guardadas, mais, elas são importantíssimas porque constituem o degrau que nos permite subir ao patamar superior da síntese. Tese e antítese, verdades apenas parciais e, nesse sentido, inverdades, são partes constituintes do Todo; elas são, assim, parte legítima e importante do sistema. É sobre a inverdade (= verdade apenas parcial) de tese e antítese que se constrói a verdade da síntese. E cada nova síntese, ao mostrar-se apenas verdade parcial, torna-se novamente uma tese, que é falsa, e nos impulsiona de novo para o sistema como um todo. Só o sistema como um todo apresenta a Totalidade, só ele se constitui como a Verdade que é o Todo. Surge aqui o núcleo duro positivo mas também o maior problema de todo e qualquer sistema dialético, a saber, o problema da Totalidade.

3. A Verdade é o Todo

Dois grupos de questões surgem aqui, ambos referentes ao conceito de Totalidade posto como núcleo de um método e de um sistema filosófico. O primeiro grupo de questões vem da perspectiva da Filosofia Analítica contemporânea, mas se origina, de fato, no nominalismo de Ockham e do Empirismo inglês: pode-se pensar e falar de Totalidade? O segundo grupo de questões vem dos sistemas dialéticos neo-platônicos, especificamente das objeções levantadas contra o sistema de Hegel: como conciliar Totalidade com um sistema que seja aberto à contingência e à historicidade, como hoje o queremos?

Como preâmbulo a toda a argumentação posterior, seja-me permitido, desde logo, levantar uma tese forte: é impossível negar que exista o Todo. Pois o que é e existe ou é o Todo ou parte do Todo. Ora, como de fato há coisas, entidades, possibilidades etc., elas ou são o Todo ou são parte do Todo. Se elas são o Todo, o Todo existe. Se elas são partes do Todo, elas pressupõem, sendo partes, sempre o Todo do qual são partes. Logo, o Todo é e existe. Não se pode, portanto, questionar, de maneira geral, se o Todo é e existe. É impossível negar que o Todo é e existe. A pergunta, pois, que resta, consiste apenas em determinar como esse Todo é, ou seja, em determinar qual a relação das coisas, entidades, possibilidades etc.; qual a relação de nós mesmos que estamos aqui pensando para com o Todo que é e existe. Que o Todo é e existe está fora de dúvida. Os nominalistas e grande parte da Filosofia Analítica negam precisamente a existência mesma do Todo, tanto como conceito como também como realidade. Como falar de um Todo se não temos mais essências? Como determinar um Todo que não conseguimos captar pelos sentidos? Como falar cientificamente de algo que não passa nunca por nossos sentidos? O que captamos pelos sentidos não é o Todo abrangente e universalíssimo, como anteriormente é pressuposto, mas apenas um conjunto dado de seres ou entidades. Esse conjunto pode ser chamado de um todo, sim — o todo de minha percepção momentânea, por exemplo —, mas trata-se aqui apenas de um conjunto dado empiricamente, não de um Todo por assim dizer metafísico que abarque tudo que existe e tudo que possa ser. Um tal Todo que seja realmente abrangente e abarque tudo que existe e possa ser é apenas um conceito vazio, é uma construção mental, um *figmentum mentis*. Não sabemos se a tal conceito corresponde, no mundo real, algo objetivo que o legitime. O conceito de Totalidade não será algo assim como o centauro sobre o qual falamos mas ao qual não corresponde nenhuma realidade? Pior ainda: será que esse conceito de Totalidade pode ser pensado e determinado como conceito? Tudo indica que não, como aliás o curso da História da Filosofia parece estar demonstrando. Concordo plenamente com os nominalistas que aquilo que os antigos e medievais chamavam de essência é algo que desapareceu da ciência porque nunca existiu na realidade; trata-se de uma teoria totalmente ultrapassada. Não há a essência de gato, nem a essência de cavalo. Não há nem mesmo a essência de homem. Toda aquela operação do *intellectus agens*, que arrancava de dentro do *phantasma*, produto mais alto do conhecimento sensível, a própria essência do objeto conhecido e a tornava transparente a si mesma em sua inteligibilidade eterna e imutável — a *species intelligibilis* ou conceito —, bem, tal manobra simplesmente inexiste e nunca existiu. Com todo o respeito para com Aristóteles e os mestres-pensadores medievais, tal manobra é uma construção extremamente artificial que se tornou obsoleta e desnecessária. Os nominalistas nesse ponto tinham razão. Não existem essências; não existe a essência de gato, nem de cavalo, nem de homem, muito menos — parece — de um Todo Metafísico. Os nominalistas e filósofos analíticos, porém, deixariam de ter razão se negassem — o que ninguém nega —, além da doutrina sobre as essências da Antiguidade e da Idade Média, a existência de nexos que sejam demonstrados como sendo necessários. Ninguém nega a Lógica e a Matemática; elas tratam de relações ou nexos necessários. Trata-se, pois, em nossa discussão com os nominalistas e com a Filosofia Analítica, de saber se ao conceito de Totalidade corresponde, no mundo objetivo, uma relação necessária. Há ou não há a Totalidade como relação necessária que constitui o Universo? Esse é o problema, colocado, já agora, com a exatidão necessária.

Procurarei demonstrar que, ao formar o conceito de classe, sempre e necessariamente pressupomos o conceito de Totalidade, que fica definido aqui como sinônimo de Tudo e de Todo, sempre no sentido mais universal e mais amplo. Há basicamente duas maneiras de formar o conceito de classe: uma, duramente; a outra, moderadamente nominalista. Em ambas, o conceito de Totalidade é necessariamente pressuposto. A maneira duramente nominalista de definir classe, ou seja, conceitos que sejam universais, parte do pressuposto de que só existem indivíduos e de que todos os nomes, os *signa verbais*, designam originária e primeiramente indivíduos e apenas indivíduos; de acordo com esse pressuposto radicalmente nominalista, a existência de conceitos ou classes universais tem que ser construída e explicada a partir de nomes que apontam somente para indivíduos concretos. Assim os nomes Pedro, João e José apontam para indivíduos e somente para indivíduos. Para formar a primeira classe, ou seja, o primeiro conceito universal, que aponta não para o indivíduo mas para algo que é mais do que um indivíduo, é necessário, segundo essa proposta radicalmente nominalista, constituir a classe que contém Pedro, João e José. A classe é constituída, nessa proposta, pela enumeração completa dos indivíduos que a compõem: a classe que contém Pedro, João e José. Os lógicos e filósofos da Lógica que trabalham com essas questões percebem logo que a classe acima formada não está bem constituída, não está bem definida. Ela diz, sim, que contém Pedro, João e José, mas deixa em aberto se contém ou não contém mais alguma coisa; essa ambiguidade precisa ser eliminada para que a classe possa ser entendida como classe. A classe, para estar bem definida, precisa ser fechada, ou seja, precisa ser completada da seguinte maneira: a classe que contém Pedro, João e José e não contém nada que não seja Pedro, João e José. Só assim, fechada por todos os lados, a classe é um conceito bem-formado e aponta para algo que é mais do que apenas um indivíduo, ou seja, um universal, dizem os nominalistas radicais. Conseguimos, pensam eles, formar um conceito universal utilizando apenas nomes, sinais que apontam para indivíduos. Errado, muito errado. Pois, para formar a classe corretamente, isto é, como classe bem-definida e fechada, foi necessário utilizar, além dos nomes individuais, o conceito universal de nada (nada que não seja idêntico a Pedro, João e José). A tentativa radical dos nominalistas de construir o conceito universal (ou classe, conjunto etc.) a partir tão somente da enumeração de indivíduos falha completamente e, sem perceber, pressupõe o conceito mais universal de todos, o conceito de Totalidade em sua forma negativa de nada. O nada que está sendo pressuposto aqui é a forma negativa do Todo sobre o qual estamos falando o tempo todo.

A forma mais branda do nominalismo — aquela que é ensinada pela maioria dos filósofos que trabalham hoje em análise da linguagem e Filosofia da Lógica — explica a classe da seguinte maneira. Dentro de um conjunto empiricamente dado — por exemplo, uma sala — há Pedro, João e José, bem como mesa, cadeiras, quadros, cortinas, tapetes etc. Forma-se uma classe bem constituída quando se toma uma característica — por exemplo, movimentar-se — e se pergunta: quem, nesta sala, se movimenta? A resposta é a classe constituída por Pedro, João e José, pois são esses indivíduos os únicos que, no conjunto dado, se movimentam. Nessa definição,

A VERDADE É O TODO

como se vê, não foi preciso apelar para o conceito universal de nada; nem o conceito de nada, nem o de outra Totalidade qualquer foi aqui — aparentemente — pressuposto. Essa conclusão, como logo passaremos a ver, não procede. É verdade que, na construção de classe proposta, os termos todo e nada não foram utilizados. Não obstante, eles estão sendo sutilmente pressupostos. Pois a construção anteriormente parte de um conjunto empiricamente dado como também de uma característica determinada que se escolhe. Ora, em ambos os casos está sendo pressuposta a Totalidade. Como? Por quê? Porque um conjunto empiricamente dado é sempre e necessariamente limitado. Também uma característica, para ser determinada, precisa ter limites aquém dos quais ela é, além dos quais ela não é mais. Ora, para conhecer um limite, é preciso sempre ultrapassá-lo, ir além dele e, voltando para trás dizer: isto vem até aqui, até este limite, e não mais além. Esse termo não mais além significa, porém, exatamente aquele nada, aquela Totalidade que se quer evitar.

Façamos a mesma demonstração — ou melhor, mostração — em sua forma negativa. Tomemos tanto o conjunto dado (a sala) como a característica determinada (movimentar-se) e façamos a tentativa de dizer o limite sem que o ultrapassemos. Temos, então, uma característica que possui, sim, um limite determinado: ela existe aquém dele. Mas, como não podemos passar por sobre o limite e ultrapassá-lo mentalmente, somos obrigados a dizer que, além dele, não há nada. Ou, pelo menos, que não conhecemos absolutamente nada que haja além dele. Assim, a característica determinada fica delimitada pelo nada. Ora, o que é delimitado pelo nada não é limitado, mas sim ilimitado. E a característica deixa de ser uma característica delimitada e torna-se algo ilimitado e, assim, indeterminado.

Sem conhecer o limite e sem ultrapassá-lo mentalmente, não há como falar de limite. Sem limite, não há determinação nem do conjunto dado, nem da característica escolhida para constituir a classe. Ou seja, para constituir a classe ou qualquer termo universal como determinados é preciso necessariamente utilizar aquela Totalidade que é sempre pressuposta e sem a qual não se pode traçar limite determinante nenhum. A Totalidade, ao menos em sua forma negativa, é sempre pressuposta quando se tenta construir o termo universal (conceito, classe, conjunto etc.). Não há como escapar disso.

Essa argumentação mediante a dialética do limite foi utilizada por Hegel contra Kant, pois este pretendia traçar os limites da razão. Como delimitar a razão sem ultrapassar intelectualmente o limite traçado? O que é delimitado por nada simplesmente não é limitado, afirma Hegel contra Kant. Heidegger e Gadamer perceberam isso claramente e por essa razão postulam um horizonte último sobre o qual e dentro do qual fazemos todas as ulteriores determinações. Determinar é sempre recortar algo de algo maior, é pensar algo na perspectiva de um horizonte que é sempre maior e mais amplo que aquilo que estamos recortando. Por isso, não há como fugir do conceito de Totalidade. Qualquer recorte que façamos, seja ele um espaço empírico ou uma determinação conceitual (classe), pressupõe sempre, em última instância, um horizonte último, um Todo último, uma Totalidade.

Objetar-se-á, aqui, que essa Totalidade é apenas negativa, que esse horizonte último, exatamente por ser último, não possui determinação nenhuma e que por isso mesmo não pode

A VERDADE É O TODO

ser expresso mediante um conceito determinado. *Datum et etiam concessum* que há uma Totalidade, ela é indizível e, por isso, algo que foge da razão. A Totalidade é uma Totalidade negativa, a Filosofia torna-se uma Filosofia Negativa.

Estamos, já agora, tratando do segundo grupo de objeções, daquele que se origina de dentro dos sistemas dialéticos neoplatônicos. Desde Plotino, pelo menos, e claramente em Dionísio, o Pseudoaeropagita, lidamos com o problema de uma Teologia Negativa. As determinações do Absoluto não podem ser ingenuamente positivas, porque determinações positivas o puxariam para a frente, colocando atrás dele, que é supostamente o Absoluto, um horizonte maior e mais amplo, que seria o verdadeiro Absoluto. Qualquer determinação positiva do Absoluto, quando posta como tal, perde o verdadeiro Absoluto e diz apenas algo que foi recortado do verdadeiro Absoluto, que não se deixa recortar. As determinações negativas, entretanto, nos dizem apenas que o Absoluto não é bom como nós somos, não é justo como nós somos etc. Os neoplatônicos sugerem, para além da afirmação primeira e da negação dessa primeira afirmação, um terceiro tipo de predicação: o Absoluto é bom, o Absoluto não é bom, o Absoluto é hiperbom. O sufixo grego *hyper* deveria caracterizar essa maneira especial de falar sobre a Totalidade. Dionísio no-lo ensinou no *De nominibus divinis*. Tomás de Aquino, na trilha aberta pelo Pseudo-Dionísio, utiliza elementos tirados de Aristóteles e introduz aqui a doutrina da *analogia entis*.

Eu mesmo tentei, por muitos anos, a partir de meu começo, a partir da Filosofia Tomista com método transcendental de meus professores em Pullach e Innsbruck, construir uma forma de predicação analógica que fosse satisfatória, que permitisse falar positivamente sobre essa Totalidade que sempre nos escapa quando tentamos pegá-la e dizê-la. Só muitos anos mais tarde me dei conta de que tinha que ser exatamente assim, de que essa aparente negatividade não era defeito, mas sim virtude. Esse Todo último, essa Totalidade que abrange realmente tudo, esse horizonte que é realmente o último horizonte, tudo isso é e tem que ficar negativo para poder ser positivo. Explico-me. Se o horizonte último fosse formulado positivamente, se o puxamos para a frente e fazemos um recorte determinante, ele simplesmente deixa de ser o horizonte último. O Todo, no momento em que tentamos determiná-lo com determinações, quaisquer que estas sejam, deixa de ser o Todo para tornar-se uma parte determinada. Significa isso que estamos condenados a uma Filosofia Negativa que jamais pode dizer qual o último horizonte de sua racionalidade?

A Teologia Negativa incorre realmente nesse erro. O Deus teístico pensado pelos autores neotomistas como pura transcendência, como primeira causa incausada, que não está dentro da série causal, só pode ser pensado nos quadros de uma Teologia Negativa. E ele entra, então, em contradições quando tentamos pensar o ato livre mediante o qual ele cria o mundo. O Deus teístico pede e exige uma Teologia meramente negativa com todas as suas consequências e suas contradições.[54]

Se, entretanto, pensarmos o Absoluto de maneira panenteísta como a Totalidade em Movimento, como o horizonte

---

[54]Cf. C. Cirne-Lima, "O absoluto e o sistema", nesta coletânea.

A VERDADE É O TODO

último abaixo do qual se situam os horizontes determinados; se o pensarmos como o último e mais abrangente sistema de auto-organização, dentro do qual os demais sistemas auto-organizados se desenvolvem e se situam, então tudo muda, tudo se transforma. A aparente negatividade da Totalidade transforma-se em suma positividade. Pois a determinação, em se tratando do Absoluto, da Totalidade e do horizonte últimos, não se determina pelo advento de um limite que o delimite de fora e para fora. Isso não é possível, nem é necessário. Não é possível, porque a Totalidade última deixaria de ser última, o horizonte último deixaria de ser o mais amplo e universal. Não é necessário porque não há razão que exija que a Totalidade seja delimitada por fora e para fora. Fora da Totalidade, que é Tudo e o Todo, não há mais nada, e, exatamente por isso, qualquer limite é impossível e desnecessário. Fora da Totalidade não se pode mais falar de fora. E quando, apesar disso, se fala, então simplesmente duplicamos a Totalidade, expressando-a uma vez de maneira positiva; a outra, de maneira negativa. Mas atenção: a Totalidade expressa de maneira negativa é sempre a última, a absoluta. Mas para dentro a Totalidade pode e deve ser ulteriormente determinada. Para dentro pode e deve haver ulteriores determinações e delimitações. Assim surge a *explicatio mundi*, assim surge, a partir do primeiro princípio, a multiplicidade variegada das coisas e entidades que, por evolução, se constituem dentro da Totalidade em Movimento. O Universo, com sua multiplicidade de formas, é a determinação ulterior da Totalidade que é o Absoluto; uma determinação que é interna. O Absoluto pode e deve ser dito tanto de forma negativa como também de forma positiva. Dizê-lo de maneira positiva significa reconstruir conceitualmente o desenvolvimento das múltiplas coisas a partir da unidade inicial. Dizer o Absoluto de maneira negativa significa concatenar todos os relativos, de sorte que, formando um círculo, possamos dele dizer: é absoluto que tudo seja relativo. A maneira positiva de dizer o Absoluto é sempre de novo tentar organizar, como teoria filosófica, o sistema do Universo.

Esse sistema, como se vê, é fechado para fora, mas é aberto para dentro de si mesmo. Fora dele não existe nada, pois ele é simplesmente Tudo. Mas esse Tudo é uma Totalidade em Movimento que continua em seu processo de desenvolvimento e de evolução para dentro de si mesmo.

VI. A Fenomenologia como metaepistemologia

Eduardo Luft

1

Mal surge revolucionando o cenário filosófico, a *Crítica da Razão Pura* sofre impactantes objeções imanentes. Tendo em vista o escopo do presente estudo, destaco aquelas críticas que põem em evidência as dificuldades metódicas do projeto kantiano, particularmente o risco de má circularidade (Maimon) e o deficit de reflexão (Reinhold e Fichte) que caracterizariam o cerne mesmo da filosofia kantiana, ou seja, a argumentação transcendental.

As pesquisas têm revelado a dificuldade de enquadrar a metodologia utilizada por Kant, e catalogada sob a rubrica de argumentação (exposição ou dedução) transcendental, exclusivamente nessa ou naquela estratégia metódica.[55] To-

---

[55]Tratar-se-ia de uma dedução lógica, como sugere H. Palmer (1983), de uma inferência sintética *a priori* (M. Niquet, 1991, p. 192 ss.) ou de uma argumentação complexa formada por uma proposição analítica, seguida de uma proposição empírica, finalizando com uma proposição sintética *a priori* (M. Hossenfelder, 1981)?

davia, e apesar da expressa negativa dada por Kant nos Prolegômenos,[56] há argumentos regressivos entre os procedimentos utilizados na *Crítica da Razão Pura*. Tenha-se em mente, por exemplo, o argumento utilizado por Kant em B 40, que parte da constatação de um conhecimento dado como supostamente *a priori* e avança — pressupondo implicitamente todo o arcabouço das teses centrais da filosofia transcendental, como a distinção entre juízos analíticos, sintéticos *a priori* e sintéticos *a posteriori* — na direção do esclarecimento de qual a correta leitura do conceito de "espaço" para que tal ciência seja possível. O procedimento é claramente regressivo, ao direcionar-se do condicionado (geometria como ciência dada) ao condicionante (a estrutura transcendental que possibilita a geometria como ciência sintética *a priori*).

A adoção de procedimento regressivo traz pelo menos dois tipos de risco para o projeto de construção de uma filosofia transcendental autárquica. Em primeiro lugar, ao partir da pressuposição de certas ciências supostamente seguras, porque assentadas em juízos sintéticos *a priori*, a argumentação transcendental parece incorporar uma heteronomia radical ao projeto filosófico. A filosofia transcendental dependeria da pressuposição prévia da confiabilidade de certas ciências particulares, perdendo autonomia no processo de sua própria

---

[56] "Na *Crítica da Razão Pura* enfrentei essa questão de modo estritamente sintético, quer dizer, pesquisei na razão pura mesma e procurei determinar, a partir dessa fonte, os elementos e as leis de seu uso puro segundo princípios" (*Prol*, § 4, p. 24). Proceder "sinteticamente" está aqui em oposição a proceder "analiticamente", ou seja, utilizar-se na prova, respectivamente, de procedimento progressivo ou regressivo. No primeiro caso, partimos do condicionante ao condicionado, no segundo o caminho é inverso.

A FENOMENOLOGIA COMO METAEPISTEMOLOGIA

validação. Objeções desse tipo não têm por foco apenas a relação entre Filosofia e geometria. Tenhamos em mente, aqui, os elogios de Hegel a Fichte, por ter proporcionado a primeira tentativa de uma efetiva "dedução" das categorias, libertando a Filosofia da pressuposição injustificada (filosoficamente) da Lógica Formal[57] de origem aristotélica — ou seja, da pressuposição de um quadro dos juízos de onde seriam extraídas as categorias.[58]

Em segundo lugar, há o risco contínuo de incorrer em má circularidade. H. Palmer reconstrói formalmente o argumento kantiano, no contexto da exposição transcendental do conceito de espaço, do seguinte modo: "1. geometria pode ser conhecida se e somente se [nós, os sujeitos cognoscentes] contribuímos com os elementos formais na percepção; 2. geometria é conhecida; 3. contribuímos com os elementos formais na percepção."[59] Ora, o argumento é vicioso,[60] pois, levando-se em conta a primeira premissa e os pressupostos fundamentais da filosofia transcendental kantiana, implícitos na prova, a segunda premissa só pode ser obtida sendo

---

[57]Lembremos que as objeções de Hegel vão ainda mais longe, denunciando a presença implícita de supostos metafísicos que estariam contidos na interpretação clássica da forma do juízo, que o filósofo procurará superar via "proposição especulativa", capaz de reinterpretar a forma do juízo no contexto de uma ontologia relacional e holista, superando a metafísica da substância de corte aristotélico.

[58]Para Hegel, Fichte "reconheceu essa insuficiência [do projeto kantiano] e, ao exigir uma dedução das categorias, fez também a tentativa de efetivar esse projeto" (Enz, § 60, Zusatz 2, p. 147).

[59]H. Palmer, 1983, p. 392.

[60]Para uma possível resposta à objeção específica lançada por Palmer, cf. M. Niquet, 1991, p. 155 ss. Cabe destacar, contudo, que, mesmo levando em conta as importantes observações de Niquet, o risco de circularidade viciosa está sempre presente na *Crítica*, o que foi cedo percebido pelos oponentes de Kant.

EDUARDO LUFT

verdadeira de saída a conclusão.[61] Ao analisar o mesmo deficit no contexto da dedução transcendental das categorias, S. Maimon pronunciou-se do seguinte modo: "a Filosofia Crítica não pode fazer aqui mais do que mostrar que, para a possibilidade da experiência em geral, no sentido em que ela toma a palavra experiência, princípios sintéticos gerais (por exemplo, tudo tem uma causa) precisam ser pressupostos e, ao mesmo tempo, para a realidade (referência a objetos) desses princípios, precisa-se pressupor a experiência como *factum*, ou seja, ela precisa mover-se em um constante círculo."[62]

2

Reinhold e Fichte procurarão solucionar ambos os problemas enfatizando a radical autarquia da filosofia transcendental: era preciso fornecer ao sistema da razão pura novos e mais sólidos fundamentos, libertando-o da base precária fornecida por Kant. A Fenomenologia hegeliana, por sua vez, parte de uma estratégia diferente: ela radicaliza a postura crítica iniciada pela virada transcendental, forçando a Filosofia a questionar desde as raízes suas próprias pressuposições implícitas, e sua própria autoridade enquanto fonte universal de legitimidade de todo o saber possível.

Se entendemos por epistemologia a disciplina que, partindo dos ataques céticos à crença na viabilidade do conhe-

---

[61]E. Sosa, ao criticar o confiabilismo — corrente específica da epistemologia contemporânea de vertente analítica —, mediante análise de *formas* de argumentação semelhantes, denominou esse tipo de deficit de "espiral viciosa", por conter a premissa geradora do deficit de modo apenas implícito: "A petição de princípio espiral é também viciosa, ainda que não inclua a conclusão mesma entre as premissas" (1992, p. 259).
[62]UPPh, p. 51.

A FENOMENOLOGIA COMO METAEPISTEMOLOGIA

cimento do mundo, busca enfrentá-los mediante a oferta de fundamentos seguros a nossas convicções teóricas, então a Fenomenologia do Espírito deve ser considerada — ao menos em um primeiro momento — como uma metaepistemologia, uma disciplina cuja razão de ser é o questionamento da própria epistemologia via radicalização da postura reflexiva. A Fenomenologia não parte propriamente da posição cética típica, procurando enfrentá-la mediante a oferta de mecanismos capazes de superar a dúvida epistêmica. Ela parte da reflexão sobre a atitude típica no enfrentamento do ceticismo, e tem por resultado a radicalização e o autoquestionamento do próprio ceticismo.

O que é a *Crítica da Razão Pura* senão a tentativa de responder à dúvida cética mediante a oferta de uma estrutura apriorística capaz de validar de modo absoluto certa forma de saber e, portanto, calar o cético? O que pretende a argumentação kantiana senão validar o conhecimento imanente à experiência e referido aos fenômenos, ao mesmo tempo que lança aos chacais a metafísica clássica com seu apelo à transcendência? Colocado contra a parede pela questão "o que podemos de fato conhecer", Kant responde com a oferta de toda a arquitetura transcendental como o fundamento adequado não apenas para legitimar a nova filosofia (transcendental), mas como o mecanismo capaz de enquadrar a dúvida cética dentro de limites estreitos, contê-la dentro de um quadro de referência determinado e, por assim dizer, domesticar o ceticismo.

Hegel duvida dessa estratégia, faz a epistemologia voltar-se sobre si mesma, perguntar por sua origem e pela razão de seu fracasso: por que todos os fundamentos oferecidos como resposta ao ceticismo podem sempre de novo ser superados por uma dúvida cética mais radical; por que toda nova filosofia parece poder ser superada por uma nova abordagem a partir de outros fundamentos que não os seus — como de fato a filosofia transcendental kantiana não foi capaz, como pretendia, de estancar de vez a história da filosofia, o devir incessante para sempre novas visões de mundo, superada como foi pelas novas abordagens do idealismo alemão?

Se a dúvida cética é normalmente veiculada contra essa ou aquela forma específica de saber, em sua tentativa de captar corretamente o mundo, e se a resposta dogmática é lançada a partir da oferta de novos fundamentos, supostamente mais rigorosos, capazes de enfrentar o ceticismo, a dúvida hegeliana significa, em um primeiro momento, a radicalização do ceticismo, agora voltado contra o dogmatismo e, não menos, contra si mesmo: de que adianta uma certa forma de ceticismo, que nada mais é do que certo tipo de filosofia, se contrapor a outra filosofia? Que legitimidade tem a dúvida cética para lançar-se contra essa forma alternativa de saber criticada? A partir de que pressupostos fala o próprio cético, e por que deveríamos aceitar tais pressupostos como o ponto de partida de uma crítica legítima? Com que legitimidade contrapomos, em geral, qualquer filosofia a outra filosofia?

O que faz Kant, com sua *Crítica da Razão Pura*, senão reinterpretar um tipo específico de ceticismo no contexto de uma nova fórmula fundacional, de um novo quadro normativo capaz de neutralizá-lo? E por que aquela forma inicial de ceticismo, enfrentada por Kant, não poderia legitimamente guardar distância da estratégia kantiana? Por que qualquer filosofia teria de aceitar o quadro conceitual oferecido por outra filosofia em nome de sua própria aventada superação?

Por que deveríamos aceitar Kant, e não Hume, Reinhold ou Fichte? Qual, afinal, o critério universal para as disputas filosóficas? Haverá, em geral, qualquer critério desse tipo?

3

A primeira resposta hegeliana parece ser negativa: nada podemos fazer contra qualquer filosofia se partimos de pressupostos que lhe são radicalmente estranhos; toda e qualquer forma de crítica externa em filosofia deve ser banida, pela simples razão de que é por princípio legítimo contrapor a qualquer quadro conceitual pressuposto um novo quadro alternativo, e as disputas, assim, prolongam-se ao infinito. Não há nenhuma razão *a priori* para rejeitar um certo quadro conceitual em nome de outro, porque toda rejeição carregará consigo novos pressupostos, que poderão ser questionados pelo oponente em nome de sua grade conceitual. O que devemos ter em mente no contexto de constituição de uma metaepistemologia não é questionar esse ou aquele fundamento em nome de outro, mas questionar a própria noção de fundamento, perguntar pelas falácias oriundas da necessidade contínua de recorrer sempre a novos fundamentos para legimitar qualquer posição filosófica.

A Fenomenologia não oferece, portanto, um novo modelo epistemológico como fundamento de uma nova filosofia, ela questiona desde a raiz a prática do apelo a fundamentos.[63] Hegel propõe um caminho da dúvida (*Weg des Zweifels*) ou

---

[63]Problematização que é decisiva também para a compreensão do desenvolvimento lógico da categoria *Grund* ou fundamento na *Ciência da Lógica*.

do desespero (*der Verzweiflung*)[64] cujo ponto de partida é a erosão do conceito de fundamento, e o aprofundamento do ceticismo (também no sentido de sua autocrítica). A caminhada da consciência na busca pela Filosofia efetivamente legítima dá-se sem a aceitação antecipada de qualquer padrão de medida absoluto da adequação de nossas convicções. A prova a se realizar na caminhada fenomenológica "não é apenas uma prova do saber, mas também de sua medida".[65] Não sabemos de saída qual a medida de nosso saber, e devemos iniciar a jornada filosófica justamente sem contar com qualquer medida como se tivesse validade incondicionada.

Não contar *a priori* com qualquer critério absoluto de validação do saber reconhecido como tal significa aceitar o diálogo com qualquer forma de saber a partir de seu próprio critério (*um confronto imanente*). A radicalidade desse ponto de vista pode ser atestada pela evolução da abordagem hegeliana do problema da disputa entre sistemas filosóficos alternativos. No texto "Relação do ceticismo com a filosofia. Apresentação de suas diferentes modificações e comparação do mais recente com o antigo", de 1801, Hegel defende a seguinte posição: "A perspectiva superficial das disputas filosóficas permite constatar apenas as diferenças dos sistemas, mas já a antiga regra '*contra negantem principia non est disputandum*' [não se discute com quem nega os princípios] permite saber que, se sistemas filosóficos entram em disputa — certamente dá-se de modo diferente no caso da contraposição entre filosofia e não filosofia —, há uma unidade de princípios que, elevada acima de todo

---

[64]Cf. PhG, p. 72.
[65]PhG, p. 78.

A FENOMENOLOGIA COMO METAEPISTEMOLOGIA

sucesso e fatalidade, não se dá a conhecer a partir do que está em disputa, e escapa a quem, atônito, sempre enxerga o contrário do que ocorre diante de seus olhos."[66] Chamo a atenção para a ênfase hegeliana no fato de que "certamente se dá de modo diferente no caso da disputa entre filosofia e não filosofia", presente nesse texto de 1801. Ocorre que, na *Fenomenologia* (1807), essa posição se vê radicalizada: se uma qualquer filosofia não pode contar *de saída* com a pressuposição de um critério absoluto de validação reconhecido como tal, ela não tem o direito de colocar-se por princípio como a fonte de validação do saber, não apenas quando confrontada com outra filosofia, mas quando confrontada *com qualquer forma de saber.*[67]

Não por nada, a *Fenomenologia* iniciará investigando não uma forma determinada de filosofia, mas a postura epistêmica radicalmente antifilosófica do tipo mais ingênuo de realismo: a certeza sensível. A filosofia — entendida por Hegel como *idealismo absoluto* — só poderá legitimar-se se provar sua própria confiabilidade a partir do confronto imanente com as diversas formas de saber disponíveis. Sua legitimação tem de brotar da crítica imanente do saber que se pretende alternativo. O que significa: não partimos do apelo a um fundamento suposto como seguro, mas do diálogo com certo saber (qualquer que ele seja) que se pretende legítimo a partir do apelo a algum pressuposto, sujeito a exame. Se tal pressuposto não resistir à crítica interna, mostrar-se-á incapaz de reivindicar a pretensão de ser princípio da filosofia. Na verdade, a prova via crítica imanente deverá

---

[66] VSPh, p. 216.

[67] "Mas aqui, onde a ciência apenas inicia, nem ela nem seja o que for se justifica como a essência ou o em-si; e, sem algo assim [sem uma medida do saber], parece que nenhuma prova pode se dar" (Hegel, PhG, p. 75-76).

mostrar que nenhum dos elementos propostos pelas formas alternativas do saber, examinadas na *Fenomenologia*, é fundamento no sentido estrito do termo, pois todos mostrar-se-ão suscetíveis de modificação, alteração, no contexto do devir fenomenológico. São apenas pressupostos entre outros pressupostos, considerados fundamentos de uma perspectiva, mas logo esvaídos dessa pretensão ao sofrer os impactos da dúvida: na caminhada fenomenológica, *o fundamento vê-se dinamizado.*

4

Ora, se não resta à filosofia senão o diálogo imanente com as formas alternativas (não apenas filosóficas) de saber, o que garante o sucesso do empreendimento filosófico? Não resulta dessa constatação metaepistemológica da falência dos modelos fundacionistas — ou seja, do colapso da convicção de que o apelo a fundamentos seguros resguardaria a filosofia dos ataques céticos — a defesa de um ceticismo radical e irrestrito? O que poderia resultar desse pluralismo epistêmico radical, diante do qual todas as formas de saber parecem encontrar inicialmente igual legitimidade?

Ocorre que Hegel, mesmo sabendo não poder partir de uma convicção justificada na presença de um padrão absoluto do conhecimento, tem um pressuposto, que só resultará provado ou justificado ao final da caminhada fenomenológica: não apenas todas as filosofias, mas todas as formas de saber movimentam-se sob a pressuposição — mesmo que não tematizada — de um princípio universalíssimo. Subjacente à disputa entre qualquer forma de saber há um princípio unificador comum que resta ser (regressiva e criticamente) descoberto

A FENOMENOLOGIA COMO METAEPISTEMOLOGIA

e justificado. Vemos aqui a presença de um postulado que é central também para Schelling: "Nada há fora da razão [...]."[68] Nada há fora da totalidade, e resta saber o que é o Todo.

Todavia, mesmo esse postulado não pode ser considerado fundamento no sentido tradicional, pois não podemos reivindicar sua validade antecipada quando do confronto com um saber alternativo. E a sua própria validação ao final da Fenomenologia é, na verdade, resultado da caminhada fenomenológica, não podendo ser sustentada independentemente de todo o trajeto percorrido. O suposto fundamento não é, portanto, independente do fundado, e o modelo derivado dessa noção de princípio claramente extrapola o fundacionismo tradicional em um modelo coerentista.

Pode-se perguntar, então, como tal modelo de justificação epistêmica poderia enfrentar o dilema da circularidade, já que se utiliza do fundado para justificar o fundamento. A resposta é que a prova não se dá por via direta, mas por via negativa e indireta: toda forma de saber que procurar negar o absoluto mostrar-se-á — por hipótese — refém de incoerências internas. Certamente, diante das exigências hegelianas de construção de um saber absoluto, isso ainda é muito pouco, pois, por definição, toda prova negativa é incapaz de fornecer fundamentação última do conhecimento. O máximo que uma prova desse tipo pode fornecer é a explicitação do suposto princípio de todo saber possível, mas não a prova de que este seja de fato o princípio de todo saber possível.[69] Novas dúvidas poderão nos conduzir a novas procuras, e ao reconhecimento de novos pretensos "princípios".

---

[68]DSPh, p. 46.
[69]Cf. E. Luft, 2001b.

Nesse sentido, não devemos superestimar a radicalidade do projeto desenvolvido na Fenomenologia do Espírito. Não apenas Hegel tinha uma confiança exagerada na via negativa de prova do absoluto, mas ancorava tal confiança em um outro postulado — na verdade, comum a boa parte da filosofia moderna —, que lhe permitia constituir o seu próprio quadro conceitual capaz de neutralizar a potência da abordagem cética: a crença na subjetividade como alicerce do sistema de filosofia. O ceticismo examinado por Hegel nunca será mais do que um ceticismo epistêmico, cuja distinção entre coisa em si e fenômeno pressupõe, portanto, a subjetividade como instauradora do aparecer. Não teremos aqui um diálogo efetivo com o ceticismo metafísico de um Górgias e sua afirmação cabal do "nada é", sua descrença radical na noção de ser, de ordem ou regramento nomológico, seja essa noção aplicada, por exemplo, à esfera objetiva das ideias platônicas ou à esfera subjetiva da arquitetônica transcendental kantiana. Radicalizado por Pirro, esse ceticismo desfará a noção de subjetividade na esfera do puro fenômeno, que não aparece a nenhum sujeito, mas que se refere pura e simplesmente a si mesmo,[70] em uma nadificação radical do mundo.[71]

Justamente a crença em uma segurança no próprio desespero, na certeza de um bom destino de nossa atitude dubitativa, torna plausível a suspeita de que o fundacionismo ressurge nas portas dos fundos do projeto hegeliano. É a confiança hegeliana não apenas na presença de um princípio universalíssimo — que poderia ser de todo modo

---

[70]"Na verdade, a aparência, como tal, comporta uma presença muda para ela mesma, é autoaparência" (M. Conche, 2000, p. 370).
[71]Para o confronto com essa forma de ceticismo metafísico, cf. E. Luft, 2005, p. 56 ss.

A FENOMENOLOGIA COMO METAEPISTEMOLOGIA

pressuposto apenas por hipótese —, mas também na subjetividade absoluta como tal princípio, que o leva a extrapolar as pretensões legítimas no contexto de uma argumentação por via negativa, indireta, e reivindicar a posse de um saber absoluto ao final de um processo concebido como a transição gradual e necessária pelas múltiplas vias de formação da consciência — desde o realismo ingênuo, passando pelo idealismo subjetivo e desembocando no idealismo objetivo (e absoluto). A subjetividade absoluta garantiria a necessidade apriorística dessa transição, ela é, de fato, o fundamento que trai o modelo antifundacionista radical aventado, sobretudo, na introdução da Fenomenologia.

De fato, a Fenomenologia do Espírito pode ser compreendida como uma metaepistemologia cuja função é inverter gradualmente a postura epistêmica na direção de uma abordagem ontológico-reflexiva, ou seja, como introdução à Ciência da Lógica. Seria, então, a Lógica o fundamento desde sempre pressuposto por Hegel em suas análises fenomenológicas? Se o autoexame da consciência desenvolve-se na imanência de uma lógica do conceito sempre pressuposta — na lógica da subjetividade absoluta —, cuja justificação (absoluta) é inerente a outra ciência que não a Fenomenologia — ou seja, à Lógica —, então esta última é o Tribunal pressuposto por Hegel. Talvez seja a consciência desse fato, ou seja, de que todo o problema da fundamentação é transferido para a Lógica, que tenha feito Hegel rever o papel da Fenomenologia como introdução ao sistema na sua obra madura (*Enciclopédia*).Tenho argumentos para demonstrar que Hegel não foi capaz, na Lógica, de escapar do trilema cético que mina todo fundacionismo (regresso ao infinito, má circularidade ou dogmatismo), argumentos já desenvolvidos em outro lugar.[72]

Cabe-me, por fim, lançar uma hipótese: o diálogo com as formas mais radicais de ceticismo deverá nos conduzir para muito além do marco argumentativo desenvolvido pela fenomenologia hegeliana, talvez na direção de uma nova compreensão dos pressupostos metafísicos do saber em geral — ou daquilo que venhamos a supor como tal, na expectativa de novos confrontos filosóficos.

Referências bibliográficas

CONCHE, M. *Orientação Filosófica*. São Paulo: Martins Fontes, 2000.

HEGEL, G. W. F. Enzyklopädie der philosophischen Wissenschaften [Enz], in: *G. W. F. Hegel Werke in 20 Bänden*. 2ª ed. Frankfurt am Main: Suhrkamp, 1989, v. 8.

_____. Phänomenologie des Geistes [PhG], in: *G.W.F. Hegel Werke in 20 Bänden*. 2ª ed. Frankfurt am Main: Suhrkamp, 1989, v. 3.

_____. Verhältnis des Skeptizismus zur Philosophie. Darstellung seiner verschiedenen Modifikationen und Vergleichung des neuesten mit dem alten [VSPh], in: *G.W.F. Hegel Werke in 20 Bänden*. 2ª ed. Frankfurt am Main: Suhrkamp, 1989, v. 2.

HOSSENFELDER, M. Kants Idee der Transzendentalphilosophie und ihr Missbrauch in Phänomenologie, Historik und Hermeneutik, in: I. Heidemann & W. Ritzel (org.), *Beiträge zur Kritik der reinen Vernunft: 1781-1981*. Berlim/Nova York: de Gruyter, 1981, p. 306-345.

KANT, I. *Prolegomena zu einer jeden künftigen Metaphysik, die als Wissenschaft wird auftreten können* [Prol]. 7ª ed. Hamburgo: Meiner, 1993.

_____. *Kritik der reinen Vernunft* [KrV]. 3ª ed. Hamburgo: Meiner, 1990.

---

[72]Cf. E. Luft, *As Sementes da Dúvida*, 2001, p. 178 ss.

A FENOMENOLOGIA COMO METAEPISTEMOLOGIA

LUFT, E. *Sobre a Coerência do Mundo*. Rio de Janeiro: Civilização Brasileira, 2005.

_____. *As Sementes da Dúvida*. São Paulo: Mandarim, 2001a.

_____. Fundamentação última é viável?, in: C. Cirne-Lima/C. Almeida. *Nós e o Absoluto*. São Paulo: Loyola, 2001b.

MAIMON, S. *Über die Progressen der Philosophie* [UPPh]. Bruxelas: Culture et Civilisation, 1969.

NIQUET, M. *Transzendentale Argumente. Kant, Strawson und die sinnkritische Aporetik der Detranszendentalisierung*. Frankfurt am Main: Suhrkamp, 1991.

PALMER, H. The transcendental fallacy, *Kant-Studien*, Berlim, v. 74, p. 387-404, 1983.

SCHELLING, F. W. J. Darstellung meines Systems der Philosophie [DSPh], in: *F.W.J. Schelling Ausgewählte Schriften*. 2ª ed. Frankfurt am Main: Suhrkamp, 1995, v. 2.

SOSA, E. *Conocimiento y virtud intelectual*. México: Fondo de Cultura Económica, 1992.

VII. Causalidade e auto-organização

Carlos Cirne-Lima

A Teoria de Sistemas, também chamada de Teoria de Auto-organização, foi criada em nosso século por Ludwig von Bertalanffy, que em 1945[73] a publicou em alemão e em 1950,[74] em inglês. A Teoria de Sistemas, inicialmente uma teoria nos quadros da Biologia, apresentada logo após a Segunda Guerra Mundial por um jovem cientista austríaco, transformou-se, no decorrer da segunda metade do século XX, numa das mais importantes e instigantes teorias de toda a ciência. A Teoria de Sistemas, nesses 50 anos, saiu dos limites da Biologia e deu nascença à Cibernética (Norbert Wiener) e à Ecologia (Uexküll, Weizsäcker), foi introduzida com imenso sucesso na Sociologia e no Direito (Niklas Luhmann), na Psicologia

---

[73]VON BERTALANFFY. Zur einer allgemeinen Systemlehre.
[74]VON BERTALANFFY. An Outline of General System Theory. O livro principal (edição revisada) é VON BERTALANFFY. *General System Theory. Foundations, Development, Applications*, p. 295.

(Buckley), na Neurofisiologia do Conhecimento (Maturana, Varella), na Medicina, na Psiquiatria (Gray, Duhl, Rizzo), nas Teorias de Administração, na Economia Política e, para surpresa de muitos, nas ciências duras, ou seja, na Química (Prigogine) e na Física (Lee Smolin). Em nossos dias, há até quem afirme que a Grande Teoria Unificada pode ser construída através da Teoria de Sistemas. O sonho científico de todos os grandes físicos, até hoje não concretizado, de formular uma teoria universalíssima do Universo, na qual estejam conciliadas tanto a teoria da relatividade quanto a mecânica quântica, esse sonho, diz o físico Lee Smolin, pode vir a ser realizado pela Teoria de Sistemas. Smolin possivelmente tem razão, afirma Murray Gell-Mann,[75] um dos mais respeitados físicos contemporâneos.

Da fonte inicial, em seu começo tão singela, originou-se um fio d'água que se transformou em rio caudaloso que atravessa, hoje, quase todas as ciências, engendrando, por onde passa, um húmus rico, prenhe de promessas de novos avanços científicos e de novas e revolucionárias soluções. Os defensores da Teoria de Sistemas, os adeptos da Teoria de Auto-organização estão hoje bem cientes de que formam, no panorama da ciência, uma das pesquisas de ponta que mais frutos promete. Estão, eles, entretanto, completamente enganados no que toca ao conhecimento do horizonte filosófico em que se situam e — por que não dizer? — no que toca ao reconhecimento de suas origens. Niklas Luh-

---

[75]GELL-MANN."*Smolin? Oh, is he that young guy with those crazy ideas? He may not be wrong!*"

CAUSALIDADE E AUTO-ORGANIZAÇÃO

mann, em seu livro *Die Wissenschaft der Gesellschaft*,[76] escreve que a Teoria de Sistemas nasce no século XX com Ludwig von Bertalanffy, sendo, assim, fruto ainda em fase de formação do pensamento contemporâneo. Quando de sua longa estada em Porto Alegre, anos atrás, muito discuti com Luhmann a esse respeito. Tentei mostrar-lhe que a estrutura subjacente à Teoria de Sistemas dos cientistas contemporâneos era exatamente a mesma que constituía o núcleo duro da teoria sobre *causa sui* dos filósofos neoplatônicos, de Plotino e também de Nicolaus Cusanus, Espinosa, Goethe, Schelling e Hegel. Luhmann percebeu, é evidente, as semelhanças estruturais existentes entre auto-organização e *causa sui*, mas nunca consegui convencê-lo de que houvesse uma ligação histórica entre ambas as doutrinas, de que as teorias sobre auto-organização eram uma continuação orgânica das teorias neoplatônicas sobre *causa sui*. Poucos anos depois, Humberto Maturana, provocado a esse respeito por Myriam Graciano, respondeu de maneira igualmente negativa. Myriam — que, antes de ir estagiar com Maturana em Santiago do Chile, passara um semestre em meu seminário, em Porto Alegre, e de mim ouvira que a Teoria de Sistemas era a figuração contemporânea da antiga e veneranda doutrina neoplatônica sobre a *causa sui* — perguntou a Maturana, de forma clara e direta, qual a origem da Teoria de Sistemas. Maturana asseverou-lhe que se tratava de uma teoria contemporânea, criada por Bertalanffy, e que qualquer ligação com teorias filosóficas do passado deveria ser desconsiderada.

---

[76]LUHMANN. *Die Wissenschaft der Gesellschaft*, p. 702-719.

CARLOS CIRNE-LIMA

Errado, muito errado. Auto-organização é a forma contemporânea de pensar e dizer o que a tradição chamava de *causa sui* e, em época posterior, de autodeterminação. A Teoria de Sistemas e de Auto-organização é a roupagem sob a qual se esconde, em nossos dias, a ontologia do neoplatonismo. E é por isso que a Teoria de Sistemas é tão rica e tão prenhe de soluções: ela é a herdeira intelectual de Platão, Plotino, Proclo e Agostinho, de Nicolaus Cusanus e de Giordano Bruno, de Espinosa, Fichte, Schelling e Hegel. Por isso a Teoria de Sistemas é, ao mesmo tempo, tão misteriosa e tão esclarecedora, tão luminosa que chega a ofuscar. Hoje tenho a prova, clara e convincente, que me faltou à época em que discutia sobre isso com Luhmann. Se Luhmann ainda fosse vivo, bastaria, para dirimir a questão, mostrar-lhe a dedicatória que Bertalanffy pôs no começo da *Teoria Geral de Sistemas*. Claro que eu a havia lido quando, pela primeira vez, bem jovem ainda, lera o livro de Bertalanffy. Mas qual jovem dá importância a dedicatórias? Dedicatórias são, via de regra, para a esposa, para os filhos, para os pais. Mesmo quando a dedicatória é solene, mesmo quando é em latim, o leitor jovem costuma passar por cima, sem a ler. Foi o que fiz, foi o que me impediu de mostrar a Luhmann a prova inegável de que a Teoria de Sistemas vem do seio da tradição neoplatônica. Bertalanffy dedica a *Teoria Geral de Sistemas* do seguinte modo:[77] *Manibus Nicolai de Cusa Cardinalis, Gottfriedi Guglielmi Leibnitii, Joannis Wolgangi de Goethe Aldique Huxleyi, necnon de Bertalanffy Pauli,*

---

[77]VON BERTALANFFY. *General System Theory*. (A primeira edição, em alemão, é de 1945; em inglês, de 1950. A primeira edição revisada é de 1969.)

CAUSALIDADE E AUTO-ORGANIZAÇÃO

S.J., antecessoris, cosmographi. Ludwig von Bertalanffy, nessa dedicatória solene, oferece seu livro àqueles que o inspiraram, a autores da tradição neoplatônica: ao cardeal Nicolaus Cusanus, sobre quem ele, em 1928, escrevera e publicara um livro,[78] a Leibniz, a Goethe, a Aldous Huxley e a seu antepassado, o cosmógrafo Paulus von Bertalanffy. Cusanus, Leibniz e Goethe, aqui citados, são os autores neoplatônicos que influíram direta e explicitamente em Bertalanffy; por trás dos nominados está, implícita, toda a tradição que vem de Platão, Plotino e Proclo, passa pelo Cusanus e por Giordano Bruno, e tem seu apogeu filosófico em Espinosa, Fichte, Schelling e Hegel.

Procurarei mostrar, neste trabalho, como a reflexão sobre as origens neoplatônicas da Teoria de Sistemas não só permite a inserção do problema da auto-organização no contexto da grande tradição filosófica como ilumina a discussão contemporânea, abrindo novas perspectivas nas mais diversas ciências. Na primeira parte, trato da questão contemporânea: o que é auto-organização? Na segunda parte, mostro como o conceito de auto-organização nos vem de Platão e Plotino, tornando-se um conceito central em Schelling e Hegel. Na terceira parte, à guisa de conclusão, procuro mostrar que a junção teórica da Teoria da Evolução com as Teorias de Autocausação e de Auto-organização nos fornece uma Ontologia, que é velha porque vem de Platão, de Schelling e de Hegel, e que é nova, novíssima, porque responde a questões prementes da Filosofia e das Ciências do século XXI.

---

[78]VON BERTALANFFY. *Nikolaus von Kues*.

Auto-organização

Aristóteles explica os seres vivos mediante o conceito de *enteléquia*, os pensadores medievais nos falam de *anima vegetativa* e de *anima sensibilis*, a alma que é própria da vida vegetativa das plantas e a alma que caracteriza e possibilita a vida animal. O homem teria, segundo os pensadores clássicos da Idade Média, uma alma intelectual ou espiritual; essa alma intelectual conteria, dentro de si, além da força vegetativa e da força animal, uma força capacitante mais alta e mais nobre, que daria origem a nossas atividades intelectuais e volitivas. As almas dos seres vivos vegetais e animais, de acordo com a maioria dos medievais, se reproduziriam automaticamente à medida que os corpos respectivos se reproduzissem; a alma espiritual do homem, entretanto, seria criada, cada uma, individualmente, pelo próprio Deus Criador do Universo. Daí a dignidade do homem e a posição central que o homem ocupa no cosmo.

Nos séculos XVI e XVII, ocorre a Revolução Científica, que começa com Copérnico e Galileu, passa por Descartes e Bacon e atinge na Física de Newton e no mecanicismo seu apogeu. A noção dualista de um ser vivo composto de corpo e alma é substituída pela ideia de máquina. Todos os seres vivos, sim, todo o Universo, têm que ser pensados como máquinas construídas e governadas por leis matemáticas exatas. O dualismo antigo, que distinguia corpo e alma e atribuía à alma a tarefa e a capacidade de organizar o corpo em si e de per si inanimado e informe, ou seja, a tarefa de transformar o corpo anorgânico em um ser vivo, esse dualismo foi gradativamente abandonado. O mecanicismo, iniciado por Galileu, festeja seu grande triunfo na mecânica clássica, inaugurada por Newton, pois esta explica as coisas do Universo, inclusive os seres vivos, melhor e de maneira mais simples. O mecanicismo monista substitui o dualismo de corpo e alma, defendido pelos antigos, por ser uma teoria mais enxuta, mais sóbria, mais científica, que explica todas as coisas a partir de princípios gerais extremamente simples, a saber, as leis da mecânica. Deus, nessa concepção, tem que ser pensado como o relojoeiro que construiu o grande relógio do mundo, inclusive os seres vivos e, assim, o homem.

O triunfo da mecânica de Newton, no século XVII, dá início a uma radical transformação na maneira como a ciência passa a trabalhar. O dualismo de corpo e alma é abandonado pelos cientistas e continua a existir tão somente na Filosofia e na Teologia. O dualismo, desacreditado por aqueles que trabalham e pesquisam como cientistas, passa a ser uma doutrina de filósofos e de teólogos que, cegos para os progressos da ciência, continuam a cultivar conceitos e teorias que os cientistas consideram totalmente ultrapassados. Almas, se alguém quiser nelas acreditar, tudo bem; almas podem, talvez, ser objeto de crença religiosa; na ciência, almas são inadmissíveis.

A explicação mecanicista, aplicada por William Harvey à circulação do sangue, festeja, então, mais um sucesso e abre o caminho para a explicação materialista do homem. Surge, assim, no século XVIII, Lavoisier, o pai da química moderna, que consegue interligar o anorgânico e o orgânico, demonstrando que aquilo que os antigos pensavam ser atividade típica e exclusiva da alma, a respiração, não passa de uma reação química: a respiração dos seres vivos não tem nada a ver com alma, com espírito; respiração é apenas uma forma especial do fenômeno químico de oxidação. A vida não se explica pela ação de uma entidade misteriosa, a alma, e sim pelas mesmas leis da Física e da Química que regem o mundo anorgânico, sustenta Lavoisier. Assim cai a última barreira, assim desaparece, para os cientistas, o dualismo de corpo e alma. E a alma? A alma não morreu; a alma nunca existiu. A alma era apenas uma palavra que encobria nosso deficit de conhecimento sobre o funcionamento da máquina que é o núcleo dos seres vivos. Descoberta a estrutura da máquina, compreendida a doutrina da mecânica clássica, a alma tem que ser relegada à categoria de centauros e quimeras, entidades que não existem e nunca existiram. Se filósofos e teólogos, no entanto, continuam a falar de alma, o problema e a responsabilidade são deles; os cientistas sabem que não existe alma. Assim começa a grande cisão que vai separar e afastar, cada vez mais, Ciência, por um lado, e Filosofia, Teologia e Religião, pelo outro lado.

Somam-se ao quadro acima descrito a elaboração, por Charles Darwin, da Teoria da Evolução, a descoberta das leis da Genética por Mendel, a descoberta da dupla hélice por Crick e Watson, a identificação e descrição química do DNA e, em nossos dias, a sequenciação do genoma. A Ciência, de Galileu para cá, fez avanços fantásticos e mudou completamente nossa concepção sobre o que é o ser vivo, sobre o que é o Universo. A Teologia, entrementes, sofre dolorosa estagnação, e a Filosofia, para não passar maiores vexames, abandona sua pretensão de universalidade, abandona por completo a tarefa de fazer uma Filosofia da Natureza e passa a tratar apenas da Lógica, da Linguagem e da Ética. Apel e Habermas afirmam, hoje, que há na História da Filosofia

CAUSALIDADE E AUTO-ORGANIZAÇÃO

três paradigmas: o paradigma do ser, na Antiguidade e na Idade Média; o paradigma do sujeito, na Modernidade; e o paradigma da linguagem, que é o paradigma da Filosofia Contemporânea. Os paradigmas, segundo eles, se sucedem historicamente. Passou, para nunca mais voltar, afirmam eles, a época em que filósofos discutiam sobre o ser e o sujeito como sendo o núcleo na Filosofia; hoje, o objeto da Filosofia é a linguagem e só a linguagem. Da análise da linguagem deduzem Apel e Habermas, então, uma ética geral. E com isso acabou a Filosofia. Análise da linguagem e Ética, eis tudo o que sobrou da Filosofia. Filosofia deixa de ser, assim, a rainha das ciências, deixa de ser a ciência universalíssima e oniabrangente, deixa de ser uma disciplina universal, para tornar-se apenas mais um acesso à verdade, lado a lado com a Linguística, com a Sociologia, com a Psicologia, com a Física e a Química, com as outras ciências particulares. Essa é a tese defendida por Jürgen Habermas.[79] Eu, não Habermas, acrescento agora: *Cavete, philosophi*, a Filosofia e os filósofos que se cuidem, pois, se as coisas continuarem assim, a Linguística lhes vai tirar das mãos a Análise da Linguagem, e a Etologia lhes arrebatará a Ética. *Cavete, philosophi!* Filósofos, tenham cuidado, pois no ritmo e na direção em que as coisas vão, Filosofia deixará de existir como ciência e sobreviverá apenas como um tipo subdesenvolvido e ruim de poesia, ou, pior ainda, como um tipo retrógrado de literatura de autoajuda.

É claro que houve, no decorrer da evolução acima descrita, alguns retrocessos. O mecanicismo não conseguia, por

_____

[79]HABERMAS. *Der philosophische Diskurs der Moderne.*

exemplo, explicar com suficiente exatidão os fenômenos observados na diferenciação celular; não conseguia explicar especialmente o fenômeno biológico de regeneração. Na regeneração, o organismo mutilado, às vezes severamente mutilado, consegue reconstituir-se em sua totalidade. Assim a *planaria alpina*, cortada ao meio, cortada em pequenos pedaços, sempre de novo se recompõe em sua totalidade. Como explicar, somente a partir das partes mutiladas, sim, a partir das poucas partes que sobraram do processo destrutivo, a reconstituição do organismo como um todo? Essa e outras perguntas ficaram, à época, sem resposta, e esse deficit explicativo na doutrina mecanicista deu ensejo, no século XIX, à introdução na Biologia do vitalismo. O vitalismo não retorna à doutrina da composição dos seres vivos de corpo e alma, mas cria um tipo específico de dualismo. Além das estruturas mecânicas, afirmam os vitalistas, como Hans Driesch,[80] há que se admitir uma entidade separada, a vida, que atua sobre a máquina do corpo, sem entretanto fazer parte dela. Só assim se poderia explicar que um ouriço-do-mar, cortado pela metade, se possa regenerar e desenvolver, voltando a formar um ouriço-do-mar completo, embora de menor tamanho. Os mecanicistas, porém, contra Driesch e os vitalistas, continuaram afirmando, como que num dogma, que as leis da mecânica clássica eram fundamento bastante para explicar o fenômeno da vida.

A evolução da ciência no século XX traz a grande reviravolta. Einstein elabora a Teoria da Relatividade e nos obriga a abandonar as noções tradicionais de espaço e de tempo expostas por Newton na Mecânica Clássica. Tudo aquilo

---

[80]DRIESCH. *The Science and Philosophy of the Organism.*

CAUSALIDADE E AUTO-ORGANIZAÇÃO

que pensávamos ser as leis universalíssimas da Física entra em colapso: a Mecânica Clássica de Newton não consegue explicar com exatidão o mundo das estrelas e galáxias; a Teoria da Relatividade, porém, o consegue. No mundo do átomo, a Mecânica Quântica elaborada por Niels Bohr, Max Plank, Schrödinger, Heisenberg e tantos outros faz outra revolução científica: no mundo das partículas subatômicas não vigem as leis da Mecânica Clássica e sim outras leis, completamente diversas; leis à primeira vista desconcertantes e contra o senso comum, as leis da Mecânica Quântica.

É nesse contexto histórico que a Mecânica Clássica é tirada de seu pedestal de ciência universalíssima e é posta como uma doutrina válida apenas para algumas áreas ou regiões do Universo; é nesse contexto que o mecanicismo como dogma inabalável e indiscutível de todas as ciências definha, se enfraquece e morre como que de morte natural. Surge, então, a Teoria de Sistemas.

Os biólogos Ross Harrison, Lawrence Henderson, Joseph Woodger e Joseph Needham,[81] nas primeiras quatro décadas do século XX, apontam para o fato inegável de que não são as partes como partes que constituem aquilo que chamamos de vida. Não são as partes, mas sim as relações existentes entre as diversas partes que constituem a unidade organizada do ser vivo. Vida é organismo, organismo é o nome que damos à harmonia hierárquica das relações existentes entre as diversas partes que constituem um ser vivo. Para além das leis da Física e da Química, há que se pensar algo mais, a saber, a organização, aquilo que ordena as relações

---

[81]Cf. HARAWAY. *Crystals, Fabrics and Fields: Metaphors of Organicism in Twentieth-Century Development Biology*, p. 33, 131, 147, 194.

CARLOS CIRNE-LIMA

entre as partes. E como o ser vivo, por definição, é aquilo que se reproduz, para compreender o que é a vida temos que considerar como estrutura central aquela forma de organização que se reproduz a si mesma, ou seja, que se organiza a si mesma, que é, em si, auto-organização. Eis, já aqui, o núcleo da Teoria de Sistemas. Ludwig von Bertalanffy publica, em 1945, em alemão, a primeira versão da Teoria Geral de Sistemas, *Zu einer allgemeinen Systemlehre*,[82] em 1950, em inglês, *An Outline of General System Theory*.[83] Após a guerra, depois de sair da Viena destruída e refugiar-se no Canadá, Bertalanffy apresenta copiosa produção científica, forma alunos, ganha o apoio de mais e mais biólogos, etólogos, bioquímicos, neurofisiologistas, psicólogos, sociólogos, juristas etc. Bertalanffy conquista, assim, a adesão de mentes brilhantes e a Teoria Geral de Sistemas cresce, se espalha pelas diversas ciências, apresentando soluções onde não as havia, indicando caminhos onde só existiam becos sem saída, construindo sínteses esclarecedoras onde reinava confusão. A Teoria Geral de Sistemas, nesse meio século de existência, acumulou sucessos em cima de sucessos e hoje se apresenta como uma das mais fortes candidatas à posição de Grande Teoria Unificada, a Teoria Mãe, na qual Teoria da Relatividade, Mecânica Quântica e toda a Biologia Geral com sua Teoria da Evolução estão conciliadas.

O que é a Teoria Geral de Sistemas? O que é um sistema? Não existem ainda definições de sistema que sejam aceitas por todos. Proponho, por minha conta e risco, uma definição que não sei se está completa, mas que é a melhor que posso

---

[82]VON BERTALANFFY. *Zu einer allgemeinen Systemlehre*, p. 114-129.
[83]VON BERTALANFFY. *An Outline of General System Theory*, p. 139-164.

CAUSALIDADE E AUTO-ORGANIZAÇÃO

dar: sistema é um processo circular que, embora sob o aspecto energético seja aberto para o meio ambiente, sob o aspecto estrutural ou organizacional é fechado sobre si mesmo, que é estável, que se retrodetermina (*feedback*), se realimenta, se recompõe e se reorganiza de maneira plástica a partir de seu meio ambiente, que exerce seletividade em suas interações para com este, que em muitos casos se replica ou reproduz, que, quando afastado de seu ponto de equilíbrio, em muitos casos, engendra novas formas de organização e de comportamento, as quais se inserem num processo de evolução que é regido pela lei de coerência universal (seleção natural).

Passemos à análise pormenorizada dos elementos contidos nesta tentativa de definição.

O sistema de auto-organização é, primeiro, um processo circular. Desde Aristóteles, principalmente desde Tomás de Aquino, pensamos que causa e efeito constituem um processo absolutamente linear. A causa é sempre e necessariamente diferente do efeito que ela produz; a causa é lógica e ontologicamente anterior ao efeito por ela produzido. Se um efeito, uma vez efetivado, torna-se, ele mesmo, uma nova causa, então ele produz um novo e ulterior efeito, fora dele e depois dele. Se esse efeito novamente se transforma em causa e produz mais um efeito, também este será algo ulterior e diferente. Assim surge a série causal linear. A causa 1 produz um efeito 1, o qual, subsistindo em si mesmo, se transforma em causa 2 e produz um ulterior efeito 2, o qual se transforma em causa 3 e produz o ulterior efeito 3 e assim por diante. A série causal linear caracteriza-se por dois elementos essenciais: 1) O efeito é diferente da causa que o produz; ele é lógica e ontologicamente diverso dela e posterior a ela. 2) Um efeito pode tornar-se causa, mas nesse caso ele produz um outro

165

efeito que é lógica e ontologicamente diverso dele e a ele posterior, constituindo, assim, uma série causal linear. Desde Aristóteles e Tomás de Aquino até a Mecânica Clássica de Newton e a Teoria da Relatividade de Einstein esse conceito linear de causalidade é a concepção dominante em grande parte da tradição filosófica e em quase todas as ciências. Causa e efeito, nessa concepção, são entidades diversas, sim, separadas, pois o efeito é sempre posterior à causa.

A ideia da causalidade linear é uma teoria brilhante que, no decorrer de nossa história, mostrou que possui uma poderosa força explicativa, tendo prestado os mais relevantes serviços à ciência. Muitíssimas coisas podem e devem ser explicadas no âmbito da causalidade linear. O problema é que esse tipo de causalidade não é o único, ele não explica todos os fenômenos. Se esse tipo de causalidade linear fosse o único, os processos cibernéticos simplesmente não poderiam existir. O que é um processo cibernético? Desde a Antiguidade conhecemos processos cibernéticos, mas foi Norbert Wiener[84] quem, em nossos dias, num ato de coragem intelectual, formulou a teoria e afirmou que uma série causal pode fletir-se sobre si mesma e configurar-se em forma circular, de maneira que o último efeito da série, que é sempre finita, atua como causa sobre a primeira causa da série. Assim, a série causa/efeito se fecha sobre si mesma, em círculo, se retroalimenta e se retrodetermina. Um exemplo banal de nosso dia a dia serve de exemplo. A geladeira em nossa casa está, digamos, com a temperatura interna de 10 graus. Se abrirmos muitas vezes a porta, se introduzirmos gêneros alimentícios em temperatura ambiente, a temperatura

---

[84]WIENER. *Cybernetics.*

CAUSALIDADE E AUTO-ORGANIZAÇÃO

interna da geladeira começa a subir. Ao atingir, digamos, 15 graus, o termostato reconhece a temperatura limite e liga o motor. O motor trabalha e produz frio, até que a temperatura interna da geladeira volte a seu padrão e, então, se desligue automaticamente. Tudo isso ocorre sem que nós, homens, tenhamos que interferir, ligando ou desligando processos. A geladeira regula sua temperatura interna, mediante o termostato, num processo circular em que uma causa (temperatura de 15 graus) produz um efeito (acionar o termostato), o qual por sua vez é uma causa que produz um novo efeito (ligar o motor), o qual se transforma em causa e provoca um efeito ulterior (o frio), o qual se transforma em causa e, em determinado momento, volta a produzir um efeito, isto é, a acionar o termostato, dando, assim, continuidade ao movimento circular de auto-organização. A cadeia de causa e efeito, nesse processo, abandonou a forma linear e tornou-se circular, de sorte que a série causa/efeito/causa/efeito/causa se fecha sobre si mesma. A circularidade do processo causal, eis o primeiro elemento constitutivo de um sistema de auto-organização. Isso também é chamado de retrodeterminação, realimentação, *feedback*. Toda a cibernética se funda nisso.

O segundo elemento essencial em processos de auto-organização é que o sistema, embora seja fechado sob o aspecto organizacional, é aberto sob o aspecto energético. O processo de auto-organização é sempre uma série de causas e efeitos em forma de círculo; nesse sentido, todo sistema de auto-organização é um sistema fechado sobre si mesmo. É fechado porque e enquanto é um processo circular. Mas os sistemas, embora fechados e circulares em sua forma de organização, são abertos sob o ponto de vista energético. A segunda lei da termodinâmica, a lei da entropia, exige que tais sistemas sejam abertos. Se eles não fossem abertos, a energia que põe em movimento o processo circular seria algo meramente interno ao sistema, seria uma energia finita que muito logo se esgotaria, fazendo o movimento do processo parar. Para que o processo circular continue em movimento, ele precisa, de acordo com a segunda lei da termodinâmica, buscar energia de seu meio ambiente, energia que esteja fora de sua estrutura circular. A geladeira, se não está ligada na tomada, para de funcionar. — Schrödinger, em suas preleções sobre a vida na Universidade de Dublin, percebeu claramente esse fenômeno, isto é, o conflito existente entre o fechamento organizacional dos seres vivos e a abertura exigida pela lei da entropia, e criou, por isso, o termo *neguentropia*. Os seres vivos possuiriam, segundo ele, uma força interna negando a entropia, a neguentropia. Os muitos protestos contra a neguentropia, que surgiram por parte de físicos ortodoxos, fizeram Schrödinger voltar atrás e retirar o conceito por ele proposto. Naquela época não se distinguiam clara e corretamente os dois aspectos de um sistema que é, ao mesmo tempo, fechado e aberto, fechado enquanto organizacional e aberto enquanto energético. Hoje, sem maiores dificuldades e sem objeções por parte da termodinâmica, afirmamos que processos de auto-organização são sistemas fechados sob o aspecto organizacional de sua estrutura, sistemas abertos sob o aspecto energético.

O terceiro elemento essencial de processos de auto-organização, intimamente ligado ao segundo, é a estabilidade conjugada com plasticidade. Sistemas de auto-organização, que se realimentam de energia vinda do meio ambiente e que se retrodeterminam a partir das irritações oriundas deste, apresentam tanto uma grande estabilidade como também

CAUSALIDADE E AUTO-ORGANIZAÇÃO

uma notável plasticidade. O sistema é plástico, ou seja, está sujeito a perturbações, mas ele é também estável, isto é, quando perturbado em sua organização, tende a se reconstituir e se recompor. Só em casos de perturbação muito violenta é que o sistema se dissolve e se desfaz. Irritações, dentro de certos limites, são assimiladas — plasticidade —, e o sistema se recompõe, se reorganiza e volta à sua situação de estabilidade. Assim, continuando no exemplo da geladeira, há um certo espaço entre a temperatura que é o limite superior e a temperatura que é o limite inferior. Essa distância existente entre os dois limites é o espaço da plasticidade. Isso fica mais claro nos seres vivos, pois a homeostase apresenta plasticidade e estabilidade bem maiores que uma máquina ciberneticamente regulada. Nas máquinas, o espaço da plasticidade é rigidamente determinado, pois o sistema é simples; nos seres vivos a plasticidade se mostra em toda a sua riqueza, pois os sistemas são complexos, ou seja, não lineares.

O quarto aspecto essencial de processos de auto-organização é a seletividade com que o sistema exerce sua interação com o meio ambiente. O fato de que o sistema seja fechado sob o aspecto organizacional tem como consequência a seletividade de sua interação. O sistema, por ser fechado, não permite o ingresso de toda e qualquer força ou influência. O sistema, enquanto fechado, impede o ingresso de tudo que lhe é estranho, de tudo que está fora dele, principalmente de tudo aquilo que destrói ou perturba sua estrutura organizacional. Algumas coisas, entretanto, têm que ser buscadas no meio ambiente, e têm que entrar no sistema, por exemplo, energia e informação. O sistema, mesmo sendo fechado, precisa buscar energia de fora. Como a energia existe sob muitas formas — corrente elétrica, luz, alimentos etc. —, várias são as formas de interação entre os sistemas fechados e seu meio ambiente. Mas, em todas elas, há uma rigorosa seletividade. A forma dessa seletividade é determinada pela própria organização interna do sistema. Os sistemas de auto-organização em forma de máquinas se abastecem de energia sob formas relativamente simples, como a força da queda-d'água, vapor d'água, molas mecânicas, luz e, em nossos dias, na maioria dos casos, de energia elétrica. Os sistemas de auto-organização na forma de seres vivos caracterizam-se pela complexidade que apresentam; a busca de energia do meio ambiente neles se faz de maneiras extremamente complexas, por exemplo, pela fotossíntese e pela ingestão de alimentos situados em determinados segmentos da cadeia alimentar. Além da busca de energia, a interação seletiva com o meio ambiente inclui outras características. A mais importante delas é a troca de informações, fenômeno que já existe em máquinas que se autorregulam. Sem a troca de informações com o meio ambiente, nenhum sistema de auto-organização pode subsistir. Nesse sentido bem amplo, em que toda informação é uma forma primeva de cognição, todo sistema de auto-organização é um sistema cognitivo. Em máquinas autorreguladoras essa cognição não se constitui em consciência, pois os parâmetros e a estrutura do processo de informação vêm totalmente de fora do sistema. Nos seres vivos, entretanto, mesmo nos mais simples, há sempre alguma cognição (= seletividade de informação) engendrada pela própria estrutura auto-organizada. Percebe-se, aqui, que existe uma suave gradação de sistemas auto-organizados. A partir de máquinas autorreguladas, nas quais a cognição é apenas a seletividade de informações que lhes veio de fora, passando por estruturas anorgânicas complexas, nas quais

CAUSALIDADE E AUTO-ORGANIZAÇÃO

a seletividade de informação já é gerada dentro do sistema, passando por seres vivos de baixa complexidade, nos quais a cognição se identifica com a própria vida, passando por seres vivos de maior complexidade, nos quais a cognição se estrutura como conhecimento vegetativo e, depois, como consciência sensível, chegamos, enfim, ao homem, no qual a autoconsciência dos processos mentais emerge tão forte que parece ser algo completamente diferente e independente da vida que encontramos na parte inferior da escala. Não é. Trata-se, como vimos, de uma gradação de formas de auto-organização.

O quinto elemento dos sistemas de auto-organização consiste no fato de que estes, pelo menos em alguns casos específicos e determinados, se replicam e se reproduzem. Esse quinto elemento da auto-organização marca uma característica muito visível dos seres vivos no sentido estrito do termo; característica esta, às vezes, pouco visível em outros sistemas auto-organizados. Os seres vivos se reproduzem de acordo com o código genético contido no genoma, código este que possui a capacidade de se replicar, de fazer cópias de si mesmo. — Todos os sistemas auto-organizados, sejam eles quais forem, possuem, bem visíveis, os primeiros quatro elementos essenciais, a saber: circularidade, abertura e fechamento, estabilidade e plasticidade e seletividade de interação. Esse quinto elemento, que não está presente nas máquinas autorreguladas, ou seja, em sistemas nos quais a organização lhes vem de fora, marca uma das principais características dos seres vivos. Mas ele não existe só neles, também se faz presente em cristais, em processos autocatalíticos, em processos iterativos de formação de fractais etc. Surge, aqui, a questão de saber se todos os sistemas auto-organizados possuem a capacidade de replicação, respectivamente, de reprodução. Penso que sim. Se um sistema possui, oriunda de dentro de si mesmo, a estrutura de auto-organização, ou seja, se ele não é apenas uma máquina autorregulada na qual a organização foi imposta de fora do sistema, ele sempre possui também a capacidade de reprodução. Essa tese deixa de ser uma afirmação muito ousada se e enquanto pensarmos também o mundo e as galáxias como sistemas auto-organizados, como fazem Lee Smolin,[85] Ervin Laszlo[86] e outros. Quem pensa nosso planeta Terra como um sistema auto-organizado, como James Lovelock[87] e Lynn Margulis[88] na Teoria Gaia, quem pensa as galáxias como um processo de auto-organização, como Lee Smolin, não tem dificuldades em pôr na definição de auto-organização, como elemento essencial, a replicação e a reprodução. Assim, segundo Smolin, cada mundo engendra, mediante seus buracos negros, novos mundos a ele assemelhados; os mundos com muitos buracos negros têm mais probabilidades de engendrar mundos coerentes do que mundos com poucos buracos negros. Também aqui, no nível da formação das galáxias, o princípio da coerência, ou seja, a seleção natural, direciona o processo. Se as galáxias são sistemas auto-organizados, como quer Smolin, os subsistemas auto-organizados nelas existentes ou são, eles mesmos, capazes de reprodução, ou são partes que participam de macroprocessos de reprodução. Nessa

---

[85]SMOLIN. *The Life of the Cosmos.*
[86]LASZLO. *The Whispering Pond. A Personal Guide to the Emerging Vision of Science.*
[87]LOVELOCK. *Gaia.* LOVELOCK, *Healing Gaia.*
[88]MARGULIS. *Symbiosis in Cell Evolution.* Cf. tb. MARGULIS; SAGAN. *What is Life.*

CAUSALIDADE E AUTO-ORGANIZAÇÃO

perspectiva, todos os sistemas de auto-organização possuem a reprodução como elemento essencial.

O sexto elemento essencial dos sistemas de auto-organização consiste no engendramento de novas formas de organização. Ilya Prigogine[89] demonstrou que sistemas dinâmicos dissipativos de auto-organização, quando fora de seu ponto de equilíbrio, apresentam, em teoria, uma bifurcação: o sistema pode se dissipar e desaparecer ou, então, pode como que "escolher" e engendrar uma nova forma de auto-organização. Prigogine coloca, ele mesmo, a palavra "escolher" entre aspas. A teoria de Prigogine sobre o engendramento de novas e mais complexas formas de auto-organização foi amplamente confirmada. A teoria foi matematizada com exatidão e o sucesso na repetição dos experimentos práticos de laboratório deu às teses de Prigogine toda a certeza que uma ciência exata hoje pode ter. Isso significa, para nós filósofos, que está demonstrado cientificamente que sistemas dinâmicos dissipativos fora de seu ponto de equilíbrio podem engendrar novas formas de auto-organização, formas mais complexas e mais nobres do que aquelas de onde se originaram. Isso nos dá uma nova e brilhante característica da evolução e da flecha do tempo. O engendramento da diferença, isto é, a emergência do novo e do mais complexo, não é apenas um postulado filosófico, mas uma doutrina científica experimentalmente comprovada. Um dos mais difíceis elementos na Teoria da Evolução, a saber, o Princípio da Diferença, que explica a emergência do novo, recebe das ciências exatas confirmação

---

[89] PRIGOGINE. *The End of Certainty. Time, Chaos and the New Laws of Nature.* Cf. tb. PRIGOGINE; STENGERS. *Order out of Chaos.* NICOLIS; PRIGOGINE. *Exploring Complexity.*

teórica e experimental. Também nossa perspectiva do tempo e do mundo sofre mudança radical. Até Prigogine, era apenas a entropia que marcava a flecha do tempo e impedia que se pensasse o mundo como um sistema reversível; nessa perspectiva antiga, entretanto, a tendência da evolução deveria estar direcionada para a morte pelo frio, para uma desordem sempre maior. Isso, porém, sempre pareceu estar em conflito com a complexidade que observamos como fato. A teoria de Prigogine nos fornece, agora, um segundo elemento a direcionar a flecha do tempo, dessa vez em direção a uma ordem cada vez mais rica e mais complexa. O processo da evolução inclui, em face da descoberta de Prigogine, além da tendência da ordem para a desordem, isto é, da entropia, uma tendência da desordem para a ordem. A combinação de ambas as tendências é que molda, então, o processo evolutivo.

Pergunta-se, aqui, se essa característica de engendrar organizações mais complexas é uma característica de todos os sistemas auto-organizados. A resposta só pode ser a mesma que anteriormente mencionamos, embora com cuidados ainda maiores. É evidente que máquinas autorreguladas, que recebem a auto-organização de fora do sistema, não conseguem engendrar novos sistemas, exceto se isso lhes foi já pré-programado em sua organização. A questão é saber se todos os sistemas naturais de auto-organização, mesmo em nível baixo de estruturação, já possuem essa característica de engendrar novos e mais complexos sistemas. As ciências exatas, a Física, a Química e a Biologia, que eu saiba, jamais responderam a uma pergunta tão específica. A tendência, nessas ciências, seria provavelmente dizer que não. Afinal, não é em toda parte que se engendram novos e mais complexos sistemas. Mas não é essa a pergunta. A

CAUSALIDADE E AUTO-ORGANIZAÇÃO

pergunta versa sobre sistemas dinâmicos dissipativos fora de seu ponto de equilíbrio; tais sistemas, todos eles, podem, em princípio, engendrar novos sistemas com maior complexidade? Eu, como filósofo, diria que sim. Se, em princípio, pode ser assim, então, essa possibilidade, em princípio, sempre existe. Isso significa que, em princípio, todos os sistemas de auto-organização, se e enquanto dinâmicos, dissipativos e fora do ponto de equilíbrio, podem engendrar novos e mais complexos sistemas de auto-organização. Isso dá, como se percebe imediatamente, à Teoria da Evolução, uma tendência para cima, para o mais complexo, para o mais nobre. Vemos aqui uma vitória da ordem sobre a desordem. A passagem da desordem para a ordem é, em princípio, tão viável quanto a passagem da ordem para a desordem. O Universo não está condenado à morte pelo frio. A entropia é apenas um dos elementos que constituem a flecha do tempo; ela não nos permite antecipar o futuro e dizer que o Universo está condenado à morte pelo frio; ela não nos permite dizer que a desordem tende sempre a crescer, em detrimento da ordem. Schrödinger recuou onde não precisava ter recuado. Há, sim, uma neguentropia. — Como todos os processos de auto-organização se desenvolvem dentro da auto-organização das galáxias, todos, inclusive nós, homens, somos parte de um todo em movimento de auto-organização.

O sétimo elemento essencial de um sistema de auto-organização é sua inserção num processo de evolução que é regido pela lei da coerência, isto é, pela seleção natural. Essa sétima característica de todo e qualquer sistema de auto-organização diz que ele evolui segundo as conhecidas leis da Teoria da Evolução e que cada um desses processos de auto-organização está dentro de outro, maior e mais abrangente,

175

e assim por diante, até que chegamos ao sistema mais abrangente de todos, ao Universo, um sistema de auto-organização que não tem mais nada fora dele. Como as bonecas russas, as *babuschkas*, uma dentro da outra, os muitos sistemas de auto-organização estão todos contidos num sistema de auto-organização que é o último, que é o mais abrangente, que é o Universo fora do qual já não existe nada. A Lei da Coerência rege a evolução de cada sistema particular, rege também as relações de um sistema para com os outros, rege, finalmente, o sistema universal de auto-organização, dentro do qual tudo se encontra e se desenvolve.

A grande pergunta que surge aqui é a seguinte. Afirmamos, no começo de nossa exposição, que os sistemas de auto-organização, para poderem existir, têm que ser abertos sob o ponto de vista energético, ou seja, que eles têm que buscar energia de fora. Mas se isso é assim, de onde vem a energia no sistema universal e último de auto-organização? Se não há nada fora dele, como pode a energia vir de fora? A resposta só pode ser uma: em última instância, também a energia é engendrada internamente. Quando não há nenhuma outra alternativa de solução, quando outra solução, qualquer que seja, é impossível, então a solução, que é a única, se impõe. Logo, também energia pode ser engendrada internamente, pelo menos no último e mais abrangente sistema de auto-organização.

Filosofia da auto-organização

O núcleo duro da Teoria de Auto-organização consiste na circularidade da série causal. Na série causal linear, a causa está sempre e necessariamente fora e antes do efeito, tanto

CAUSALIDADE E AUTO-ORGANIZAÇÃO

lógica como ontologicamente; o efeito vem sempre depois da causa. Se o efeito, por sua vez, se transforma em causa e produz um novo efeito, esse novo efeito está fora de sua causa e depois dela; e assim surge a série causal linear. Auto-organização, como a forma flexiva do termo já indica, consiste no fato de que a cadeia causal se flete sobre si mesma, de sorte que o último efeito da série se torna causa determinante da primeira causa da série, da mesma série. O processo causal fica, assim, circular, pois o último efeito torna-se também causa e determina a primeira causa da série. Reduzindo a série causal linear a seu tamanho mínimo, ou seja, a dois elementos, a causa produz um efeito, que, por sua vez, produz a causa que o causou. A causa aparece, aqui, como sendo causa de si mesma: *causa sui*. Essa é a teoria defendida por Plotino e Proclo, por Nicolaus Cusanus, por Espinosa, Goethe, Schelling e Hegel; essa é a teoria sem a qual não se compreende o núcleo duro dos sistemas neoplatônicos, de Plotino até Schelling e Hegel.

Schopenhauer, em seu trabalho de livre-docência na Universidade de Berlim, com o título *Die Vierfache Wurzel des Satzes vom zureichenden Grunde*,[90] é quem melhor apresentou e resumiu as objeções levantadas contra o conceito de *causa sui*. *Causa sui*, diz Schopenhauer, é uma *contradictio in adjecto*, é algo lógica e ontologicamente impossível, é um conceito que não pode nem mesmo ser pensado. Pois, ao falar de um processo causal, estamos sempre a pressupor um efeito que está fora da causa e que vem depois dela. Se existe um efeito causado, então tem que haver uma causa causante que esteja fora do efeito e venha antes dele. Não fosse assim,

---

[90]SCHOPENHAUER. *Werke*, vol. 1, p. 15.

a causa seria causa de si mesmo, o que é um absurdo. Absurdo por quê? Por uma razão que Schopenhauer pensa ser logicamente muito exata e rigorosa. Porque a causa é a razão suficiente do efeito; sem a causa, o efeito não pode existir. Ora, se o efeito não pode existir, ele de fato não existe. E um efeito que não existe não pode ser causa causante de nada, muito menos causa causante de si mesmo.

Essa argumentação, aparentemente rigorosa, é uma falácia. Schopenhauer pressupõe aí o Princípio de Razão Suficiente em sua forma específica e correta, que é a seguinte: se uma coisa pode existir e não existir, mas de fato existe, então tem que haver uma razão suficiente que explique por que ela de fato existe, ao invés de não existir. Leibniz afirma, com toda a razão, que o Princípio de Não Contradição e o Princípio de Razão Suficiente são os pilares sobre os quais repousa o arcabouço de toda a racionalidade. Toda a tradição filosófica, dos gregos até os dias de hoje, afirma o mesmo. Schopenhauer, então, tem razão? *Causa sui* é algo impossível? E auto-organização, uma forma específica de *causa sui*, é só um absurdo requentado? — Não. É evidente que o Princípio de Razão Suficiente, na formulação anterior, está correto e é sempre válido. Mas isso não exclui a possibilidade da *causa sui*, como sabia muito bem Hegel. Hegel era professor titular na Universidade de Berlim e foi, à época, o orientador oficial da tese de livre-docência de Schopenhauer. Hegel aceitou a tese de Schopenhauer, que era radicalmente contra a teoria da *causa sui*, como um bom trabalho de livre-docência e deu parecer positivo à Faculdade de Filosofia, que, então, concedeu a Schopenhauer o título acadêmico por ele postulado. Quanto ao conteúdo filosófico do texto, Hegel, é claro, discordou das ideias propostas por

CAUSALIDADE E AUTO-ORGANIZAÇÃO

Schopenhauer e manteve sua opinião, escrita e publicada muitos anos antes, na *Ciência da Lógica*. Segundo Hegel, o Princípio de Razão Suficiente afirma, de maneira corretíssima, que a existência de algo contingente exige uma razão suficiente que explique por que esse algo existe, ao invés de não existir. Mas não está dito em nenhum lugar que essa razão suficiente tem que ser uma entidade externa, lógica e ontologicamente anterior ao efeito. Toda a argumentação de Schopenhauer se baseia nessa falácia, a saber, que a razão suficiente tem que ser uma entidade separada e anterior. Hegel, na Lógica da Essência,[91] havia demonstrado a tese oposta: o Absoluto, na dialética das modalidades, é tanto Necessidade Absoluta como também Contingência Absoluta. O contingente, se e enquanto ele é também necessário, possui, conciliadas no mesmo ser, ambas as características, a necessidade e a contingência, a causa e o efeito. Hegel chama isso de *Wechselwirkung*,[92] termo que deveria ser traduzido como causação recíproca. Na causação recíproca o causante é, sim, algo diverso do causado, mas trata-se aqui não da diversidade de dois seres distintos um do outro, mas sim de dois momentos internos de um único processo circular de autocausação. O causante enquanto causante não é o causado; e vice-versa. Mas, também aqui, tese e antítese, inicialmente opostas, podem e têm que ser conciliadas. O causante, que é tese, e o causado, que é antítese, na autocausação, que é síntese, estão conciliados em perfeita harmonia. A causa

---

[91]HEGEL. *Werke*. In: MOLDENHAUER; MICHEL. *Wissenschaft der Logik*, vol. 6, p. 200-217.
[92]HEGEL. *Werke*. In: MOLDENHAUER; MICHEL. *Wissenschaft der Logik*, vol. 6, p. 237.

produz o efeito, que retroage e produz a causa, a qual de novo produz o efeito, e assim por diante, constituindo, dessa maneira, o processo circular de autocausação.

Procuremos maior clareza. O Universo, como sabemos, contém coisas e processos contingentes, ou seja, processos que podem existir e que podem não existir, mas que de fato existem. No entanto, o Universo não tem nada fora dele. O Universo, por definição, abrange tudo. Logo, temos que admitir que o Universo não possui uma causa causante ou razão suficiente que esteja fora dele. Por conseguinte, temos que admitir também que o Universo é, ao mesmo tempo, embora não sob o mesmo aspecto, algo causante e algo causado. O Universo, que contém contingência, é uma *causa sui* no sentido rigoroso do termo, é um sistema auto-organizado. Essa a doutrina neoplatônica.

Objetar-se-á, aqui, na tradição de Tomás de Aquino, que alguns seres no Universo são realmente contingentes, mas que Deus, o Criador primeiro de tudo que é contingente, não é, ele mesmo, um ser contingente, mas sim um ser necessário.[93] E é por isso que ele é o Deus Criador. O Universo, então, pode ser pensado como um conjunto que contém tanto o Deus Criador, que tem sua razão suficiente dentro de si mesmo, e os seres criados, que são contingentes, isto é, que têm sua razão suficiente fora de si mesmos, numa causa que lhes é anterior, em última instância, numa causa incausada que é o próprio Deus Criador.[94] — A posição tomista separa claramente o Deus Criador, que é a causa incausada de tudo mais, e os seres contingentes, que têm sua razão suficiente em

---

[93]TOMÁS DE AQUINO. *Summa Theologica*, pars I, quaest. III, art. IV, VI e VII.
[94]Cf. TOMÁS DE AQUINO. *Summa Theologica*, pars I, quaest. XLIV e XLV.

CAUSALIDADE E AUTO-ORGANIZAÇÃO

causas anteriores, em última instância, na causa incausada, que é o Deus Criador. O problema da *causa sui,* à primeira vista, parece ter sido resolvido satisfatoriamente: de um lado a causa, de outro lado, separado e posterior, o efeito. Mas um olhar mais atento revela que o problema foi apenas deslocado para dentro do próprio Deus Criador.

O Deus Criador, para poder ser uma causa incausada, tem que ser algo que é necessário em sua essência e em sua existência, isto é, ele não pode ser contingente, ele não pode ter sua razão suficiente fora de si mesmo. Em Deus, essência e existência são a mesma coisa, uma se funda na outra, ambas se fundem na simplicidade de um ser puro que é puro existir. Se Deus não fosse necessário, se ele tivesse sua razão suficiente em algo fora dele, esse algo é que seria o verdadeiro Deus e a causa última incausada. Logo, concluem os tomistas, Deus é necessário em sua simplicidade, na qual a existência se funda em sua própria essência. Até aqui, aparentemente, tudo bem. O problema começa agora. Se Deus é necessário em sua essência e sua existência, o ato livre mediante o qual Deus decide criar o mundo, em face da simplicidade de Deus, confunde-se com sua essência. Ora, a essência de Deus é necessária. Logo, o ato livre mediante o qual Deus decide criar o mundo é tão necessário quanto sua essência. Por conseguinte, a criação é necessária. Mas se a criação é necessária, os seres criados existem necessariamente e deixam, assim, de ser contingentes.

A única saída dessa aporia é dizer que o ato livre mediante o qual Deus decide criar o mundo é necessário enquanto está dentro de Deus e é idêntico à sua essência, mas é contingente para fora, para com seus efeitos. Essa é, de fato, a resposta usualmente dada pelos autores que seguem Tomás de Aquino. Mas como pensar um ato livre que é, ao mesmo tempo, interno e externo a Deus? A contradição inicial de que causa não pode ser *causa sui* retorna agora sob outra roupagem: um ato que é idêntico à essência simples de Deus tem que ser simultaneamente interno e externo a ele. Esse ato é idêntico à substância divina e não é idêntico a ela. O que se pretendia como solução de um problema constitui-se em nova e potenciada contradição.

Já Plotino[95] se debruçou sobre essa questão e também ele se viu envolto em problemas e contradições. O Livro VI das Enéadas versa, todo ele, sobre esse problema, como já diz seu título *A vontade livre e a vontade do Uno*. Plotino sabe muito bem que, para ser livre, o homem tem que ser *ekousíon*, tem que ser *autexousíon*, isto é, ele tem que poder determinar-se a si mesmo, ele tem que poder dispor sobre suas ações e sobre si mesmo. Essa autodeterminação é expressa por Plotino com um termo intraduzível: *tò ep'autõ. Tò ep'autõ* aponta para aquilo que está em meu poder, aquilo que está dentro de minhas possibilidades e capacidades de ação. Quando o homem age segundo *tò ep'autõ*, ele está agindo como *autexousíon*, como alguém que se determina a si mesmo. Plotino parece ser pouco claro, mas o fato é que até hoje ninguém conseguiu dizer muito melhor o que significa liberdade. Liberdade consiste, dizem todos, nesse agir segundo aquilo que está em meu poder, segundo minhas possibilidades, segundo minha autodeterminação.

---

[95]PLOTINUS. *Ennead*. In: Loeb Classical Library, vol. I a VII. As citações serão feitas, como usual, pela indicação do livro, capítulo e linhas. Escrito pelo autor, a critério da editora.

CAUSALIDADE E AUTO-ORGANIZAÇÃO

Plotino pergunta, então, se o Uno tem liberdade e responde decididamente que sim. O Uno, que é o Bem, tem vontade livre e autodeterminação, *ekousíon* e *autexousíon*.[96] Mas Plotino, como todos os grandes pensadores depois dele, sente o dilema na pele. Pois Plotino sabe muito bem que *é impossível para uma coisa fazer a si mesma e pôr-se em existência*.[97] Se é impossível que algo se ponha a si mesmo em existência, como é que o Uno existe e decide livremente? De onde vem a existência do Uno? De onde vem sua decisão livre? Plotino luta com o problema e consigo mesmo, ele luta e reluta e acaba dizendo que o Uno não é uma coisa como as outras coisas contingentes de nosso mundo, que o Uno é algo todo especial, que o Uno é causa de si mesmo, *aitíon heatõu*.[98] Aí temos, quanto sei, pela primeira vez na História da Filosofia, o termo *causa sui* no esplendor de seu significado pleno, isto é, como o processo circular de autocausação que explica não só a existência do Uno, como também o processo circular da autodeterminação que é o núcleo duro do ato livre de decisão.

Como entender, porém, o processo de autocausação sem que surjam contradições? Não é Plotino, é Hegel quem nos responde com a clareza possível em questão tão difícil. Causante e causado, ensina Hegel,[99] são duas faces da mesma moeda. Não se pode pensar e dizer uma delas sem que se pense e diga simultaneamente a outra. Mais: uma não pode existir sem a outra. Causante e causado, causa e efeito, são primeira e principalmente dois aspectos opostos

---

[96]PLOTINUS. *Ennead* (VI, 8, 7)
[97]PLOTINUS. *Ennead* (VI, 7, 26-27)
[98]PLOTINUS. *Ennead* (VI, 14, 41)
[99]HEGEL. *Werke*. In: MOLDENHAUER; MICHEL. *Wissenschaft der Logik*, vol. 6, p. 80-123, 222-240.

de uma mesma realidade. Num primeiro momento, esses aspectos se opõem e se excluem logicamente; eles são tese e antítese. Mas na síntese, na primeira e na última instância, no Absoluto, no Uno, os opostos têm que estar conciliados. Como? Por quê? Estão conciliados por serem momentos complementares de um único e mesmo processo que está em movimento circular. A circularidade explica como e por que os opostos se fundem numa unidade mais alta e mais nobre. Causante e causado, fundante e fundado são as formas ativas e passivas do mesmo verbo. A síntese é expressa pela forma reflexa do verbo. Como? O momento ativo atua sobre si mesmo, engendrando dentro de si o momento passivo. Mas esse momento passivo atua de volta sobre o momento anterior, de sorte que ele deixa de ser passivo e se torna ativo. E assim, em movimento circular, o ativo torna-se passivo, o passivo torna-se ativo, e, de novo, o ativo fica passivo e o passivo se transforma de volta em ativo. Esse é o núcleo duro da grande síntese dos opostos. Esse é o núcleo ontológico da forma reflexa de todos os verbos que admitem tal forma. Erra quem tenta, sempre e em todos os casos, separar o ativo e o passivo, o causante e o causado, o fundante e o fundado. Quem persiste nessa separação e fica sempre à procura do fundo que seja apenas fundante, do *Grund*, acaba caindo no fundo do mar e se afogando, *er geht zugrunde*.[100] O jogo de palavras que Hegel faz aqui mostra de sobejo que não se pode procurar um fundante último que não seja circular, isto é, que não seja autofundante. Quem, em vez de subir de degrau e assumir a categoria de autofundamentação, fica

---

[100]HEGEL. *Werke*. In: MOLDENHAUER; MICHEL. *Wissenschaft der Logik*, vol. 6, p. 80.

CAUSALIDADE E AUTO-ORGANIZAÇÃO

procurando um fundante último que não seja autofundante e vai perder-se para sempre num fundo que nunca tem fundo? A Lógica da Essência se caracteriza exatamente por esse tipo de circularidade. As categorias téticas e antitéticas da Lógica da Essência entram num *processus ad infinitum*, exceto se e quando se faz a flexão completa sobre si mesmo, a reflexão, e se assume o conceito em sua circularidade. As formas ativas e passivas do verbo precisam fletir-se sobre si mesmas, constituindo a forma reflexa. Em gramática isso é fácil e por todos admitido. Por que não em Lógica e Ontologia?

Um outro par de conceitos pode nos ilustrar a questão e trazer um pouco mais de luz à solução proposta. Segundo a tradição, essência é algo interno que determina o que um ser realmente é. A aparência é algo externo, é algo quase sempre enganador; as aparências enganam, diz a maioria dos filósofos. A essência é o elemento primeiro, mais nobre, mais importante, mais necessário, sim, indispensável. A aparência, pelo contrário, é algo secundário, é algo sem importância, é algo que devemos pôr de lado. Hegel não pensa assim. Para Hegel,[101] essência e aparência, enquanto se opõem linearmente, apresentam um problema insolúvel e um *regressus ad infinitum*, pois nunca saberemos com certeza se o que temos em mente já é uma essência ou ainda é uma mera aparência, atrás da qual se esconde a verdadeira essência, e assim por diante. Para Hegel, é preciso sair da linearidade e do *regressus ad infinitum* e assumir decididamente o movimento circular. Essência e aparência se determinam mutuamente, uma não existe sem a outra, ambas possuem

---

[101]HEGEL. *Werke*. In: MOLDENHAUER; MICHEL. *Wissenschaft der Logik*, vol. 6, p. 17-34.

igual importância. Essência é aquilo que aparece. Aparência é a essência que se está mostrando. Como nos *Vexierbilder* da psicologia da Gestalt, temos aqui figura e fundo que se invertem e permitem que se vejam duas coisas diferentes; por exemplo, um cálice ou dois perfis de rosto. No jogo de essência e aparência, temos dois termos que se determinam mutuamente, que são duas faces da mesma moeda. O que nunca aparece, o que em princípio não aparece nunca, não é essência, não é nada sobre o que se possa falar sensatamente. Mas se a aparência é a essência que se está mostrando, e se a essência é aquilo que a aparência apresenta, então essência e aparência são apenas dois aspectos da mesma coisa. Essência e aparência, enquanto se opõem como tese e antítese, isto é, enquanto postas de maneira linear, uma contra a outra, levam a um *processus ad infinitum*. Essência e aparência, quando postas em circularidade, não mais se opõem como tese e antítese, mas constituem uma síntese, na qual ambas, conciliadas, subsistem como unidade, na qual cada uma delas é a contrapartida da outra. Não temos, nem em português nem em alemão, palavra que expresse essa unidade sintética entre essência e aparência, mas nem por isso podemos abrir mão dessa poderosa síntese. A unidade essência/aparência é uma tese central da Lógica de Hegel.

O mesmo ocorre com o causante e com o causado. Num primeiro momento, postos um contra o outro, de maneira linear, levam a um *processus ad infinitum*. Mas se tomamos causante e causado como unidade sintética; se os colocamos em movimento circular, então o causante se funde com o causado e a unidade dialética de ambos constitui o processo de autocausação. Ativo e passivo aqui se constituem mutuamente e convivem harmoniosamente numa síntese. Para a

CAUSALIDADE E AUTO-ORGANIZAÇÃO

síntese de ativo e passivo não temos um termo que já esteja consagrado; mas poderíamos introduzir o termo autoativação. Para dizer a unidade de causante e causado, porém, temos uma bela palavra, a saber, autocausação.

A solução proposta por Plotino e pelos filósofos neoplatônicos e elaborada em pormenores por Hegel é, na minha opinião, a única possível. Todos os seres, para que existam, necessariamente têm uma razão suficiente. Essa razão suficiente, em muitos casos que observamos na experiência do dia a dia, está fora e antes do ser que procuramos entender; em tais casos, a causa está separada do efeito e vem antes dele. Mas em outros casos, como na vida, na liberdade, no Absoluto, a razão suficiente do ser existe, sim, e tem que existir, mas ela está dentro dele. Não adianta procurar fora, porque não a encontraremos: ela não está fora, está dentro. A razão suficiente que está dentro de um ser faz com que este ser se explique por si mesmo, que ele se determine por si mesmo, que ele seja um ser autodeterminante e auto-organizado. O Deus de Tomás de Aquino com seu ato livre de criar o mundo só pode ser pensado sem contradição, se o pensamos como um ser que é, ao mesmo tempo, causante e causado, ou seja, como autodeterminação, como *causa sui*. A doutrina do Aquinate sobre a causalidade o impede de pensar causa e efeito como causalidade circular, como *causa sui*. Mas, sob o peso do problema, o próprio Tomás de Aquino, quando trata dos atos livres de decisão, abandona por alguns momentos sua teoria sobre a impossibilidade da *causa sui* e a utiliza como única solução para a questão da liberdade: *Liberum est quod sui causa est. Quod ergo non est sibi causa agendi, non est liberum in agendo* (Livre é

CARLOS CIRNE-LIMA

somente aquele que é causa de si mesmo. O que não é causa para si mesmo não é livre em seu agir).[102]

Mas essa não é a solução geralmente proposta, nem por Tomás de Aquino, nem pela maioria dos pensadores da Idade Média e da Renascença. A doutrina usual é aquela que separa rigidamente causa e efeito, dizendo ser impossível que exista algo como *causa sui*, como auto-organização. Essa dicotomia, nunca conciliada, entre causa e efeito, entra na tradição filosófica que não é neoplatônica, entra em Newton e em todas as ciências empíricas, entra na concepção de causalidade da *Crítica da Razão Pura* de Kant e encontra seu apogeu filosófico no livro que Schopenhauer apresenta para obter sua livre-docência. Grande parte da Filosofia e praticamente todas as ciências, a partir do século XIII, adotam uma concepção do mundo em que a causa está sempre separada do efeito e é anterior a ele. Isso, por um lado, permitiu, sem dúvida, imensos progressos nas ciências, mas, por outro lado, impediu que se pensasse corretamente o que é vida, o que é liberdade, o que é democracia. Os processos em que a circularidade de causa e efeito predomina ficaram

---

[102]TOMÁS DE AQUINO. *Summa contra Gentiles*, II, cap. 48, 2. nr. 1243. *Suma contra os Gentios*. Edição bilíngue. Tradução de O. Mourão, revisão de L. De Boni. Porto Alegre: Editora Sulina, 1990. Tomás de Aquino afirma a *causa sui* também no tratado *De Veritate*, 24, 1. Não obstante essa afirmação categórica da doutrina sobre a *causa sui* como fundamento lógico e ontológico para resolver o problema da liberdade como autodeterminação, Tomás de Aquino, em outros lugares, nega expressamente a doutrina neoplatônica da *causa sui*. Assim, por exemplo, na mesma *Summa contra Gentiles* (I, cap. 22, 3, nr. 207), escreve: *Si primo modo, essentia autem est secundum illud esse, sequitur quod aliquid sit sibi ipsi causa essendi. Hoc autem est impossibile: quia prius secundum intellectum est causam esse quam effectum.* (Se, conforme a primeira opção, sendo a essência referente somente àquele ser, resulta algo que é causa de seu próprio ser. Mas isso implica impossibilidade, porque, segundo a ordem lógica, a causa é anterior ao efeito.)

CAUSALIDADE E AUTO-ORGANIZAÇÃO

sem explicação. Por isso, os processos vitais e a liberdade como autodeterminação tornaram-se problemas sem solução. Esse estado de coisas durou séculos, até que Ludwig von Bertalanffy, que na Universidade de Viena, além de Biologia, estudou Filosofia, entrou em contato com a tradição clássica, leu e escreveu um livro sobre Nicolaus Cusanus, resgatou a tradição neoplatônica e reformulou, então, em linguagem contemporânea, a Teoria de Sistemas, a doutrina que a partir da autocausação explica não só a auto-organização dos seres vivos, como também a autodeterminação do ato livre de decisão. A teoria da autocausação da tradição filosófica, redescoberta e reformulada por Bertalanffy com o nome de Teoria de Sistemas, é a Ontologia neoplatônica atualizada e trazida para a ciência de nossos dias.

A causa de si mesmo, o *aitíon heatõu* de Plotino[103] e de Proclo,[104] o movimento absoluto que é o repouso absoluto de Nicolaus Cusanus,[105] a *causa sui* da primeira linha da primeira página da Ética de Espinosa,[106] o Eu que se põe como Eu de Fichte,[107] o processo dinâmico de autoprodução da Natureza, *natura naturans* e *natura naturata* de Schelling,[108] a circularidade da causação recíproca na Lógica da Essência

---

[103]PLOTINUS. *Enneads*, VI, 14, 41
[104]PROKLOS. *Elementa Theologiae*. In: DODDS, propositio 46.
[105]NICOLAI DE CUSA. *De docta ignorantia*, II, cap. 10, nr. 155, 1s. In: HOFFMANN; WILPERT; BORMAN, vol. 15b, p. 84.
[106]SPINOZA. *Ethica*, I, 1; In: CAILLOIS; FRANCÈS; MISRAHI. *Oeuvres Complètes*, p. 365.
[107]FICHTE. *Grundlage der gesamten Wissenschaftslehre — 1802*, vol. I, p. 91-101.
[108]SCHELLING. *Einleitung zu dem Entwurf eines Systems der Naturphilosophie (1799)*, *Ausgewählte Schriften*, vol. 1, p. 352.

de Hegel,[109] eis as raízes filosóficas de onde surgem as teorias contemporâneas sobre auto-organização. A dedicatória no livro de Bertalanffy é prova disso.

A Natureza como processo de auto-organização

Nada melhor do que a Filosofia da Natureza de Schelling para fechar o arco entre a tradição neoplatônica da *causa sui* e as teorias contemporâneas de auto-organização.

Fichte partira do Eu que, depois de se pôr a si mesmo, põe o Não Eu, isto é, põe um universo sem vida, distinto e separado do Eu e de sua produtividade. Schelling, na Filosofia da Natureza, faz o caminho inverso. Toda a vida, inclusive e principalmente a vida do Eu, foi engendrada dentro da Natureza e pela Natureza. A Natureza é a totalidade do Universo que está em movimento constante de autoprodução e de evolução. No princípio a matéria parece ser morta. Mas não é. De lá de dentro dessa matéria aparentemente morta emerge, então, a vida que se desenvolve primeiro como plantas, depois como animais e finalmente como o homem pensante.

A primeira grande característica dessa concepção é que a Natureza é uma unidade, que a Natureza é o Universo inteiro. A segunda característica é que a Natureza não é estática, mas um processo dinâmico de evolução, que sempre de novo engendra novas formas de ser e existir. A terceira característica é que o homem, com seu espírito pensante, nasceu de dentro desse processo evolutivo e continua parte integrante dele. Vida e matéria não são princípios primeiros

---

[109]HEGEL. Wissenschaft der Logik. In: *Werke*. MOLDENHAUER; MICHEL. vol. 6, p. 80-123, 217-242.

CAUSALIDADE E AUTO-ORGANIZAÇÃO

e irredutíveis um ao outro. Pelo contrário, espírito, vida e matéria são apenas aspectos do mesmo processo, uno e único, que é a evolução e o desdobramento do Universo a partir do ovo inicial. *Ab ovo*, diziam, os antigos.

A mais impressionante semelhança com as teorias contemporâneas de auto-organização consiste na criatividade ínsita nesse processo de evolução. Para Schelling, a natureza é altamente inventiva, é poderosamente criativa. Ela está sempre a engendrar novidades, novas formas, novos seres, novos pontos de equilíbrio. E, como tudo se faz dentro de uma única Totalidade, que é a Natureza, tudo está interligado e tudo influi sobre tudo. O Todo do Universo, a totalidade em movimento criativo engendra a multiplicidade, mas elimina as incoerências e restabelece sempre de novo o equilíbrio do processo evolutivo. Assim, a Natureza produz o homem com seu espírito e sua capacidade criativa. A criatividade artística do homem é a ponta de lança da criatividade primeva da própria Natureza. O homem, em sua autoconsciência, pensa e cria. Mas mesmo essa autoconsciência é apenas o fruto maduro de algo que já estava, desde o começo, posto no ovo inicial. O Cusanus diria aqui: tudo que está agora, depois do desenvolvimento e do desdobramento processual, como *explicatum*, estava como *implicatum* no primeiro começo.

É nesse exato contexto que surge a seguinte objeção. Tudo bem. Existe, realmente, uma semelhança de padrões entre a Filosofia da Natureza de Schelling e as teorias contemporâneas de auto-organização. Mas há uma grande diferença, uma diferença tão essencial que põe Schelling e os filósofos neoplatônicos num planeta diferente do planeta habitado pelos cientistas. Os filósofos, também Schelling, querem construir uma filosofia da natureza como uma ciência que é totalmente *a priori*. O filósofo sentado em sua poltrona, sem jamais levantar-se, sem jamais ir olhar como é que a realidade de fato é, pega papel e lápis — hoje, um computador — e faz a dedução de todo o processo de evolução da Natureza. O cientista, entretanto, trabalha *a posteriori*; ele primeiro observa cuidadosamente os fenômenos da natureza, para só depois formular uma teoria. A teoria científica precisa ter coerência interna, é claro, mas precisa ser objeto possível de falsificação pela observação empírica, pelo experimento. A teoria do físico teórico só adquire foros de verdade quando confirmada pelos experimentos do físico experimental. O mesmo vale para os cientistas que trabalham com as teorias de auto-organização. Eles primeiro observam os fenômenos, eles trabalham *a posteriori*, e só depois formulam a teoria. Ora, os filósofos se recusam terminantemente a fazer isso. Filosofia, também no primeiro Schelling, é sempre e somente *a priori*.

Erro, muito erro. Erro duplo. O primeiro erro consiste em pensar que todos os filósofos, em especial Schelling, só trabalhem *a priori*. Não é verdade. Embora haja, entre os filósofos, uma predominância do conhecimento *a priori*, em alguns casos até uma exclusividade do *a priori*, o conhecimento *a posteriori* também é parte essencial da Filosofia. O melhor exemplo disso é exatamente Schelling, que no começo de sua vida filosófica pretendia trabalhar só *a priori*, e que, então, descobriu a importância da contingência e, assim, do conhecimento *a posteriori*. O Schelling tardio introduz o termo Filosofia Positiva exatamente para abrir espaços para o conhecimento que, respeitando a contingência das coisas, trabalha *a posteriori*. Quem ousaria afirmar que as figurações da *Fenomenologia do Espírito* de Hegel são fruto de

CAUSALIDADE E AUTO-ORGANIZAÇÃO

dedução *a priori*? Antígona *a priori*? A Revolução Francesa *a priori*? O Terror *a priori*? Certamente que não.

Para fazer justiça aos fatos históricos é preciso dizer que muitos filósofos exageraram a dose de *a priori*, que alguns filósofos ficaram tão obcecados com o *a priori* que desconsideraram o campo do conhecimento *a posteriori* e o entregaram aos cientistas. É preciso dizer que o jovem Schelling, no começo de sua carreira, pretendia deduzir tudo, mas é preciso dizer também que ele mesmo descobriu seu erro e introduziu a Filosofia Positiva. No século XX, mais exatamente a partir de Dilthey e Droysen, a partir do *Dasein* de Heidegger, nenhum filósofo pretende construir toda a Filosofia utilizando somente o método *a priori*. Sabemos todos que o mundo é contingente e que o contingente não se deixa deduzir; o que é contingente precisa ser constatado em sua existência, que não é necessária, e historiado em seu desenvolvimento. Como o Universo é um processo contingente de evolução, toda Filosofia hoje que seja minimamente crítica precisa conjugar o método *a priori* e o método *a posteriori*. O primeiro serve para julgar a coerência interna das teorias, o segundo serve para dar conteúdo material às perguntas e respostas da teoria, bem como para julgar a coerência das teorias com a realidade. A conjugação do *a priori* e do *a posteriori*, eis o único método hoje admissível em Filosofia.

O segundo erro está no lado dos cientistas. É verdade que desde o nominalismo inglês há um forte apelo ao método *a posteriori*. É certo que toda a ciência hoje parece trabalhar só *a posteriori*. É verdade que os cientistas, de Galileu até Einstein, inclusive, primeiro trabalhavam e coletavam dados do mundo empírico, para depois formular uma teoria. Mas a verdade completa vai mais longe e é maior: segundo os cientistas, de Galileu, Newton e Laplace até Einstein, a teoria, uma vez corretamente formulada, permitiria fazer uma dedução matematicamente rigorosa tanto para trás, para o passado, como para a frente, para o futuro. O sonho de todos os cientistas, de Galileu até Einstein, era encontrar a fórmula que permitisse deduzir absolutamente tudo. A *hybris* intelectual dos cientistas e sua predileção pela dedução *a priori* não eram, como se vê, menores que a *hybris* e a pretensão dos filósofos. As deduções universais de Fichte e de Schelling não são muito diferentes do sonho científico de Newton, de Laplace e de Einstein, que a partir de uma fórmula e de uma situação inicial pretendiam calcular e predizer rigorosamente todo o processo futuro. Foi Heisenberg, com seu princípio de incerteza, quem começou a restringir a força abrangente da dedução *a priori* na Física. Foi somente Ilya Prigogine quem, há não muitos anos, demonstrou a irreversibilidade dos processos dinâmicos dissipativos e introduziu, assim, em Química e Física, o elemento da historicidade, ou seja, o *a posteriori*. Depois de Prigogine, o cientista sabe, em princípio, que não pode deduzir tudo que vai acontecer. Isso, nós, filósofos, entrementes também aprendemos.

O que significa isso? Que tanto na dialética ascendente como na dialética descendente há sempre, além do *a priori*, um momento essencial e inarredável que é *a posteriori*. Ao sair do mundo empírico e subir, degrau por degrau, para os primeiros princípios, operamos com ambos os métodos, *a priori* e *a posteriori*. Os diálogos de Platão e a *Fenomenologia do Espírito* de Hegel, para citar só dois exemplos clássicos de dialética ascendente, estão cheios de elementos *a posteriori*. Que eu saiba, ninguém jamais os negou. A tentação e o problema, como para os cientistas, estão na dialética descenden-

CAUSALIDADE E AUTO-ORGANIZAÇÃO

te. Pode-se a partir dos primeiros princípios deduzir *a priori* todo o Universo? Fichte pensava que sim, o jovem Schelling pensava que sim. Hoje sabemos que isso não é possível. Não é possível porque o processo de evolução do Universo contém elementos contingentes, e o que é contingente, por definição, não pode ser deduzido *a priori* de princípios apenas formais.

Cientistas e Filósofos do século XX nem sempre sabiam da importância da contingência e, por isso, do *a posteriori*. Hoje sabemos. O Universo como totalidade em movimento precisa, pois, ser visto e estudado como um sistema de auto-organização, em que o elemento *a priori* se conjumina com o elemento *a posteriori*, como um sistema que muitas vezes nos surpreende com sua gigantesca criatividade, pois engendra coisas tão completamente novas que, estonteados diante da emergência do novo, voltamos ao dito de Sócrates com o qual começou a Filosofia: sabemos que nada sabemos.

Referências bibliográficas

DE CUSA, N. *De docta ignorantia*. P. WILPERT, H. G. SENGER (ed.) Hamburgo: Felix Meiner Verlag, 1979.

DRIESCH, H. *The Science and Philosophy of the Organism*. Aberdeen: Aberdeen University Press, 1908.

FICHTE, I. H. *Grundlage der gesamten Wissenschaftslehre — 1802*. Berlim: de Gruyter, 1871.

GELL-MANN, M. Smolin? Oh, is he that young guy with those crazy ideas? He may not be wrong! In: www.edge.org/3rd_culture/bios/smolin.html. Anais Eletrônicos.

HABERMAS, J. *Der philosophische Diskurs der Moderne*. Frankfurt am Main: Suhrkamp, 1985.

_____ . *Nachmetaphysisches Denken*. Frankfurt am Main: Suhrkamp, 1988.

HARAWAY, D. J. *Crystals, Fabrics and Fields: Metaphors of Organicism in Twentieth-Century Development Biology*. New Haven: Yale University Press, 1987.

HEGEL, G. W. F. *Wissenschaft der Logik*. In: *Werke*. MOLDENHAUER, E.; MICHEL, K. M. (ed.) Frankfurt am Main: Suhrkamp, 1983. v. 6.

LASZLO, E. *The Whispering Pond. A Personal Guide to the Emerging Vision of Science*. Boston, Mass.: Element, 1999.

LOVELOCK, J. *Gaia*. Nova York: Oxford University Press, 1979.

_____ . *Healing Gaia*. Nova York: Harmony Books, 1991.

LUHMANN, N. *Die Wissenschaft der Gesellschaft*. Frankfurt am Main: Suhrkamp, 1990.

MARGULIS, L. *Symbiosis in Cell Evolution*. São Francisco: Freeman, 1993.

MARGULIS, L.; SAGAN, D. *What Is Life?* Nova York: Simon & Schuster, 1995.

NICOLIS, G.; PRIGOGINE, I. *Exploring Complexity*. São Francisco: Freeman, 1989.

PLOTINUS. *Enneads*. Loeb Classical Library, Cambridge, Mass.: Harvard University Press, 1995.

PRIGOGINE, I. *The End of Certainty. Time, Chaos and the New Laws of Nature*. Nova York: The Free Press, 1997.

PRIGOGINE, I.; STENGERS, I. *Order out of Chaos*. Nova York: Bantam, 1984.

PROKLOS. *Elementa Theologiae*. DODDS, E. R. (ed.) Oxford: Clarendon, 1963.

SCHELLING, F. W. J. *Einleitung zu dem Entwurf eines Systems der Naturphilosophie (1799), Ausgewählte Schriften*. FRANK, M. (ed.) Franklfurt am Main: Suhrkamp, 1985.

SCHOPENHAUER. *Werke*. FRAUENSTÄDT, J.; HÜBSCHER, A. (ed.), 1948. v. 1.

SMOLIN, L. *The Life of the Cosmos*. Nova York/Oxford: Oxford University Press, 1998.

SPINOZA. Ethica. In: *Oeuvres Complètes*. CAILLOIS, R.; FRANCÈS, M.; MISRAHI, R. (ed.) Paris: Gallimard, 1954.

TOMÁS DE AQUINO. *Suma contra os Gentios*. Edição bilíngue. Mourão, O.; De Boni, L. Porto Alegre: Editora Sulina, 1990.

CAUSALIDADE E AUTO-ORGANIZAÇÃO

_____ . *Summa Theologica*. COSTA, R.; DE BONI, L.A. Porto Alegre: Sulina, 1980.

VON BERTALANFFY, L. An Outline of General System Theory. In: *British Journal of Philosophy of Science*, 1959. v. 1. p. 139-164.

_____ . An Outline of General System Theory. In: *British Journal for Philosophy of Science*, 1950. v. 1. p. 139-164.

_____ . *General System Theory. Foundations, Development, Applications.* Nova York: Braziller, 1969.

_____ . *General System Theory.* Nova York: Braziller, 1998.

_____ . *Nikolaus von Kues.* Munique: G. Müller, 1928.

_____ . Zur einer allgemeinen Systemlehre. In: *Blätter für deutsche Philosophie*, 3 /4 1945. In: *Biologia Generalis*, 1949, v. 19.

WIENER, N. *Cybernetics.* Cambridge, Mss.: MIT Press, 1961.

VIII. A Lógica como metalógica

Eduardo Luft

Seguindo o caminho inverso daqueles que compreendem
— e buscam atualizar — o projeto da *Ciência da Lógica*
como uma espécie de *hiperlógica* capaz de superar deficits
de reflexão da lógica formal e, possivelmente, fundar-se de
modo último, o presente artigo procura explorar o potencial
crítico desse clássico de Hegel. A *Lógica* hegeliana deveria
ser compreendida como uma metalógica que não nega, mas
radicaliza, a virada transcendental kantiana e, ao final, a
supera. Assim como a *Fenomenologia do Espírito* pode ser
concebida como uma metaepistemologia que reverte a epistemologia pura ou dogmática em uma abordagem que aprofunda e leva às últimas consequências a crítica da razão,[110] a
Lógica pode ser compreendida como a inversão da ontologia
e da lógica puras ou dogmáticas em uma abordagem dinâmica e crítico-reconstrutiva em que todos os pressupostos

---

[110]Cf. E. Luft, "A *Fenomenologia* como metaepistemologia", nesta coletânea.

EDUARDO LUFT

(lógico-ontológicos) intocados da argumentação se tornam problematizáveis. Por outro lado, se a ênfase hegeliana em uma fundamentação última do sistema do pensamento puro havia abafado esse potencial crítico da *Lógica*, a recusa da teleologia do incondicionado — típica do Conceito hegeliano — contribuirá decisivamente para sua liberação.

Da hiperlógica à metalógica

Em *Logik des Widerspruchs* (1932) R. Heiss deu origem às tentativas de conceber a dialética como uma lógica capaz de lidar com situações antinômicas. Para Heiss, as antinomias deveriam ser concebidas como um tipo de contradição infinita, um caso de autoaplicação negativa (de conceitos, proposições ou mesmo silogismos) em que a estrutura contraditória se autorreforça, dando origem a sempre novas contradições. Ora, um caso notório de autoaplicação negativa é o famoso paradoxo do "conjunto de todos os conjuntos que não contêm a si mesmos",[111] denunciado por B. Russell como residindo no âmago do projeto de Frege de formalização da Lógica. Se tais estruturas são recorrentes na linguagem (como sugere Heiss), ou mesmo recorrentes e inevitáveis no coração da lógica formal, então pareceria necessário e salutar o apelo a uma lógica dialética capaz de lidar com

---

[111]O conjunto de todos os conjuntos que não contêm a si mesmos contém ele a si mesmo ou não? Se ele não contém a si mesmo, então ele é um dos conjuntos que não contêm a si mesmos e, assim, contém a si mesmo. Se, por outro lado, ele contém a si mesmo, então ele é um daqueles conjuntos (que não contêm a si mesmos); logo, ele não contém a si mesmo. Essa oscilação contínua entre os valores de verdade "verdadeiro" e "falso" é típica de situações antinômicas em sentido estrito do termo. Não custa lembrar que o sentido de antinomia em Kant é outro, como veremos.

A LÓGICA COMO METALÓGICA

situações antinômicas. Seguindo a trilha inaugurada por Heiss, Kulenkampff interpreta a dialética hegeliana como um método para tratar do absoluto, a dimensão incondicionada que supostamente inere a todo sistema de filosofia, o que só poderia ser feito "[...] em forma de destruição, ou seja, em proposições que são ao mesmo tempo analíticas e sintéticas, que não dizem nada (proposição idêntica ou analítica) e ao mesmo tempo dizem algo, que ao não dizer afirmam algo, ou que são da seguinte forma: elas dizem que nada dizem — em antinomias".[112] Em D. Wandschneider a dialética é concebida como uma lógica fundamental que procura reconstruir sistematicamente as estruturas lógicas que estariam no coração de toda argumentação com sentido, o que envolveria inevitavelmente o tratamento de situações antinômicas.[113] Tais estruturas seriam "irretrocedíveis" (*unhintergehbar*) em todo discurso possível, e, nesse sentido, a autorreconstrução da lógica fundamental equivaleria à sua autofundamentação (última).[114, 115]

Seguindo um caminho diferente, que explora e aprofunda a leitura pragmática da contradição dialética inaugurada por Wieland,[116] Hösle inserirá métodos reflexivos de fundamentação última — que estariam no cerne da *Lógica*[117] e seriam

---

[112]Cf. Kulenkampff, 1970, 44.
[113]Deve-se mencionar também, nesse contexto, a obra de Bachmann, para quem a pressuposição incontornável do princípio da razão suficiente no cerne da lógica dedutiva conduziria a situações antinômicas que exigiriam um tratamento dialético (cf. Bachmann, 1998, sobretudo p. 156 ss. e 255 ss.)
[114]Cf. Wandschneider, 1995, 17-19.
[115]Para uma acurada análise da gama de pensadores que pensa a dialética como lógica das antinomias, cf. M.A. de Oliveira, 2004, 137 ss.
[116]Cf. Wieland, 1989.
[117]Cf. Hösle, 1988, p. 156 ss.

radicalizados na pragmática transcendental apeliana — no núcleo duro de seu projeto de superação do idealismo inter-subjetivo de Apel em um idealismo objetivo.[118]

Essa suposta concorrência entre dialética e lógica formal marcou época, alimentando expectativas de que uma abordagem reflexiva e autofundante em "lógica dialética" seria capaz de superar o deficit de reflexão da lógica formal, ou mesmo superá-lo, como vimos, em um discurso que, evitando o apelo a uma hierarquia infinita de níveis de linguagem ou tipos lógicos (Russell), dobrar-se-ia sobre si mesmo, fundando-se de modo último ou incondicional.

Não é o caso de negar que Hegel tenha defendido de fato o projeto de superação da lógica formal em uma lógica dialética responsável pela fundamentação última do saber. Pelo contrário, essa parece ser mesmo uma das pretensões centrais de sua *Ciência da Lógica*. Todavia, como foi dito em outro lugar,[119] defendo a tese de uma incompatibilidade entre essa exigência de fundamentação última e o potencial crítico que inere ao modo como Hegel desenvolve o projeto de realização de uma metacrítica da *Crítica* kantiana. É esse potencial crítico da *Lógica* de Hegel que eu gostaria de explorar no presente ensaio.

*

Sabemos que Hegel chegou aos poucos à sua concepção madura de uma *Ciência da Lógica*. No período de Iena, a lógica era concebida como uma ciência propedêutica

---

[118]Cf. Hösle, 1997, sobretudo p. 159 ss.
[119]E. Luft, 2001.

A LÓGICA COMO METALÓGICA

(à metafísica), que deveria realizar a crítica ao pensar do entendimento: "a partir desta terceira parte da lógica, ou seja, o lado negativo ou aniquilador da razão, será realizada a transição para a filosofia verdadeira ou para a metafísica."[120] A introdução de uma ciência crítica como propedêutica à metafísica tem um claro apelo kantiano. Não devemos nos esquecer que a *Crítica da Razão Pura* era vista pelo próprio Kant como uma ciência propedêutica. Possivelmente, o fator motivador para esse renovado diálogo com Kant tenha sido a constatação, por parte de Hegel, dos riscos inerentes ao projeto de renovação da metafísica conduzido, sobretudo, por Schelling, ao expandir o projeto de uma filosofia sistemática para além das restrições da filosofia transcendental. Hegel não negará a necessidade dessa expansão, mas levará a sério os riscos desse projeto, renovando o diálogo com a abordagem transcendental de Kant e Fichte.

Lembremos que o projeto kantiano de uma *Crítica da Razão Pura* não desembocará propriamente na eliminação da metafísica, mas em sua reconstrução no contexto de uma abordagem transcendental. A dialética transcendental tem, assim, duas faces complementares.[121] Em sua face negativa, o argumento de Kant inviabiliza todo juízo que tenha por sujeito lógico um conceito de totalidade ou uma *ideia* enquanto suposto *objeto de conhecimento*. Assim, as disciplinas da metafísica tradicional, sejam a metafísica geral (ontologia) ou as metafísicas especiais (teologia, psicologia

---

[120]Cf. Hegel, LM, p. 274.
[121]Cf. Krings, 1996.

e cosmologia), resultam impraticáveis como conhecimento objetivo. Conceitos como "ser", "deus", "alma" e "mundo", quando aplicados no contexto de juízos com pretensão de verdade, dão origem a antinomias — no sentido kantiano do termo, quer dizer, a juízos antagônicos e indecidíveis. Todavia, em sua face positiva, a dialética transcendental kantiana reelabora transcendentalmente os mesmos conceitos, dando origem a uma forma não antinômica de aplicação de conceitos de totalidade. O conceito de "mundo" não poderia ser aplicado no contexto de juízos com pretensão de verdade, mas poderia ser utilizado em *metadiscurso* como regra geral de generalização do pensamento: o físico, por exemplo, não apenas pesquisa esse ou aquele fenômeno natural, mas, seguindo a série causal, vai de fenômeno em fenômeno buscando abarcar a totalidade da série, em uma atividade que nunca tem fim. O cientista *visa*, portanto, a série dos fenômenos em seu todo, mesmo que dela nunca possa ter conhecimento objetivo. Esse *visar* é orientado pela regra de generalização implícita em metadiscurso, essencial para consumação do conhecimento objetivo. Do mesmo modo, "alma" não poderia ser objeto de conhecimento, mas é aquilo que, como conceito de totalidade, é visado ao aplicar-se a regra que, em metadiscurso, exige referir todo ato de pensamento à unidade transcendental do "eu penso". Por fim, se tudo o que pode ser conhecido é determinado por predicados, e todo ato de determinar pressupõe uma totalidade inesgotável de predicados possíveis, nenhum item pode manifestar-se como inteiramente determinado como objeto de conhecimento. Mas a ideia de um ser inteiramente determinado (ou "Deus") *regula* a atividade de determinar

A LÓGICA COMO METALÓGICA

via formação de juízos.[122] Veremos depois o papel decisivo que essa exigência de "determinação completa" exercerá na conceituação hegeliana da "ideia" como categoria primeiro-última do sistema do pensamento puro.

Hegel não negará, muito pelo contrário, aprofundará essa tese kantiana que é a chave-mestra da *virada transcendental*: todo pensamento legítimo sobre a totalidade se dá *pela mediação* de um pensamento reflexivo, um pensamento que tematiza suas próprias estruturas lógicas em metadiscurso. Todavia, ele tirará dessa virada kantiana no pensamento metafísico consequências imprevistas que solaparão as próprias bases da filosofia transcendental *a partir de dentro*.

Para a superação do mito do quadro referencial em lógica

Esse projeto de superação do dogmatismo da ontologia clássica *e* do deficit de reflexividade da própria filosofia transcendental é concretizado por Hegel em dois passos complementares: a) de um lado, a ontologia, enquanto teoria de máxima universalidade, exige a tematização reflexiva das estruturas lógicas do pensamento, ao menos como *momento* da própria teoria da totalidade; a nova metafísica deve, assim, comprometer-se com o aprofundamento do projeto moderno

---

[122] "Mas, sob essa posse total de realidade, é representado o conceito de uma coisa em si mesma como inteiramente determinada (*durchgängig bestimmt*), e o conceito de um *ens realissimum* é o conceito de uma entidade singular, pois, de todos os predicados opostos possíveis, apenas um só pertence a sua determinação, quer dizer, aquele de um ser em absoluto. É, portanto, um ideal transcendental que reside como fundamento da determinação completa (*der durchgängigen Bestimmung*), sendo necessário para todo existente, e forma a condição material mais elevada e completa (*vollständige*) de sua possibilidade, a que precisa ser reconduzido todo pensamento em geral de objetos quanto a seu conteúdo" (KrV, B 599 ss.).

EDUARDO LUFT

de uma reflexão do pensamento pelo próprio pensamento capaz de explicitar *criticamente* sua suposta logicidade intrínseca; b) por outro lado, essa própria tarefa, se radicalizada, deve trazer à luz do dia e pôr em crise o *mito do quadro referencial* em lógica, quer dizer, a suposição, ainda presente em Kant — e, na verdade, em boa parte da filosofia analítica contemporânea —,[123] de que a teoria da totalidade deve subordinar-se a uma estrutura lógica pré-dada e tida como referencial último de todo discurso com sentido.

Se a *Fenomenologia do Espírito* pode ser compreendida como uma metaepistemologia que combate a epistemologia pura,[124] a *Lógica* madura de Hegel deve ser entendida como uma metalógica que põe em xeque a ontologia e a lógica "puras" ou dogmáticas. O início do processo dialético mostra-se exatamente como o inverso de uma "hiperlógica": a dialética deve libertar o pensamento do pressuposto dogmático de quaisquer estruturas lógicas últimas, submetendo-as ao crivo da autocrítica da razão. O ponto de partida da argumentação de Hegel é o desfecho da abordagem transcendental: a nova metafísica deve não apenas rejeitar o tratamento da

---

[123]Sobre o deficit de reflexão presente na metafísica analítica contemporânea, especificamente na teoria dos mundos possíveis de D. Lewis, cf. M. Gabriel (2011, p. 119 ss.).

[124]Em artigo de 2006 (cf. E. Luft, "A *Fenomenologia* como metaepistemologia", nesta coletânea), aventei a ideia de que a *Fenomenologia do Espírito* pode ser concebida como uma metaepistemologia que desfaz as pretensões da epistemologia pura (ou dogmática), mostrando que não pode haver nenhum *critério de validação* prévio que possa servir de referência para a resolução de disputas filosóficas, ou seja, não pode haver nenhum Tribunal da Razão imune à dúvida filosófica. A *Fenomenologia* hegeliana pode ser considerada, assim, um aprofundamento e superação da filosofia crítica de Kant. Quero propor agora uma tese análoga para a *Ciência da Lógica*, que deveria ser concebida como uma metalógica que radicaliza o projeto kantiano de superação da ontologia pura (ou dogmática) e, ao mesmo tempo, conduz à superação da própria filosofia transcendental.

A LÓGICA COMO METALÓGICA

totalidade como *objeto*, tematizando-a sempre pela mediação de metadiscurso, mas, mais do que isso, deve demonstrar que, perante a postura reflexiva, nenhuma determinação do próprio pensamento deve ser *tomada como algo meramente dado*, sem problematização. Agora é a própria lógica "pura" ou dogmática que passa a ser alvo de ataque: a *Ciência da Lógica*, enfatizará Hegel, "não pode pressupor nenhuma dessas formas da reflexão ou regras e leis do pensamento, pois elas constituem parte de seu próprio conteúdo, e só em seu interior podem ser fundamentadas".[125]

Como a *Fenomenologia do Espírito* ou a *Filosofia do Direito,* a *Lógica* é construída *ao revés*, quer dizer, a verdade almejada não reside no começo, mas é obtida apenas ao final do longo processo de autoexame crítico do pensamento pelo próprio pensamento. Daí a crítica de Hegel a Kant: a teoria do juízo clássica postula uma certa estrutura lógica, qual seja, a estrutura de sujeito e predicado — *e* a contrapartida ontológica (no caso de Kant, *fenomênica*) de um modelo substancialista que a ela inere —, que, antes de ser meramente pressuposta (como ocorre na *Crítica da Razão Pura*), deveria ser explicitada e tematizada criticamente. Ao realizar essa tarefa de autocrítica do pensamento a *Ciência da Lógica* pode liberar-se do dogma da "razão pura".

*

Já em sua primeira tríade conceitual, a *Ciência da Lógica* se mostra como a dissolução da ontologia pura (ou dogmática) em uma teoria crítico-reflexiva. A categoria "ser" não

---

[125]Cf. Hegel, WL, 5, p. 35.

é nem um conceito que denota a totalidade (do que há e do que pode haver), nem o predicado de um juízo (ou, diríamos hoje, uma proposição) que denota tal totalidade. "Ser" é o alvo de um pensamento que visa a expressão de suas próprias estruturas lógicas (as "determinações de pensamento" ou, mais simplesmente, "categorias") como uma *totalidade completa de sentido*, mas falha nesse intento.

Não seria errôneo dizer que Hegel antecipa, aqui, a virada linguística na filosofia: a atividade de pensamento se dá exclusivamente na esfera da linguagem, e não em uma ambígua dimensão em que se correlacionam faculdades diversas, uma intuitiva (sensibilidade), outra discursiva (entendimento e razão), como em Kant. O núcleo do sistema de filosofia estrutura-se, assim, não a partir de uma psicologia transcendental, mas no contexto de uma semântica sistemática, segundo a terminologia utilizada por Puntel (1977), ou do que hoje poderíamos denominar sem receio, a partir dos desdobramentos da interpretação analítica da filosofia hegeliana em Brandom,[126] de semântica (relacional) expressivista (em contrapartida a uma semântica denotacional).

"Ser" não é apenas a primeira tentativa de expressão plena do pensamento pelo próprio pensamento, mas a primeira tentativa *falha* desse tipo. A cada tentativa o pensamento busca se expressar plenamente nessa ou naquela categoria, mas realiza um ato unilateral que, ao trazer à tona um sentido específico, exclui simultaneamente aquele sentido que é seu complemento necessário. Ao afirmar "ser" como uma totalidade suficiente de sentido, que preenche o campo semântico almejado em seu todo, excluímos o sentido de

---

[126]Cf. Brandom, 1998.

A LÓGICA COMO METALÓGICA

"nada" da esfera das expressões de pensamento; todavia, como "nada" é o complemento necessário do sentido de "ser", nosso ato de expressão, ao totalizar "ser", se auto-cancela. A mesma unilateralidade torna autocontraditória a tentativa de expressão de "nada" como uma totalidade de sentido. A categoria "ser" só encontra seu primeiro sentido determinado ao supor e diferir semanticamente da categoria "nada", ambas concebidas como momentos constitutivos do campo semântico de "devir". Em um segundo momento, também "devir" emergirá em sua unilateralidade, resultando em nova contradição e em nova tentativa de superação do impasse. O mesmo ocorrerá com todas as demais categorias, com exceção daquela em que todo esse processo dialético se consuma, quer dizer, com a "ideia absoluta".

O ato contínuo de pôr, desfazer e reconstruir, expressar e reexpressar as categorias filosóficas legadas pela tradição dá à *Lógica* hegeliana talvez seu aspecto mais característico e inovador. Além de ser uma lógica, uma ontologia e uma teologia, a *Ciência da Lógica* de Hegel é uma *história crítica das ideias filosóficas*. A tese da existência de uma certa correlação[127] entre a história concreta da filosofia e o desenvolvimento lógico do Conceito permite a Hegel desenvolver uma abordagem de autofundamentação do saber filosófico compatível com sua antiga exigência de que toda crítica filosófica legítima tem de ser imanente. Na ausência de qualquer referencial externo a que se possa apelar para resolver disputas entre sistemas filosóficos rivais, na ausência

---

[127] "O mesmo desenvolvimento do pensamento apresentado na história da filosofia será exposto na própria filosofia, mas livre de toda aquela exterioridade histórica, *de modo puro no elemento do pensar*" (Enz, I, p. 59).

de qualquer suposto Tribunal da Razão kantiano, a pretensão de fundamentação última hegeliana só seria factível ao *englobar e superar a partir de dentro todas as posições rivais que podem ser ditas filosóficas*. Nenhum princípio lógico está imune à força dissolvente da história das ideias e ao confronto entre filosofias rivais que a ela inere.

Imersos no terreno pantanoso de uma história das ideias que se desdobra na imanência da esfera lógica, os conceitos dialéticos ganham a sua iridescência própria, para falar com Findlay,[128] sua equivocidade semântica. Desconfortável sim, mas não propriamente patológica, já que a voz de Hegel se faz ouvir entre todo esse jogo de contrastes e se torna cada vez mais discernível quanto mais nos aproximamos da cena final. De todo modo, nenhuma estrutura do pensamento que se visa expressar é meramente pressuposta no ato mesmo de expressão. E como toda suposta estrutura lógica do pensamento é posta e desfeita *juntamente* com o pôr e o desfazer de todas as nossas suposições ontológicas, *não pode haver qualquer lógica pura ou imune às injunções e trejeitos do pensar ontológico*. Com Hegel, a santa paz do doce altar transcendental é abalada, e o discurso algo histriônico daqueles que haviam transformado a história da filosofia em um infinito e, para Kant, intolerável "campo de batalha",[129] volta a ressoar na esfera inteligível.

O processo de autoexpressão do pensamento é, simultaneamente, um processo de autocrítica e autocorreção. Aqui reside, a meu ver, o potencial crítico[130] da *Lógica* hegeliana,

---

[128]Cf. Findlay, 1977, p. 300.
[129]Cf. KrV, B XV.
[130]Sobre o potencial crítico da *Lógica*, cf. o clássico de Theunissen (1994).

A LÓGICA COMO METALÓGICA

compreendida como uma crítica da razão ampliada e aprofundada. Não se quer negar, contudo, que Hegel via em sua *Lógica* muito mais do que a autocrítica da razão: a autoexpressão do pensamento em determinações de pensamento, a manifestação de contradições e a reexpressão de determinações de pensamento anteriores em novas redes semânticas, enfim todo esse processo dialético é concebido por Hegel como um movimento necessário em direção à plenificação do *lógico*, quer dizer, um processo que desembocaria na suposta fundamentação última do "sistema do pensamento puro", como veremos agora.

Passagem, aparecer, desenvolvimento

Não pretendo aqui, por óbvio, fazer uma exaustiva reconstrução da *Lógica* de Hegel, mas sim apresentá-la em seus traços mais gerais, de tal modo que o projeto global nela exposto possa ser trazido à luz. Três são as fases ou momentos da atividade de autoexpressão do pensamento: a *passagem,* o *aparecer* e o *desenvolvimento.*

Os primeiros passos da *Lógica* expõem e dissolvem a semântica denotacional e atomista (substancialista) que reside no cerne da metafísica clássica, transmudando-a em uma semântica expressivista e relacional: as categorias têm seu sentido dado não pelo fato de denotarem algo no mundo — ou o mundo mesmo como um suposto objeto metafísico —, mas pelo fato de serem coexpressas junto com outras categorias em dadas configurações semânticas. Em um segundo movimento, Hegel exporá e dissolverá a própria semântica relacional *enquanto* pervadida pelo deficit da má infinidade. Se *toda determinação* (no caso, determinação de sentido) *supõe relação*, então uma dada categoria, digamos A, só poderia estar determinada sob o pressuposto de que alguma outra determinação de pensamento, digamos B, estivesse também determinada, e a determinação de B dependeria da determinação de C etc. O resultado seria a queda em uma série sem-fim de sempre novas relações, uma situação de que se torna refém também o "devir", ao tornar-se explícita sua determinação como "ser-aí" (*Dasein*), e assim também o seu condicionamento por outras categorias a ele externas.

A solução hegeliana para o impasse já foi claramente antevista por Platão: toda teoria relacional de determinação do pensamento (ou do ser) supõe o holismo. Em Platão, o que diferencia a esfera inteligível da esfera sensível é justamente o fato de que, naquela, a cadeia de determinações relacionais não se perde no infinito: ideias não se determinam por uma cadeia de determinações sem-fim, mas se codeterminam como momentos de uma *configuração de ideias*; por sua vez, configurações de ideias se codeterminam pela configuração de todas as configurações que é a própria esfera inteligível. No mundo sensível ocorreria justamente o contrário: pela falta de uma estrutura vinculante e autorreferente, a série de determinação dos fenômenos se estenderia sem contenção, e geraria o caos ou a desordem, o que só não ocorre devido à participação dos fenômenos na força estruturadora da ideia.

Hegel defende posição semelhante: toda categoria só se determina semanticamente como momento de uma rede categorial autorreferida ou uma dada *configuração semântica autocoerente*. Não há nenhum ser-em-si sem a copresença de um ser-para-outro, nem nenhum ser-para-outro sem a copresença de um ser-para-si. Toda semântica e ontologia relacionais *pressupõem* o holismo. Salta, assim, aos nossos

A LÓGICA COMO METALÓGICA

olhos, o princípio minimalista de determinação constitutivo de toda teoria dialética, de Platão a Hegel, o princípio da coerência: "Só o coerente permanece determinado."

*

Todavia, ao expressar as configurações semânticas em redes de determinações de pensamento concebidas como estruturas puramente formais ou *quantificáveis*, o processo dialético se desfaz novamente em contradições. Todo pensar puramente formal pressupõe regras externas que não podem ser tematizadas (ou constituídas) no interior da própria estrutura formal. Dado esse deficit originário, a *medida* (o padrão pressuposto pela atividade de quantificação) é tida, ela mesma, como pura possibilidade; alterações *possíveis* nas regras de quantificação desfazem a *medida* na *desmedida*. Hegel dialoga aqui criticamente com toda aquela parte da tradição ocidental que é seduzida pela perspectiva de reduzir o pensamento, em sua dimensão profunda, a estruturas lógicas que poderiam ser inteiramente formalizadas, ou melhor, quantificadas.

A *lógica do aparecer* (*Doutrina da Essência*) radicaliza o movimento anterior: a *desmedida* é potencializada no *aparecer,* que desfaz todas as configurações de pensamento em puras possibilidades (não há "essências" do pensamento, não há "estruturas profundas imutáveis" a que se possa recorrer na tarefa de autoexpressão do pensamento). Não por nada, Hegel se porá, na rodada formal da dialética das modalidades, em diálogo com Leibniz e sua exigência de apenas dois princípios metafísicos que preencheriam a totalidade do pensável: o princípio da identidade e o princípio da razão suficiente. Transferida à rodada real, essa estrutura bipartite

EDUARDO LUFT

leibniziana também será dissolvida ao tornar-se refém de
regresso ao infinito. Restará, na rodada absoluta, apenas
aquele resíduo mínimo de logicidade que já denominamos
"princípio da coerência". Não há nenhuma determinação de
sentido sem relação, e nenhuma relação sem a copresença de
uma rede autodeterminante ou uma *configuração* semântica
estável. Essa exigência mínima de coerência é, assim, a configuração de todas as configurações de pensamento, a única
"estrutura profunda do pensamento", por assim dizer, ou o
próprio Conceito.

Se o potencial crítico da metalógica hegeliana transparece
em plenitude nas Doutrinas do Ser e da Essência, é na Doutrina
do Conceito que a metalógica deveria transmudar-se em uma
hiperlógica. Nessa *lógica do desenvolvimento*, todas as determinações de pensamento prévias são reexpressas e novamente
determinadas como *manifestações* do processo de autodeterminação do pensamento. Determinações de pensamento se
expressam, agora, em redes de pensamento configuradas como
conceitos (na forma da dialética entre universal, particular
e singular). Conceitos se expressam, por sua vez, em redes
conceituais ou juízos (diríamos hoje, proposições) e juízos se
expressam em silogismos (ou, diríamos, inferências). Chegamos ao ápice da *Lógica*: os tipos de silogismo *complexificam*
aquela estrutura mínima da exigência de coerência a que me
referi anteriormente. As diversas maneiras em que se articulam
"universalidade", "particularidade" e "singularidade" nos
silogismos deveriam explicitar os *modos* de manifestação do
Conceito que preencheriam o "espaço lógico"[131] como *momen-*

---

[131]Mais sobre esse conceito ao final do presente ensaio. Para o conceito de "espaço
lógico" em Hegel, cf. K. Utz, *Espaço Lógico e Tempo Lógico* (no prelo).

A LÓGICA COMO METALÓGICA

tos do processo de autodeterminação do Conceito em direção a sua expressão plena e completa determinação.

Esse processo de autodeterminação assume, ao final da *Lógica*, os traços característicos do que denomino *teleologia do incondicionado*. Não apenas o fim, mas todos os atos de pensamento prévios que conduzem ao fim almejado, desde o primeiro ato que visava expressar o "ser" como determinação de pensamento e se desdobrava no "devir", são agora concebidos como momentos necessários, prefigurações necessárias do Conceito hegeliano. Deve-se a esse tipo específico de teleologia (imanente), portanto, o fato de que o fim do devir dialético, compreendido como a plenificação do Conceito, *e* as mediações necessárias que conduzem a esse estado de acabamento são predeterminados pelo próprio Conceito.

*

A essa altura poderíamos perguntar, claro, por que, afinal de contas, deveríamos aceitar a teoria hegeliana das estruturas lógicas do pensamento e a semântica expressivista e holística a ela associada. E, mais, por que deveríamos aceitar a tese de que essa estrutura lógica do pensamento é a estrutura lógica do ser em geral (de tudo o que há ou pode haver); como extrair de uma teoria meramente reflexiva do pensamento sobre o próprio pensamento uma teoria da estrutura lógica do mundo, como desdobrar a *metalógica* em uma *metafísica* geral ou ontologia?[132]

---

[132]"Ontologia" entendida, aqui, como teoria de máxima universalidade, teoria de tudo o que há ou pode haver, e não apenas como teoria das determinações de pensamento expressas na Doutrina do Ser hegeliana.

EDUARDO LUFT

À primeira questão, Hegel provavelmente responderia que não se trata, na *Lógica*, apenas de uma autocrítica da razão, mas da fundamentação última do sistema do pensamento puro. O resultado seria, assim, imune à dúvida cética e, nesse sentido, necessariamente vinculante (a crítica a essa tese hegeliana será explicitada logo abaixo). À segunda questão, Hegel provavelmente responderia em dois passos, em dois movimentos de ampliação do *lógico*, da estrutura lógica do pensamento. A primeira ampliação é *intralógica*, quer dizer, as figuras do silogismo não são vistas ainda como a expressão plena do pensamento, o que conduz a novas contradições e novos movimentos de determinação do pensamento que resultariam na reexpressão das estruturas lógicas subjetivas em estruturas lógicas objetivas (na transição da "subjetividade" à "objetividade"). As estruturas lógico-silogísticas desdobram-se em estruturas objetivadas no mecanismo e na teleologia, elevadas acima da objetividade na vida e no conhecer e, por fim, tornadas absolutas na "ideia absoluta". O Conceito, em sua expressão plena, é Conceito efetivado ou Ideia. Na "ideia" encontraríamos o desfecho de toda *Lógica*, ou seja, aquela determinação de pensamento que, reexpressando todas as determinações de pensamento anteriores — da menos determinada à mais determinada das categorias —, consolida e plenifica o ato de autoexpressão do pensamento. Temos, enfim, um pensamento completo e acabado. O leitor atento perceberá que essa ideia de completude é a realização, na esfera inteligível, da determinação completa que Kant considerava apenas como a "ideia reguladora" de Deus, sempre referida em metadiscurso, mas jamais concretizada. A "ideia absoluta" hegeliana deveria, portanto, consumar

A LÓGICA COMO METALÓGICA

na esfera inteligível ou lógica o que Kant concebera como inconcebível. Nisso reside o porquê de se poder atribuir à *Lógica* a pretensão de ser uma teologia, embora, claro, apenas sua primeira aparição, desenvolvida e complexificada na filosofia do espírito absoluto enquanto efetivação suprema da ideia lógica.

A segunda ampliação é, de algum modo, extralógica, já que envolve o famoso e problemático apelo ao "deixar-se sair livre de si" da ideia na esfera real. Hegel paga, aqui, o caro preço do dualismo entre *esfera lógica* e *esfera real* que era, ao mesmo tempo, condição necessária para sua almejada fundamentação última do sistema das determinações de pensamento. Afinal de contas, é só no círculo fechado da ideia que a contingência do ponto de partida da *Lógica* pode ser superada, e só na extrusão da contingência para a esfera real, para aquele âmbito do sistema de filosofia no qual a manifestação do Conceito nunca será plena, pode Hegel encontrar recurso para viabilizar a ideia de um ponto de partida em geral.

Sobre a liberação do potencial crítico da metalógica e sua nova posição no projeto de sistema

Desenvolvi em outro lugar[133] a seguinte crítica imanente ao projeto hegeliano de consumação do processo dialético na fundamentação última do sistema de filosofia: a) se a expressão plena do pensamento pelo próprio pensamento não se consuma, a *Lógica* não se funda de modo último — e não difere, nesse sentido, da própria *Fenomenologia* em seu deficit

---

[133]E. Luft, 2001.

EDUARDO LUFT

de fundamentação; b) todavia, se tal expressão se consuma, nenhuma nova contradição é possível e tampouco é possível o processo de superação de contradições que é o cerne da própria dialética: a dialética hegeliana, assim consumada, se desfaz; c) o círculo lógico, livre de contradições potenciais, é a contínua reexpressão tautológica da própria ideia como estrutura lógica, e a dialética hegeliana desemboca em um círculo vicioso.

Para responder a essa crítica, que na verdade é resultado da unificação de três objeções clássicas a Hegel[134] em uma mesma crítica interna ao sistema dialético, precisamos abandonar a *teleologia do incondicionado* inerente ao Conceito hegeliano. A recusa da teleologia do incondicionado acarreta ao menos três mudanças estruturais profundas no projeto de sistema de filosofia, redefinindo as funções da metalógica no contexto de uma ontologia dialética renovada.

*

A primeira alteração estrutural no projeto de sistema diz respeito ao colapso do dualismo entre *Lógica* e *Fenomenologia do Espírito*. Sem a teleologia do incondicionado não há fundamentação última do conhecimento. Não havendo fundamentação última, a diferença estrita entre uma ciência que visa o saber absoluto (*Fenomenologia*) e outra que o consuma (*Lógica*) não se sustenta. O antifundacionismo implícito na tese hegeliana de que não há crítica externa

---

[134]As acusações de deficit no tratamento da contingência (Schelling tardio) e da liberdade (Kierkegaard), além da objeção de dogmatismo (Feuerbach). Cf. E. Luft, 2001, p. 67 ss.

A LÓGICA COMO METALÓGICA

legítima em filosofia, tema caro ao filósofo desde os tempos de Iena, é agora aprofundado e expandido em um falibilismo generalizado.

Denomino *falibilismo generalizado* aquela posição em epistemologia que brota da recusa de dois mitos fundadores da filosofia crítica (empirista ou transcendental): a) de um lado, a recusa do mito do dado,[135] que parte da suposta neutralidade teórica da base empírica para afirmá-la como o lugar privilegiado do exercício da dúvida (nesse caso, o falibilismo popperiano pode ser considerado um *falibilismo restrito* justamente por tratar a refutação empírica como o lugar privilegiado da crítica);[136] b) de outro, a recusa do mito do quadro referencial em lógica, a suposição de que toda crítica parte do apelo a um quadro de regras ao mesmo tempo pressuposto pelo exercício da dúvida e a ela imune (como vimos, o Tribunal da Razão kantiano é aqui um caso típico).

Como sabemos, a *Fenomenologia* de Hegel é referência quando se trata de banir o mito do dado, ao insistir na tese de que, como reforça McDowell, "o conceitual não tem limites externos".[137] Gostaria, todavia, de acentuar a importância de Hegel para a superação do segundo dos mitos mencionados. A meu ver, um dos maiores legados da *Ciência da Lógica* é enfatizar que nossas mais profundas convicções em lógica não estão menos abertas à disputa e à problematização do que nossas mais superficiais convicções em ontologia: todo o

---

[135]Sobre o mito do dado, cf. Sellars, 2008, p. 18 ss.
[136]Mesmo reconhecendo em Popper uma das primeiras versões contemporâneas da crítica ao mito do dado (cf. Popper, 1994, p. 61: "toda proposição [E.L.: mesmo as 'proposições protocolares' dos positivistas lógicos] tem o caráter de uma teoria, uma hipótese").
[137]McDowell, 2005, p. 120.

EDUARDO LUFT

saber humano está exposto àquele "campo de batalha" que Kant julgara superável por seu Tribunal da Razão.

A defesa de um falibilismo generalizado que se aplicaria mesmo à lógica parece ter sido um legado importante de Quine, para quem "as leis lógicas são os enunciados mais centrais e cruciais de nosso esquema conceitual, e por essa razão são os que se encontram mais protegidos de revisão pela força de nosso conservadorismo; contudo, e de novo devido à sua crucial posição, são as leis cuja adequada revisão resultaria na mais radical simplificação de todo o nosso sistema de conhecimento".[138] Mas há um ensinamento ainda mais abrangente a ser obtido da *Ciência da Lógica*: para Hegel, não apenas toda ontologia remete a uma lógica (mesmo que implícita), mas toda lógica remete por sua vez a uma ontologia. Se podemos agradecer a Quine a ruptura com o mito do museu em semântica,[139] deveríamos agradecer a Hegel por haver superado o mito do quadro referencial em lógica. Afinal, a famosa tese da relatividade ontológica de Quine[140] *pressupunha* uma enganosa identificação entre teoria de objetos e ontologia[141] e a direta subordinação desta

---

[138]Quine, 1993, p. 18.

[139]"Semântica acrítica é o mito de um museu no qual o que se exibe são os significados e as palavras são rótulos" (Quine, 1968, p. 186). Há uma evidente associação entre a crítica à teoria do museu em semântica e a crítica à teoria do museu em biologia: ambas representam um ataque direto ao essencialismo associado à teoria das ideias do primeiro Platão (para a crítica do mito do museu em biologia, cf. Luft, 2010, p. 88).

[140]Cf. Quine, 1968.

[141]De fato, só essa identificação quiniana entre teoria de "objetos" – entendidos como construtos teóricos – e ontologia torna plausível a noção de uma "relatividade ontológica", quer dizer, um condicionamento desses construtos pelo quadro teórico (e sua lógica própria), de tal modo que uma alteração do quadro teórico teria por consequência necessária a alteração da "ontologia" a ele associada. Mas, sendo a ontologia uma teoria do *ser enquanto ser*, uma teoria de máxima

A LÓGICA COMO METALÓGICA

a um quadro teórico (e à lógica a ele associada) pressuposto (mesmo que problematizável), quando, na verdade, o vínculo recíproco entre lógica e ontologia dissolve toda tentativa de sua tematização unilateral. Sobre esse ponto, os antigos filósofos têm ainda muito a nos ensinar: nem a teoria das ideias de Platão (ou sua teoria madura dos primeiros princípios) é uma mera teoria de objetos, nem a teoria da substância de Aristóteles pode ser qualificada desse modo. A teoria do *ser enquanto ser*, por sua estrita universalidade, envolve necessariamente uma teoria reflexiva do pensamento sobre o pensamento — o que de fato mesmo uma breve análise do *Sofista* de Platão ou da *Metafísica* de Aristóteles deveria deixar claro. Se a ontologia em Kant (ou de Kant a Quine) transformara-se em mera "teoria transcendental de objetos" ou "fenomenologia", em Hegel a ontologia não apenas volta a reivindicar sua pretensão de máxima generalidade, de verdadeira *teoria da totalidade*, mas vê-se indissoluvelmente ligada a uma radicalização da atividade crítica. Lógica e ontologia se supõem mutuamente, e ambas se expõem por igual à força dissolvente do embate entre teorias de totalidade ou filosofias rivais no fluxo dinâmico da história das ideias.

Todavia, se em Hegel a generalização da crítica pela ênfase no caráter incontornável do confronto filosófico no devir histórico resultou enfraquecida devido ao apelo a um *telos* incondicional inerente ao desdobramento do Conceito (na história concreta da filosofia e em sua contrapartida lógica na *Ciência*

---

universalidade, uma teoria do todo, que sentido teria a tese da relatividade ontológica? Para antecipar o uso de termos que empregarei logo a seguir, no corpo do texto, a "relatividade ontológica" torna-se plausível apenas a partir da *postura epistemológica*, mas não faz qualquer sentido se pensada a partir da *postura ontológica* propriamente dita.

da Lógica), a recusa da teleologia do incondicionado tenderá a fazer desabrochar esse potencial crítico da metalógica.

*

Liberado da pretensão de fundamentação última, o presente projeto de sistema pode ser observado a partir de duas posturas complementares: de um lado, seguindo todas as consequências do falibilismo generalizado, podemos assumir uma *postura epistemológica*, considerando a presente ontologia dialética deflacionária (exposta logo a seguir) como *uma teoria filosófica entre outras possíveis*, avaliando sua plausibilidade ao confrontá-la com teorias alternativas, testando sua capacidade de responder a problemas filosóficos relevantes ou sua força de articulação com os outros ramos do saber humano; de outro lado, podemos assumir uma *postura ontológica*, examinando as consequências da adoção da ontologia deflacionária para as diversas esferas do sistema de filosofia, inclusive para a própria epistemologia, quer dizer, tornando explícito o vínculo indissolúvel entre ontologia deflacionária e falibilismo generalizado. Em vez da tentativa hegeliana de dissolver a epistemologia em uma metafísica fundada de modo último — quer dizer, superar o deficit de fundamentação da *Fenomenologia* pelo saber absoluto autofundado da *Lógica* —, uma dialética renovada deveria propor a complementaridade tensa e dinâmica entre a postura ontológica — a partir da qual almejamos expressar discursivamente a totalidade de tudo o que há e é possível — e a postura epistemológica — a partir da qual constatamos a precariedade de todo saber possível. Pretendemos dizer o todo, mas o fazemos sempre tentativamente.

A LÓGICA COMO METALÓGICA

A metalógica assume, a partir da postura epistemológica, a função decisiva de colaborar para o aprofundamento do falibilismo mediante a crítica ao mito do quadro referencial em lógica. A consequência drástica da adoção de um falibilismo generalizado é a ruptura com qualquer tentativa de garantir uma "esfera pura" de investigação filosófica. Não há teorias filosóficas imunes à crítica oriunda seja de outras abordagens filosóficas, seja das ciências particulares. Valendo, por outro lado, também o inverso: se das diversas filosofias esperamos que realizem o seu *potencial de imanência*, a sua capacidade de *articular-se* com todos os demais saberes como um momento no grande mosaico do saber humano, desejamos das ciências particulares que reencontrem em seu âmbito pistas de sua pertença ao quadro geral do saber e efetivem o seu potencial de autotranscendência, a sua capacidade de abertura para horizontes mais amplos da elaboração teórica e do exercício da crítica.

*

A segunda mudança estrutural pode ser observada a partir da postura ontológica: sem a presença da teleologia do incondicionado, a dicotomia, entre uma esfera em que o Conceito se plenifica e se libera radicalmente da contingência — a esfera lógica — e outra onde isso nunca ocorre em definitivo — a esfera real —, se desfaz. Tal colapso tem uma implicação dupla: a) de um lado, o idealismo objetivo é revertido em um *idealismo evolutivo*,[142] o princípio dialético minimalista

---

[142]Termo cunhado em conjunto com C. Cirne-Lima em conversa pessoal e que me parece hoje melhor para designar essa oposição antagônica ao idealismo objetivo do que o anterior "ideal-realismo", pois busca ir além da tensão inconciliável entre sujeito e objeto (subjetividade e natureza) inerente ao termo proposto pelo jovem Schelling.

(princípio da coerência) é pura e simplesmente o modo de organização (ou configuração) dos sistemas em geral,[143] e do próprio universo concebido como sistema evolutivo; b) de outro lado, a tese da identidade estrutural entre o ser e o pensamento, a tese de que o princípio da coerência não é apenas princípio do pensamento em geral (ou do discurso humano em geral), mas princípio de tudo o que há ou é possível, não pode se realizar nos dois passos almejados por Hegel (quer dizer, na sua fundamentação última em uma metalógica desdobrada em hiperlógica e, por fim, na problemática ampliação da logicidade do Conceito à esfera real); a plausibilidade dessa ontologia dialética renovada só pode se dar via *articulação* da metalógica (entendida como teoria geral dos modos de expressão do discurso humano) com as ciências da linguagem, e, por fim, pela articulação destas com todas as outras ciências particulares, configurando-se um desejado mosaico coerente de saberes,[144] ainda assim exposto à criticidade radical que emana do potencialmente infinito diálogo intersubjetivo da história do saber humano.

Tenho defendido a ideia de que a ontologia deflacionária pode ser efetivada por duas vias aparentemente antagônicas, mas complementares[145]: a) podemos, por um lado, explorar o potencial de imanência (cf. a figura na página 319) de uma dialética renovada (dialética descendente), seja acompanhando as críticas de Platão à teoria das ideias no diálogo *Parmênides* e seu desenlace em uma nova ontologia (deflacionária) no *Filebo* ou as objeções anteriormente expostas à filosofia dialética de

---

[143]Para a articulação entre dialética e teoria de sistemas, cf. Cirne-Lima (2006).
[144]O que E. Wilson (1999) chama de *consiliência*.
[145]Para maiores detalhes sobre este ponto, c.f. p. 315ss.

A LÓGICA COMO METALÓGICA

Hegel e suas consequências deflacionárias; b) por outro lado, podemos explorar o potencial de autotranscendência das ciências particulares, acompanhando o movimento de disseminação da abordagem dialética (não nomeada) presente na teoria de sistemas adaptativos complexos, que, de sua origem (Bertalanffy) e aprofundamento (Kauffman) na biologia, rapidamente se espalha para as demais ciências (economia: B. Arthur; cosmologia: L. Smolin; ciências da linguagem: Solé *et al*).

O leitor atento não deixará de notar que, até agora, a presente exposição da metalógica tem seguido a via descendente: assumindo a postura epistemológica, partimos da radicalização da crítica hegeliana ao mito do quadro referencial em lógica via recusa da teleologia do incondicionado, aprofundando e superando a abordagem hegeliana em um falibilismo generalizado. Vista, todavia, a partir da postura ontológica, a nossa caminhada segue o caminho inverso: a teoria do espaço lógico que, a partir da vigência irrestrita do princípio da coerência, se desdobra como campo de todos os modos possíveis de expressão do pensamento, busca expandir-se como teoria do espaço lógico-ontológico. Destronada de qualquer vínculo com uma hiperlógica, a metalógica *transmuda-se* em uma *ontologia da linguagem* e serve como ponto de partida de uma dialética ascendente.

*

Como tem demonstrado com clareza Paul Redding,[146] Hegel antecipa desdobramentos futuros da filosofia analítica com sua ênfase na defesa de uma semântica relacional. Uma

---

[146]Cf. Redding, 2011.

característica crucial da nova lógica, em oposição à lógica dos termos dos antigos, é o princípio do contexto de Frege, a tese de que o sentido não se dá em conceitos isolados, mas em redes conceituais determinadas na forma da proposição. A essa reinterpretação da lógica está associada uma reinterpretação da ontologia: se para os antigos termos ou conceitos denotavam objetos ou propriedades (a teoria da substância em Aristóteles), para Wittgenstein, seguindo a trilha inaugurada por Frege, proposições denotam fatos: "o mundo é a totalidade dos fatos, não das coisas", dirá o *Tractatus* (1.1). Como vimos, Hegel dá um segundo passo: o sentido pleno de um juízo (uma proposição) não é dado pela *denotação* de fatos, mas por sua *expressão* completa mediante sua articulação em silogismos (ou inferências).

Na filosofia analítica contemporânea, esse segundo passo tem sido dado por Brandom: se conceitos só têm sentido quando articulados em proposições, estas, por sua vez, ganham sentido enquanto articuladas em configurações de proposições ou *padrões inferenciais*. A grande diferença aqui, a principal inovação trazida pela virada pragmática na filosofia da linguagem, vem da crítica à semântica abstrata. Em Hegel, notoriamente o ápice da determinação de sentido coincide com a plenificação do Conceito em uma semântica relacional e expressivista *abstrata*, quer dizer, em uma teoria do pensamento puro. Mas a teoria do pensamento puro colapsou junto com a ruptura do projeto de fundamentação última da *Lógica* decorrente do abandono da teleologia do incondicionado. Torna-se inviável, assim, o projeto de consumação da metalógica em uma hiperlógica. Em Brandom, pelo contrário, os padrões inferenciais de que brota o sentido são padrões intersubjetivamente partilhados em práticas discursivas (bem pensada, *a semântica conduz a uma pragmática*).

A LÓGICA COMO METALÓGICA

A virada de Brandom está em pleno acordo com a tese do colapso do dualismo entre *Fenomenologia do Espírito* e *Lógica* via recusa da teleologia do incondicionado. Todavia, há na abordagem de Brandom uma limitação crucial: ao tratar as regras de inferência intersubjetivamente partilhadas como último recurso de sua teoria filosófica, Brandom termina reintroduzindo o dualismo entre fatos e normas, tornando-se refém de uma abordagem normativista unilateral (certamente mais kantiana do que propriamente hegeliana). O receio imenso da defesa de toda e qualquer forma de ontologia que pervade a filosofia contemporânea é o calcanhar de aquiles do neo-hegelianismo de tradição analítica: não por nada, Brandom e McDowell focam, em seu diálogo com Hegel, a *Fenomenologia do Espírito* e não a *Lógica*. Lembremos, todavia, que uma das conquistas hegelianas cruciais é a ruptura com o mito do quadro referencial em lógica. Poderíamos perguntar, então, a Brandom: de onde brotam e onde se ancoram tais regras inferenciais?

Essa pergunta singela está no coração do instigante ensaio de Dennett de apresentação e crítica de *Making it Explicit*. A sua resposta: "as normas sociais conceituais não estão aí meramente dadas; elas são o pré-requisito para um sistema de comunicação que funcione. Nós, como espécie, não nos comunicamos apenas por prazer — embora a comunicação seja de fato divertida, o que também não se dá por acaso."[147] Em suma: a linguagem, enquanto sistema de comunicação, é apenas um entre tantos outros sistemas naturais. A crítica de Dennett implica uma mudança radical de perspectiva: a teoria da linguagem deixa de ocupar o papel de uma espécie

---

[147]Dennett, 2006.

EDUARDO LUFT

de *filosofia primeira* e passa a ser entendida como um ramo da ontologia geral, quer dizer, da teoria geral dos *sistemas adaptativos complexos.*

Transmudada em ontologia da linguagem, a metalógica deve colaborar com o movimento de autotranscendência das ciências da linguagem em direção a uma ontologia universal. Ela deve tornar explícito o princípio mínimo que inere a nossas *práticas discursivas* e, assim, iniciar a dialética ascendente que procura explicitar esse mesmo princípio como princípio universalíssimo que inere a todas as esferas do real.

*

A terceira mudança estrutural é a transição da ontologia inflacionária do Conceito à ontologia deflacionária do princípio da coerência. Constatamos, anteriormente, que a teleologia do incondicionado ancora-se nas estruturas lógico-silogísticas da Doutrina do Conceito: negá-la significa repensar integralmente a *hipótese*[148] lógico-ontológica veiculada no desfecho da Lógica, quer dizer, devemos agora reexpressar o próprio Conceito *sem* a *necessidade* daquelas estruturas. Desse modo, estendemos à Doutrina do Conceito a mesma dúvida radical que dissolveu supostas estruturas rígidas nas Doutrinas do Ser e da Essência.

Todas as estruturas lógicas manifestas na Doutrina do Conceito transmudam-se, com exceção do próprio princípio da coerência, em configurações possíveis, mas não necessárias, ou seja, contingentes. Por sua vez, a contingência deixa

---

[148]Aceito o colapso do projeto de fundamentação última do saber, o que nos resta é de fato *uma hipótese* a ser testada por sua capacidade de resolução de problemas filosóficos e de articulação com as ciências particulares.

A LÓGICA COMO METALÓGICA

de ser concebida como um fator externo ao *lógico* — mesmo que exterioridade posta pelo próprio Conceito, para ser logo em seguida superada — e passa a constituir o *modo de ser* da racionalidade dialética.

Aceita-se de Hegel a tese central de que toda determinação de sentido só é possível no contexto de uma semântica relacional expressivista: conceitos não têm sentido isolados, mas apenas como momentos de redes semânticas autocoerentes, como é exigido pela vigência universalíssima do princípio da coerência (*só o coerente permanece determinado*). Diferentemente de Hegel, todavia, há múltiplos, potencialmente infinitos modos de expressar o pensamento em redes semânticas autocoerentes (dos quais as práticas inferenciais brandomianas formam apenas uma minúscula fração).

Como mostrei em outro lugar,[149] inere ao princípio da coerência a dialética do Uno e do Múltiplo: a coerência pode se dar no máximo predomínio do Uno sobre o Múltiplo (onde ressaltam as notas características do Uno: *identidade, invariância* e *determinação*) ou no máximo predomínio do Múltiplo sobre o Uno (onde ressaltam *diferença, variação* e *subdeterminação*). A coerência semântica pode se dar, assim, em redes semânticas *maximamente determinadas* (o que os teóricos das redes chamam de *redes regulares*[150]), que expressam o máximo predomínio do Uno sobre o Múltiplo, ou em redes maximamente subdeterminadas (*redes randômicas*), que manifestam o máximo predomínio do Múltiplo sobre o Uno. Os *potencialmente* infinitos modos de expressão possíveis do pensamento em redes semânticas coerentes configuram o *espaço lógico evolutivo*.

---

[149]E. Luft, 2010.
[150]Para a teoria das redes, cf. Barabási, 2003.

Figura 1: O espaço lógico evolutivo: mundos possíveis[151]

MC = Mundo de Cusanus (*coincidentia oppositorum*)
ML = Mundo de Leibniz (a maior ordem sob a maior diversidade possível)
MP = Mundo de Parmênides (puro Ser)
MG = Mundo de Górgias (puro Aparecer)
+U/-M = Predomínio do Uno sobre o Múltiplo no Quadrante 3, e mais ainda no Quadrante 2.
-U/+M = Predomínio do Múltiplo sobre o Uno no Quadrante 4, e mais ainda no Quadrante 1.
C = Coerente

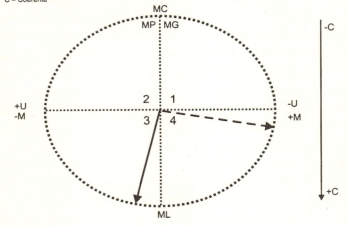

---

[151] Para compreender a Figura 1: cada ponto no tracejado da circunferência corresponde a um mundo possível (as linhas dentro da circunferência servem apenas para demarcar os quadrantes, que vêm numerados do 1º ao 4º). Já por isso, a figura é evidentemente uma simplificação, pois existem *potencialmente* infinitos mundos possíveis, e o número de pontos que formam a circunferência aqui representada é finito. A seta à direita da circunferência, a apontar para baixo, indica que os mundos situados na semicircunferência inferior, mais próximos, portanto, do Mundo de Leibniz, são mais coerentes (+C) com o dinamismo do devir universal, podendo gerar uma história própria (o Mundo de Leibniz é, assim, o atrator do devir universal). O Mundo de Parmênides é, na verdade, o próprio Mundo de Cusanus "observado" da perspectiva de quem segue o movimento circular que vai da direita para a esquerda (movimento de *uniformização*), acompanhando a trajetória das setas dentro do círculo, partindo, assim, (das proximidades) do Mundo de Górgias, passando pelo Mundo de Leibniz e desembocando no Mundo de Parmênides (a seta tracejada contínua aponta para um mundo atual em que se manifesta o devir universal ainda a caminho da máxima uniformização); o Mundo de Górgias é o próprio Mundo de Cusanus "visto" da perspectiva de quem segue o movimento contrário, seguindo o movimento circular que vai da esquerda para a direita, do Mundo de Parmênides, passando pelo Mundo de Leibniz e desembocando no Mundo de Górgias.

A LÓGICA COMO METALÓGICA

Três características centrais singularizam a noção de espaço lógico evolutivo, diferenciando-o tanto do espaço lógico que inere à esfera hegeliana do pensar puro quanto da noção de espaço lógico legada pela tradição analítica.[152] Em primeiro lugar, o espaço lógico evolutivo estrutura-se a partir de uma racionalidade dialética expandida que, como vimos, não pressupõe a contingência como algo externo, mas a incorpora como um fator a ela intrínseco e constitutivo: todos os modos possíveis de expressão do pensamento estão *envolvidos* na configuração de todas as configurações do discurso que é o próprio princípio da coerência. Há dois modos de conceber o *envolvimento*: as possibilidades podem estar envolvidas enquanto prefiguradas pelo princípio da coerência, ou o princípio da coerência apenas as circunda, estabelecendo restrições mínimas para o discurso com sentido, sem prefigurar suas possibilidades enquanto possibilidades definidas. Diferentes contextos discursivos inauguram novas possibilidades definidas, mesmo que não predefinidas pelo próprio princípio: o espaço de possibilidade, assim, amplia-se ou restringe-se, altera-se desse ou daquele modo, de acordo com o devir histórico, evoluindo *junto* com a história da discursividade humana.

Em segundo lugar, ao constituir-se pela inserção de contingência no âmago da racionalidade, e, com ela, de subdeterminação e temporalidade (no sentido forte do termo), o espaço lógico evolutivo é dotado de uma *assimetria típica*, em oposição à simetria radical de que gozam todos os mundos possíveis articulados sob o pressuposto da vigência da lógica formal clássica (o que Hegel denominaria uma *lógica*

---

[152]Por exemplo, no *Tractatus* de Wittgenstein, que inaugurou o uso do conceito de "espaço lógico" em filosofia no famoso aforismo: "Os fatos no espaço lógico são o mundo" (1997, 1.13).

do entendimento). Os "mundos possíveis" que encontramos nos quadrantes terceiro e quarto do espaço lógico evolutivo, aqueles que, se afastando dos extremos do Mundo de Parmênides e do Mundo de Górgias, se aproximam do Mundo de Leibniz, manifestando a "maior ordem sob a maior variedade possível",[153] tendem a ser mais coerentes com a dinamicidade típica da logicidade dialética (cf. a seta apontando para baixo à direita do espaço lógico, na Figura 1). Em terminologia da teoria das redes, a coerência tende a se manifestar mais na forma de *redes sem escala*, que conciliam ordem e caos, estabilidade e randomicidade.

Por último, vimos que, em Hegel, o Conceito desdobra-se percorrendo um caminho que vai do minimamente determinado (das redes semânticas típicas da Doutrina do Ser) ao maximamente determinado (as estruturas silogísticas da Doutrina do Conceito, plenificadas na "ideia absoluta"). Algo semelhante se dá em Brandom, para quem o sentido propriamente dito se dá em práticas discursivas permeadas por regras inferenciais que, uma vez tornadas explícitas, se manifestam em um tipo de discurso plenamente ordenado. O que temos no idealismo evolutivo é, pelo contrário, o livre jogo do discurso, movendo-se entre as faces extremas da máxima ordem e do máximo caos, embora apresentando uma tendência a se afastar dos extremos, aproximando-se do Mundo de Leibniz.

*

---

[153]Assim diz Leibniz, no § 58 da *Monadologia*: "Este é o meio de obter tanta variedade quanto possível, mas com a maior ordem que se possa, quer dizer, o meio de obter tanta perfeição quanto possível" ["Et c'est le moien d'obtenir autant de varieté qu'il est possible, mais avec le plus grand ordre, qui se puisse, c'est à dire, c'est le moien d'obtenir autant de perfection qu'il se peut"].

A LÓGICA COMO METALÓGICA

Concluo salientando que não se pretende tratar aqui os mundos possíveis apenas como totalidades de sentido, modos possíveis de expressão do pensamento que configuram o *espaço lógico*. Os "mundos possíveis" pretendem ser, por igual, possíveis configurações globais de eventos que emanam da vigência *ontológica* do princípio da coerência, configurando o *espaço lógico-ontológico* de uma ontologia deflacionária. Mas essa hipótese só pode ser corroborada ou tornada plausível via articulação da presente ontologia da linguagem com as demais ontologias regionais, ou seja, exercendo um movimento ascendente em busca de uma nova ontologia universal.

Ora, a descoberta recente[154] de um predomínio de redes sem escala e, assim, de uma tendência do devir natural ao Mundo de Leibniz ínsita na linguagem humana é um belo ponto de partida para essa renovada dialética ascendente.

Referências bibliográficas

BACHMANN, M. *Die Antinomie logischer Grundsätze: ein Beitrag zum Verhältnis von Axiomatik und Dialektik*. Bonn: Bouvier, 1998.

BARABÁSI, A.-L. *Linked*. Nova York: Penguin, 2003.

BRANDOM, R. *Making it explicit. Reasoning, Representing and Discursive Commitment*. Cambridge: Harvard University Press, 1998.

CIRNE-LIMA, C. *Depois de Hegel. Uma Reconstrução Crítica do Sistema Neoplatônico*. Caxias do Sul: Educs, 2006.

DENNETT, D. The evolution of "Why?". 2006. Disponível em <http://ase.tufts.edu/cogstud/papers/Brandom.pdf> (Acesso: 1/12/2011)

FINDLAY, J. N. Systematic and dialectical philosophy versus analysis. In: Henrich, D./ Cramer, K. (org.). *Ist systematische Philosophie möglich?* Bonn: Bouvier, 1977, p. 291-303 [*Hegel-Studien*, 17].

---

[154]Cf. Solé et al. (2010).

EDUARDO LUFT

GABRIEL, M. *Transcendental Ontology. Essays in German Idealism.* Nova York: Continuum, 2011.

HEGEL. G. W. F. Logica et Metaphysica [LM]. In: *Gesammelte Werke.* Ed. Deutschen Forschungsgemeinschaft. Hamburgo: Meiner, 1968, v. 5.

_____. Wissenschaft der Logik [WL]. In: *Werke in zwanzig Bänden.* 2ª ed. Frankfurt am Main: Suhrkamp, 1990, v. 5, 6.

_____. Enzyklopädie der philosophischen Wissenschaften [Enz]. In: *Werke in zwanzig Bänden.* 2ª ed. Frankfurt am Main: Suhrkamp, 1989, v. 8, 9, 10.

_____. Verhältnis des Skeptizismus zur Philosophie. Darstellung seiner verschiedenen Modifikationen und Vergleichung des neuesten mit dem alten [Skep]. In: *Werke in zwanzig Bänden.* 2ª ed. Frankfurt am Main: Suhrkamp, 1990, v. 2.

HEISS, R. *Logik des Widerspruchs. Eine Untersuchung zur Methode der Philosophie und zur Gültigkeit der formalen Logik.* Berlim/ Leipzig: de Gruyter, 1932.

HÖSLE, V. *Hegels System. Der Idealismus der Subjektivität und das Problem der Intersubjektivität.* Hamburgo: Meiner, 1988.

_____. *Die Krise der Gegenwart und die Verantwortung der Philosophie.* 3ª ed. Munique: Beck, 1997.

KANT, I. *Kritik der reinen Vernunft* [KrV, A, B]. 3ª ed. Hamburgo: Meiner, 1990.

KRINGS, H. Funktionen und Grenzen der transzendentalen Dialektik in Kants *Kritik der reinen Vernunft.* In: Schönrich, G./ Kato, Y. *Kant in der Diskussion der Moderne.* Frankfurt am Main: Suhrkamp, 1996, p. 225-239.

KULENKAMPFF, A. *Antinomie und Dialektik. Zur Funktion des Widerspruchs in der Philosophie.* Stuttgart: Metzler, 1970.

LEIBNIZ, G. W. *Principes de la nature et de la grâce fondés en raison. Principes de la philosophie ou Monadologie.* Ed. A. Robinet. 2ª ed. Paris: Press Universitaires de France, 1978.

LUFT, E. Ontologia deflacionária e ética objetiva: em busca dos pressupostos ontológicos da teoria do reconhecimento, *Veritas,* v. 55, n. 1, p. 82-120, 2010.

_____. Fenomenologia como metaepistemologia, *Revista Eletrônica de Estudos Hegelianos,* n. 4, 2006.

_____. *As Sementes da Dúvida.* São Paulo: Mandarim, 2001.

A LÓGICA COMO METALÓGICA

MCDOWELL, J. *Mente e Mundo*. São Paulo: Ideias e Letras, 2005.

OLIVEIRA, M. A. de. *Dialética Hoje. Lógica, Metafísica e Historicidade*. São Paulo: Loyola, 2004.

POPPER, K. *Logik der Forschung*. 10ª ed. Tübingen: Mohr, 1994.

PUNTEL, L. B. Hegels 'Wissenschaft der Logik' — eine systematische Semantik? In: D. Henrich (org.). *Ist systematische Philosophie möglich?* Bonn: Bouvier, 1977, p. 611-621 [*Hegel-Studien*, Beiheft 17].

QUINE, W. V. O. *Los métodos de la lógica*. Barcelona: Planeta-D' Agostini, 1993.

_____. Ontological relativity, *The Journal of Philosophy*, v. LXV, n. 7, 1968.

REDDING, P. The analytic neo-hegelianism of John McDowell and Robert Brandom. In: Houlgate, S. / Baur, M. (org.). *A Companion to Hegel*. Oxford: Blackwell, 2011, p. 576-93.

SCHELLING, F. W. J. Über den wahren Begriff der Naturphilosophie und die richtige Art ihre Probleme aufzulösen [BNaturph.]. In: *Ausgewählte Schriften*. 2ª ed. Frankfurt am Main: Suhrkamp, 1995, v. 2.

SELLARS, W. *Empirismo e Filosofia da Mente*. Petrópolis: Vozes, 2008.

SOLÉ, R. V./ Corominas-Murtra/ B., Valverde, S. e Steels, L. Language networks: Their structure, function, and evolution, *Complexity*, v. 15 (6), p. 20-26, 2010.

THEUNISSEN, M. *Sein und Schein. Die kritische Funktion der Hegelschen Logik*. 2ª ed. Frankfurt am Main: Suhrkamp, 1994.

UTZ, K. *Espaço lógico e tempo lógico. Variações sobre o tema "Ser-Nada-Devir" de Hegel*. No prelo.

WANDSCHNEIDER, D. *Grundzüge einer Theorie der Dialektik. Rekonstruktionund Revision dialektischer Kategorienentwicklung in Hegels 'Wissenschaft der Logik'*. Stuttgart: Klett-Cotta, 1995.

WIELAND, W. Bemerkungen zum Anfang von Hegels Logik. In: R.-P. Horstmann (org.). *Seminar: Dialektik in der Philosophie Hegels*. Frankfurt am Main: Suhrkamp, 1989, p. 194-212.

WITTGENSTEIN, L. Tractatus logico-philosophicus. In: *Werkausgaben in 8 Bänden*. 11ª ed. Frankfurt am Main: Suhrkamp, 1997, v. 1.

WILSON, E. *Consilience. The Unity of Knowledge*. Nova York: Vintage, 1999.

IX. O absoluto e o sistema

Carlos Cirne-Lima

1. Introdução — os deuses e o absoluto

Desde os primórdios de nossa civilização Deus sempre foi algo terrivelmente importante e ocupou um lugar central em nossa concepção do mundo. Na família grega arcaica,[155] deuses eram os antepassados já mortos, o pai, o avô, o bisavô, heróis de muitos feitos e de muitas guerras. As pequenas estatuetas representando os antepassados mortos eram colocadas na beirada de pedra que cercava o fogo sagrado, que, roubado dos deuses do Olimpo por Prometeu, jamais podia apagar-se. Era esse fogo, sempre ardendo na *Hestia*, centro da casa e da família, que tornava os homens diferentes dos animais: os animais comem os alimentos crus, os

---

[155]Cf. FUSTEL DE COULANGES. *A Cidade Antiga*. São Paulo: Martins Fontes, 1981.

homens os assam no fogo da *Hestia*. Comer carne crua é característica dos animais selvagens, assar a carne no fogo roubado dos deuses, antes de comê-la, esta é a característica dos homens. As estatuetas dos deuses domésticos, os heróis antepassados, eram testemunhas protetoras desse começo de nossa civilização.

Os heróis antepassados, deuses que eram, recebiam sempre a homenagem do primeiro bocado de comida e do primeiro gole de bebida. Partia-se o pão e o primeiro pedaço era posto nas chamas para satisfazer a fome e atrair as bênçãos dos deuses domésticos. Ao beber, o primeiro gole tinha que ser derramado no chão, em frente ao fogo da *Hestia*, para saciar a sede dos antepassados mortos. Até hoje, muitos de nós, 2.500 anos depois, descendentes da civilização greco-romana, ao beber, oferecemos o primeiro gole "para o santo". Não sabemos mais que santo é esse, mas não esquecemos jamais de fazer o gesto de derramar, dizendo baixinho "O primeiro gole é para o santo". Não sabemos mais o sentido do que fazemos, mas continuamos a venerar os deuses domésticos, tão importantes para nossos ancestrais remotos. Eis nossos primeiros deuses, deuses que até hoje honramos e reverenciamos: o pai, o avô, o bisavô, nossos deuses domésticos. E se em certas casas, em cima da lareira, estão até hoje, solenes, os retratos de nossos pais e avós, é que estamos dando continuidade à velha tradição de gregos e romanos. Lareira vem de *lares*, *lares* é o nome latino de *Hestia*; e sobre a lareira, a *Hestia*, ali é o lugar das estatuetas dos deuses domésticos. Na falta de estatuetas, nossos pais e avós colocavam retratos e fotografias; na falta de lareira, acendia-se uma lamparina que, como entre os antigos, nunca podia ser apagada. Alguém ainda se lembra disso?

O ABSOLUTO E O SISTEMA

Os deuses domésticos eram também chamados de deuses interiores, porque estavam bem no meio da murada de pedra que circundava o fogo sagrado da *Hestia*. À esquerda e à direita deles, para os lados, estavam as estatuetas dos deuses externos. Externos eram eles, porque não estavam no centro e sim aos lados. Externos eram eles também porque representavam não membros da família, mas forças externas da natureza: a luminosidade do sol (Apolo), a fertilidade da terra (Ceres), as boas graças do mar (Netuno). Muitos eram os deuses externos, e as famílias e as cidades os escolhiam dentre a multidão de deuses. Assim os atenienses, ao escolher — em eleições livres, é claro — o deus padroeiro da cidade, tinham de optar entre Palas Atena, a deusa da sabedoria, e Netuno, o deus do mar e das águas. Ambos se apresentaram, trazendo um presente, sinal de sua amizade. Netuno fincou seu tridente no chão seco da Acrópole, fazendo dali jorrar uma fonte de água cristalina; ele ofereceu aos cidadãos de Atenas água, água pura, até hoje um bem escasso em toda a Grécia. Palas Atena fincou seu cajado no chão duro da Acrópole e dele brotou a oliveira, dando aos atenienses o óleo de oliva, tempero de todas as iguarias, unguento curativo de todas as feridas, óleo para tratar a pele de mulheres e de guerreiros, de deuses, semideuses e heróis. Palas Atena, como sabemos, foi a deusa escolhida e eleita como padroeira pelos atenienses. E até hoje quem subir à Acrópole verá, como que perdida entre templos, estátuas e as pedras onipresentes, uma árvore, uma única árvore. E o guia turístico ateniense, orgulhoso de sua tradição, vai confirmar ao turista tantas vezes desavisado: "É, sim, esta é a árvore, a única árvore que existe aqui em cima da

Acrópole, esta é a oliveira que Palas Atena plantou e nos deu, a nós atenienses." — Zeus, Juno, Atena, Apolo, os deuses externos se multiplicaram e foram todos objeto de veneração e respeito. Quem iria desafiar os raios de Zeus? Quem iria se aventurar nos mares sem a proteção de Netuno? Como plantar e colher sem o beneplácito de Ceres? Nossos antepassados remotos tinham muitos deuses, alguns eram internos, outros eram externos, todos eram respeitados e invocados.

Aí surge, a partir de um povo então politicamente insignificante, o povo dos judeus, o monoteísmo: Deus é um só, todos os outros são falsos deuses. A religião do deus único — no singular e em maiúscula — era inicialmente um fenômeno cultural restrito a um pequeno povo de nômades. Gregos e romanos, os senhores do mundo civilizado, toleravam o povo dos judeus com seu deus único. Os romanos, então, nem tiveram dúvida. No grande templo que reunia ecumenicamente todos os deuses de todos os povos, o Panteão, colocaram também uma estátua homenageando o deus dos judeus. Afinal, por que não? E assim surge a contradição de um deus, que quer ser único, posto no meio de um coletivo variegado de deuses oriundos de todas as partes e representando as mais diversas culturas. O deus dos judeus não era um deus universal, um deus a ser reverenciado por todos os povos, um deus que ditasse leis a todos os povos, um deus que fizesse justiça a todos os homens. Não, o deus dos judeus era deus somente dos judeus. Suas leis eram apenas para os judeus, seu povo escolhido; sua justiça e sua bondade valiam apenas para com os judeus. O deus dos judeus não reinava sobre os outros

O ABSOLUTO E O SISTEMA

povos, não, o deus uno e único do povo judaico, Javé, era um deus que numa contenda entre judeus e não judeus estava sempre ao lado de seu povo e de seus adoradores contra todos os seus adversários, quaisquer que fossem eles. O deus dos judeus não era universal como o império romano com seu comércio, suas estradas e seu *jus inter gentes*, mas sim um deus particular de uma pequena tribo de nômades sem nenhuma importância política e militar. Mas era um deus uno e único, transcendente: surgia o monoteísmo.

Dentro do pequeno povo judaico, perdido na periferia do império e, portanto, da civilização, nasceu, então, uma seita político-religiosa menor ainda e ainda menos importante: os essênios. À beira do mar Morto, uma das regiões mais inóspitas do mundo, de dentro da seita dos essênios nasce o germe intelectual que vai crescer, florescer, espalhar-se por todo o império, por todo o mundo civilizado, o cristianismo: a religião de um deus transcendente que, pela encarnação, se faz homem e assim se torna também imanente. Surge aqui o deus que é transcendente e imanente; quanto mais transcendente é pensado, mais imanente ele fica. O cristianismo, totalmente judeu em sua origem, adepto, portanto, do deus que era só de judeus e só para judeus, foi colocado pelas circunstâncias históricas de sua inserção cosmopolita no império romano diante de uma decisão fundamental: continuar como uma seita religiosa particular, tribal, com um deus só dela e só para ela, ou transformar-se numa religião universal? Em outras palavras, o deus dos judeus — agora também Deus-Homem cristão — é deus só dos judeus e só para os judeus ou é o deus universal de todos os homens e para todos os homens? Essa questão, surgida entre os primeiros cristãos, foi decidida a favor de um deus universal. Paulo de Tarso, o apóstolo, e Pedro, o primeiro entre os 12 apóstolos, realizaram a grande virada. Deus deixou de ser um deus particular, um deus só de judeus e só para judeus, e tornou-se o deus uno e único, transcendente, de todos os homens e para todos os homens. Quando, depois, o imperador Constantino tornou o cristianismo a religião oficial do império, o deus uno e único dos judeus essênios, o deus que se encarnara como Deus-Homem, passou a ser o deus uno e único, sim, mas universalíssimo, reinando sobre todos os povos e todas as tribos, sobre todas as culturas e sobre todas as leis locais. O deus cristão, uno e único, transcendente, deus de todos os homens e para todos os homens, mas ao mesmo tempo o deus que se fez homem e habitou entre nós, passou a ser o ponto central de nossa civilização ocidental. Desaparecem, assim, pelo menos do primeiro plano, os deuses gregos e romanos, celtas e germânicos, e passa a imperar o deus único, que não permite outros deuses a seu lado, que, transcendente, reina sozinho sobre tudo e sobre todos, e que, enquanto imanente, é mediado por uma única religião, o cristianismo. Esse é, até hoje, o deus de nossa civilização ocidental, de católicos, protestantes, ortodoxos gregos e russos, arianos, maronitas, anglicanos, metodistas, presbiterianos, calvinistas, hussitas, mórmons, adventistas e tantos outros mais. Os judeus, que continuam com seu deus particular, só deles e para eles, adoram, no fundo, o mesmo deus transcendente dos cristãos; a encarnação, isto é, a imanência do deus que se fez homem, é por eles negada. O islamismo, que se desenvolveu a partir do monoteísmo judaico-cristão, tem como centro o mesmo deus uno e único, transcendente e não imanente.

O ABSOLUTO E O SISTEMA

É sobre esse deus de nossa civilização ocidental, ponto central de nossa cultura, que versam as reflexões filosóficas que aqui seguem. Vou analisar criticamente o conceito de Absoluto — e, portanto, de Deus — em três sistemas filosóficos. Tratarei, na segunda parte, do conceito de Absoluto nos filósofos neoplatônicos, principalmente em Aurélio Agostinho; na terceira parte, do Absoluto em Tomás de Aquino e nos filósofos neotomistas; na quarta parte, do conceito de Absoluto em Hegel; na quinta e na sexta parte, do conceito de Absoluto que articula as partes do sistema que estou tentando desenvolver. Numa sétima e última parte, procuro tirar algumas consequências e, à guisa de conclusão, formulo algumas perguntas sobre o Absoluto. A conclusão não é uma resposta, mas uma pergunta. O que, aliás, na Dialética não é exceção, mas regra.

2. O absoluto em Agostinho

O sistema de Agostinho, em sua positividade e universalidade, é, nesta exposição, a tese. O sistema de Tomás de Aquino e dos neotomistas, com sua *theologia negativa*, é a antítese. A proposta a ser feita mais adiante, uma transformação corretiva da filosofia de Hegel — síntese —, pretende resgatar a universalidade e a positividade do sistema de Agostinho, mediatizada, porém, criticamente pela passagem através da negatividade do sistema de Tomás de Aquino.

Em Aurélio Agostinho,[156] como em todos os pensadores neoplatônicos de Plotino até Hegel, o sistema sempre tem

---

[156]MIGNE, J. P. (org.) *Patrologiae Cursus Completus. Patres Latini*. Paris, vol. 32 — 47, col. 1835 ss. Especialmente *De Trinitate*, 9, 2, 2 ss.; vol. 42, col. 961 ss. *De Civitate Dei*, 8, 8; vol. 41, col. 233 ss., cf. tb. *De Civitate Dei*, 9, 23, 1 ss.; vol. 41, passim.

três partes — tese, antítese e síntese. Em Agostinho, a primeira parte do sistema trata de Deus antes de criar o mundo, um Deus que é uno e único, mas que é articulado pela rede de três relações que o constituem. Do Pai, que é o início, procede o Filho, sua imagem e semelhança. Da tese, o Pai, sai e emerge a antítese, o Filho. Ao completar o círculo dialético na síntese, Pai e Filho se unem no amor de um para com o outro que se chama Espírito Santo. Pai, Filho e Espírito Santo são três relações, reais e necessárias, que em movimento dialético circular vivificam a unidade que se chama Deus. A tradição cristã vai utilizar a palavra latina *substantia* para designar a unidade de Deus, e a palavra grega *hipóstasis* para designar as três pessoas divinas: três hipóstases em uma única substância. Esse Deus, primeira parte do sistema, é uno e trino — o que vem diretamente da tríade dialética — e é também o Bem supremo — o que vem igualmente da tradição neoplatônica.

O Bem, no entanto, tem em si a tendência de difundir-se, *bonum diffusivum sui*, e por isso a bondade de Deus, o Bem supremo, como que transborda, sai de si em bondade e amor para como que se reduplicar e constituir-se como o universo criado. A criação é livre, sim, pois é um transbordamento do Bem e do amor; todo amor é livre. O fruto desse transbordamento chama-se Natureza e constitui a segunda parte do sistema. Deus antes de criar o mundo é a tese, a Natureza é a antítese. Assim como a primeira parte do sistema, Deus, se subdivide em três relações, as pessoas divinas, também a segunda parte do sistema se articula em tese, antítese e síntese. Do anorgânico, tese, emerge o orgânico, antítese, ambos sintetizados no homem, síntese na qual o anorgânico e o orgânico se fundem para constituir o espírito. Síntese do mundo anorgânico e orgânico, o homem é a imagem de Deus.

O ABSOLUTO E O SISTEMA

Há no homem, dentro dele, como uma réplica da trindade divina. O espírito, no homem, se compõe de três instâncias: a *memoria sui*, que garante a identidade e a permanência, pois conserva o passado no presente e projeta o futuro; o *intellectus sui*, que em correspondência ao Logos divino infunde no homem o conhecimento dos primeiros princípios que regem o Universo e constitui a autoconsciência; e finalmente a *voluntas sui*, o desejo de verdade e de amor mediante o qual o homem retorna a seu Deus Criador e se incorpora à Jerusalém Celeste.

O homem, porém — aqui começa a História —, o primeiro homem, Adão, pecou, e nele todos os homens pecaram; tese e antítese — Deus Criador e a criatura — entram em conflito. O pecado de Adão jogou a Natureza contra Deus, a antítese contra a tese. O conflito entre Deus e o homem que pecou constitui-se em oposição excludente entre tese e antítese, só a conciliação da síntese pode superá-la.

A terceira parte do sistema trata, então, da síntese, da conciliação entre o Deus uno e trino e a Natureza decaída pelo pecado original. Essa conciliação se faz, de maneira dialeticamente circular, porque Deus se faz homem, engendrando o Deus-Homem, Jesus Cristo; e o Deus-Homem, continuando divino, levanta à sua divindade a Natureza caída, tornando-a partícipe de sua divindade. Na síntese, tese e antítese são conciliadas e se fundem numa unidade mais alta, categoria final do sistema. O divino, pela encarnação, é humanizado e naturalizado; a natureza e o homem, pela redenção, são divinizados e este fica partícipe, pela graça santificante, da natureza divina. Surge, aí, a Jerusalém Celeste, estágio final do sistema e da História da Salvação, na qual

Deus e suas criaturas fruem do amor que os une e constituem como que a cúpula do sistema triádico neoplatônico-cristão de Aurélio Agostinho.

A primeira grande objeção contra o sistema neoplatônico-cristão de Agostinho foi ele mesmo que a formulou: o conflito entre a predestinação e o livre-arbítrio, entre a *gratia efficax* e a liberdade do homem. Segundo Agostinho, todo o curso do Universo, inclusive as decisões livres dos homens, é objeto da predestinação. O conceito de predestinação, oriundo da filosofia determinista e necessitária dos estoicos, de que tudo no mundo está desde sempre predeterminado na vontade eterna de Deus, diz que todo o Universo é uma rede determinística de relações necessárias, em que cada elo se encaixa no outro, sem espaço para que o homem, em seu livre-arbítrio, possa optar por uma alternativa e não por outra. Estar predestinado à salvação ou à danação eternas significa, para Agostinho, que o homem individual e concreto está desde sempre, desde antes de nascer, predeterminado para sua situação final: querendo ou não querendo, ele inevitável e inexoravelmente acabará lá onde a predestinação o colocou, no céu ou no inferno. E a livre vontade? E o livre-arbítrio? Méritos e deméritos? Virtude e pecado? Agostinho quer defender ambos os lados, tanto a predestinação como o livre-arbítrio. Ele sente a contradição excludente entre predeterminação e liberdade, ele luta com a contradição, tenta conciliá-la, tenta superá-la, mas, até o fim de sua vida, não consegue fazê-lo. Esse é o grande problema da filosofia e da teologia de Aurélio Agostinho: predestinação e livre-arbítrio, ambos dura e claramente afirmados, entram em contradição excludente. Se existe predestinação, então o livre-arbítrio é impossível; se existe livre-arbítrio, então predestinação é impossível.

O ABSOLUTO E O SISTEMA

A contradição entre predestinação e livre-arbítrio não é uma questão isolada, como que um tumor localizado que possa ser cirurgicamente extirpado sem afetar as outras partes do sistema. Não, o problema da predestinação e do livre-arbítrio se espalha e penetra praticamente em todas as partes da doutrina agostiniana. Ele reaparece, por exemplo, na questão na presciência de Deus e na doutrina da graça eficaz. Se Deus é perfeitíssimo, então ele sabe desde sempre todas as coisas, inclusive os atos livres de nossas decisões. Ora, se, antes de nossa decisão atual, antes de nós mesmos sabermos, Deus já sabe o que vamos decidir, pode-se ainda, nesse caso, falar de livre-arbítrio? Como ser livre para escolher entre as diversas alternativas, se desde toda a eternidade Deus já sabe que vamos escolher essa alternativa específica e não as outras? Isso não constitui uma contradição? O mesmo problema retorna na doutrina da *gratia efficax*: a graça divina, que nos leva a fazer o bem em vez de fazer o mal, é eficaz em si e de per si, independentemente de nossa vontade. Como, então, ainda falar de liberdade? Como decidir livremente, se a graça eficaz já decidiu por nós? As contradições a esse respeito se acumulam. Agostinho, até morrer, lutou com o problema, mas não conseguiu solucioná-lo.

O beco sem saída e a aporia sem solução podem ser expressos na linguagem do próprio Agostinho, linguagem sempre eloquente e em certos casos, como nestes, exata e rigorosa: a graça aniquila a vontade livre? De maneira nenhuma! A lei só pode ser cumprida mediante a vontade livre! Mas se a graça é eficaz independentemente da decisão do homem, para que serve essa decisão? No que influi? O segundo e o terceiro capítulo do tratado *De libero arbitrio*, bem como muitos textos da maturidade e da velhice, mostram como Agostinho lutou

247

honestamente com o problema, mostram também que não encontrou solução.

Uma segunda objeção contra o sistema de Agostinho versa sobre a doutrina do pecado original e da concupiscência. Segundo Agostinho, o pecado original, que se propaga de homem para homem pela simples descendência biológica, consiste na concupiscência. Concupiscência — vamos ser claros — é aquilo que hoje chamamos de tesão e de prazer. Segundo Agostinho, se há tesão e prazer numa relação, estamos fazendo renascer em nós o pecado original cometido por Adão, estamos efetivando como pecado pessoal aquilo que existe dentro de todos nós como pecado original. Isso nos torna duplamente culpados: o pecado original como que renasce e é efetivado como um novo pecado, dessa vez, como um pecado pessoal, de responsabilidade do indivíduo que o cometeu. — Essa doutrina agostiniana sobre a identidade entre pecado original e concupiscência, entre pecado e sexualidade, provocou estragos inimagináveis em nossa civilização. Afirmar a pecaminosidade do prazer sempre e em todas as circunstâncias — inclusive no âmbito do sacramento do matrimônio — é algo simplesmente imperdoável. Deveria existir uma predestinação — que não existe! — que impedisse grandes pensadores de afirmar semelhantes bobagens. A doutrina de Agostinho sobre o pecado original provocou, ao identificar pecado e sexo, sofrimentos e males durante mais de mil anos para milhões de cristãos. — Do ponto de vista meramente intelectual, entretanto, penso que esse erro, em oposição ao que foi mencionado na primeira objeção, poderia ser expurgado do sistema sem que este sofresse mudanças estruturais. Como a questão que aqui nos ocupa versa primeiramente sobre o conceito de Absoluto, podemos

O ABSOLUTO E O SISTEMA

considerar esse ponto da doutrina agostiniana como algo que deve e que pode ser corrigido e consertado.

A terceira grande objeção gira em torno de um tema bem mais sutil, mais difícil, cheio de meandros intelectuais, mas que me parece constituir-se na mais importante de todas as questões que levantamos a respeito do sistema de Aurélio Agostinho. Na filosofia de Agostinho, como nas filosofias neoplatônicas de Plotino e Proclo, o sistema é estritamente circular. A primeira parte do sistema, em Agostinho, é constituída pelo Deus uno e trino antes de criar o mundo; o que depois será chamado de *natura naturans*. A segunda parte do sistema é a Natureza, a *natura naturata*, aqui estamos incluídos todos nós, inclusive e principalmente — lá bem no começo — Adão e Eva e o pecado original, ou seja, a natureza decaída. A terceira parte do sistema é a síntese e a conciliação entre a primeira e a segunda parte: em Jesus Cristo, o Deus que se torna Homem, abre-se o caminho para a História da Salvação, *Historia salutis*, no fim e no termo da qual está a Jerusalém Celeste, estágio em que todos — Deus, homens, animais, plantas e todas as coisas — seremos, mediante a graça santificante, partícipes gloriosos e radiantes da natureza divina. — Doutrina semelhante encontramos em Plotino[157] e em Proclo.[158] O núcleo

---

[157]PLOTINUS. *Ennead*. Edição bilíngue, grego e inglês. Loeb Classical Library, Cambridge Mas.: Harvard University Press, 1966, 5 vol. Cf. tb. LLOYD P. GERSON (org.), *The Cambridge Companion to Plotinus*. Cambridge: Cambridge University Press, 1996.
[158]PROCLUS, *The Elements of Theology, a revised text with translation, introduction and commentary*, by E. R. DODDS, Oxford, 2ª ed. 1963. Cf. tb. W. BEIERWALTES. *Proklos. Grundzüge seiner Metaphysik*. Frankfurt am Main: V. Klostermann, 1979. W. BEIERWALTES. *Denken des Einen. Studien zur neuplatonischen Philosophie und ihrer Wirkungsgeschichte*. Frankfurt am Main: V. Klostermann, 1985.

do sistema em Plotino é o Uno, que também é chamado de divino. Do Uno emerge o Nous, que é a presença intelectual e consciente do Uno em face de si mesmo. Do Nous emerge, então, a Alma do Mundo. Na Alma do Mundo fica visível a doutrina neoplatônica sobre a gênese das diferenças, especialmente sobre a gênese de coisas menos perfeitas que o próprio Uno. À medida que se afastam do Uno e do Nous, os seres vão perdendo unidade; ao perder unidade, perdem também perfeição. Ou seja, quanto mais longe estivermos do Uno, mais imperfeitos e carentes seremos. É por isso que devemos, num movimento circular, voltar ao Uno. Só assim, voltando à perfeição da primeira parte do sistema, é que nós homens, habitantes da terceira parte do sistema, podemos adquirir perfeição. O êxtase neoplatônico, que depois entra nos místicos cristãos e influencia poderosamente algumas correntes do cristianismo, consiste exatamente nesse retorno da terceira à primeira parte do sistema. A terceira parte do sistema se completa no retorno à primeira parte. — Em Proclo, a estrutura do sistema é semelhante, só que no centro temos, ao invés do Uno, o Universal. O que se afasta do Universal, e na exata medida desse afastamento, vai ficando particular e imperfeito. O homem que almeja a perfeição deve, portanto, retornar ao Universal, do qual originariamente saiu. Também aqui a terceira parte é a operação sintética do retorno a si mesmo, da conciliação entre o começo e o fim do sistema. A terceira parte do sistema obedece à lei do distanciamento: quanto mais distante, menos perfeitas são as coisas.

Agostinho, Plotino e Proclo — cada um à sua maneira — colocam um problema especulativo extremamente sério. Se

O ABSOLUTO E O SISTEMA

os habitantes da segunda parte do sistema, como nós homens o somos em Agostinho, na medida de nosso distanciamento do centro, somos sempre afetados por imperfeição; se a busca da perfeição consiste exatamente no fechamento do círculo dialético, no retorno ao começo, ou seja, na terceira parte do sistema, que é a conciliação entre Deus e a criatura, entre a *natura naturans* e a *natura naturata*, então surge o problema: não existem aí dois Deuses? O primeiro Deus é obviamente a primeira parte do sistema; o Deus uno e trino antes de criar o mundo em Agostinho, o Uno em Plotino, o Universal em Proclo. A segunda parte do sistema é a natureza, somos nós. Mas o que é, então, a terceira parte do sistema? O que é a Jerusalém Celeste em Agostinho? O êxtase em Plotino e Proclo? Deus, o Deus da primeira parte do sistema, está presente nessa terceira parte? Certamente que sim. O Deus uno e trino está no centro, melhor, constitui o centro da Jerusalém Celeste. O mesmo vale para Plotino e Proclo: o Uno e o Universal são como que o elemento central do êxtase; sem o Uno e o Universal, ficamos olhando para o nada e somos sugados pelo vazio. Como se distinguem, então, se Deus está em ambas, a primeira e a terceira parte do sistema? Elas se distinguem porque, na terceira parte, nós homens e a natureza, divinizados que fomos, nos agregamos em torno do Deus uno e trino da primeira parte, nós somos, pela graça, partícipes de sua natureza. Ora, se ficamos partícipes de sua natureza, então na terceira parte do sistema o Deus uno e trino e nós homens constituímos juntos uma mesma natureza, um mesmo conjunto, a saber, a Jerusalém Celeste. Mas, então, a pergunta emerge, forte e violenta: qual é o verdadeiro Deus, o Deus por assim dizer individual — fechado sobre si mesmo — da primeira parte do sistema? Ou o Deus por assim dizer coletivo — que trouxe todo o Universo para dentro de si mesmo — da terceira parte do sistema? Qual o Deus verdadeiro? Qual o Deus que realmente importa? O primeiro, individual e fechado sobre si mesmo? Ou o Deus que tem a seu lado o Deus-Homem e, na unidade do Espírito Santo, todos os homens, todas as criaturas, todo o Universo?

Em primeiro lugar, é preciso deixar bem claro que não se trata aqui de dois Deuses que sejam completamente distintos. Pelo contrário, o núcleo duro de ambos é exatamente o mesmo. O Deus uno e trino, individual, fechado sobre si mesmo, da primeira parte do sistema, que é a tese, está contido na terceira parte do sistema; a tese foi *aufgehoben*, foi superada e guardada na síntese. Foi superado o quê? Foi guardado o quê? Foi guardado tudo que de positivo se diz no Deus uno e trino. Foi superada a oposição excludente entre ele, o Criador, e a natureza criada; foi superada a oposição excludente entre tese e antítese. Na terceira parte, que é síntese e conciliação, Deus Criador e a natureza criada são conciliados e voltam à unidade. Não se trata, portanto, de dois Deuses, mas de um mesmo Deus em dois estágios dialéticos diferentes; uma vez tético, outra vez sintético. Até aqui nenhum problema maior nessa grandiosa visão do Universo que Agostinho e os filósofos neoplatônicos constroem em seus sistemas. Como Hegel diz em suas *Preleções sobre História da Filosofia*, a respeito dos neoplatônicos: raramente o espírito humano se levantou a tal altura e atingiu regiões tão sublimes.

A quarta objeção é uma continuação da terceira. Aceitemos a explicação dada acima de que o mesmo Deus se apresenta uma vez — na tese — como algo individual, sozinho, fechado sobre si mesmo; uma outra vez — na síntese — como um universal concreto, um coletivo, no centro do qual está o mesmo Deus uno e trino da tese, só que agora como o Deus que traz e acolhe dentro de si os homens e as coisas da natureza, divinizados pela graça e pela redenção, o Deus que contém dentro em si a totalidade do Universo. Aceita essa tese, surge a pergunta: o Deus tético é mais pobre e menos perfeito que o Deus da síntese? Se a resposta for sim, então o Deus uno e trino da primeira parte do sistema não é perfeito. Algo lhe falta. A Natureza, por ele criada como segunda parte do sistema, vai lhe acrescentar algo que ele antes não tinha. Sendo assim, o Deus uno e trino do começo do sistema continua sendo o Deus cristão? — Deixemos essa pergunta no ar, por enquanto. Voltaremos a ela quando tratarmos de Hegel e do sistema que estamos aqui propondo.

A quinta objeção é de caráter não especulativo, mas sim institucional: esse Deus da terceira parte do sistema, como foi acima descrito e determinado, não instala um panteísmo ou, ao menos, um panenteísmo? A síntese acima descrita entre o Deus Criador e a Criação, entre a *natura naturans* e a *natura naturata*, não implica que Deus é tudo e que tudo é Deus? Mesmo que se diga que isso ocorre por força da redenção e da participação na natureza divina mediante a graça, não temos aí um tipo de panteísmo ou de panenteísmo? Esse Deus que acolhe todo o Universo em seu seio não é um Deus panteísta? Ou, ao menos, panenteísta? — Essa quinta objeção só é objeção em teologia, isto é, quando se pressupõe como proposições filosoficamente verdadeiras o que segue das condenações feitas por concílios e papas contra determinadas concepções de Deus. Isso é teologia, não é filosofia. Lembremos, entretanto, que Johannes Scotus Eriugena, o grande elo entre o sistema de Agostinho e a grande filosofia e teologia medievais, ele mesmo fiel discípulo de Agostinho, foi condenado por suas tendências panteizantes. — Para começo de resposta, é preciso definir panteísmo e panenteísmo. Panteísmo, segundo o Dicionário Aurélio, é a doutrina que afirma que "só Deus é real e que o mundo é apenas um conjunto de manifestações ou de emanações", ou, na formulação oposta, "a doutrina segundo a qual só o mundo é real, sendo Deus a soma de tudo quanto existe".[159] Panenteísmo, segundo o mesmo Aurélio, é um "sistema filosófico que vê todos os seres em Deus".[160] Percebe-se, pelas definições dadas, que todo cristianismo medianamente ancorado em suas tradições bíblicas e patrísticas tem que ser caracterizado como sendo panenteísmo. Qual cristão nega — ou poderia negar — que é preciso ver todas as coisas em Deus? Percebe-se, no entanto, que o termo panenteísmo foi criado com a finalidade específica de fugir das condenações eclesiásticas católicas, protestantes e judaicas. O termo panenteísmo me soa muito bem e me parece expressar bem aquilo que Agostinho e muitos outros, inclusive Schelling, Hegel, Teilhard de Chardin e eu próprio, dizemos sobre o Absoluto na terceira parte do sistema. — Mas voltemos ao problema de forma filosófica. É certamente errado dizer que o Deus uno e trino, fechado

---

[159]AURÉLIO BUARQUE DE HOLANDA FERREIRA. *Novo Dicionário da Língua Portuguesa*. 2ª ed. Rio de Janeiro: Editora Nova Fronteira, s.d., p. 1258.
[160]Ibidem, p. 1256. Aurélio acrescenta aqui: "forma particular que deu ao panteísmo o filósofo alemão Karl Christian Friedrich Krause (1781-1832)."

O ABSOLUTO E O SISTEMA

sobre si mesmo, é um Deus panteísta. Mas não é isso que se afirma; a acusação é outra. A acusação de panteísmo dirige-se sempre contra o Deus da terceira parte do sistema, contra o Deus da Jerusalém Celeste. Scotus Eriugena, Giordano Bruno, Espinosa, Fichte, Schelling, Hegel, Goethe, Pierre Teilhard de Chardin e muitos outros foram acusados de panteísmo porque no Deus da terceira parte do sistema "todas as coisas estão contidas", ou porque "todas as coisas emanam de Deus". Vê-se com clareza que a confusão a esse respeito é grande. A condenação do panteísmo estaria correta se panteísmo significasse que as coisas do mundo são uma emanação necessária de Deus; essa acusação estaria correta se e enquanto ela se dirige contra o necessitarismo, a doutrina das emanações como um processo necessitário. Mas, tirante o necessitarismo, qual a objeção contra o panteísmo, se o entendemos de acordo com as definições de panteísmo dadas acima por um autor insuspeito, por um dicionário contemporâneo, como é o Aurélio? Se tomarmos a doutrina de Agostinho, de Johannes Scotus Eriugena,[161] de Nicolaus Cusanus[162] e as cotejarmos com as definições de panteísmo referidas, somos obrigados a dizer que eles todos são panteístas. — Por respeito à tradição das grandes religiões, abro mão do termo panteísmo (que não considero antipático) e utilizo o termo panenteísmo, que, não tendo sido condenado, manteve sua neutralidade conceitual.

---

[161]Cf. especialmente JOHANNES SCOTUS ERIUGENA. De divisione naturae. In: *Patrologiae Cursus Completus*, J. P. MIGNE, Paris, 1853, vol. 122, col. 439-1022.
[162]NICOLAI DE CUSA. *De docta Ignorantia. Die belehrteUnwissenheit*. Ed. latim-alemão. Hamburgo: Felix Meiner. 1977, 3 vol.

Nessa terminologia, Agostinho e todos os grandes autores cristãos acima citados, inclusive Hegel, Pierre Teilhard de Chardin e eu mesmo, somos panenteístas. Algo de errado nisso? Penso que não. Muito pelo contrário. Parafraseando Hegel: poucas vezes o espírito humano se levantou tão alto. Essa quinta objeção — panteísmo —, a meu ver, não é objeção nenhuma.

3. O absoluto em Tomás de Aquino

Com Alberto Magno e Tomás de Aquino[163] a filosofia, que havia sido cristianizada por Agostinho, sofre o tremendo impacto da redescoberta dos escritos metafísicos de Aristóteles. A Lógica de Aristóteles, como sabemos, sempre esteve presente na consciência filosófica do mundo ocidental, a Metafísica, a Ética, a Política e a Estética, entretanto, embora fisicamente existentes nas grandes bibliotecas — Alexandria, Constantinopla —, como que desapareceram. Até hoje não existe explicação plausível para esse fenômeno. Como escritos tão importantes de um pensador tão conceituado, como foi Aristóteles, simplesmente desapareceram das discussões, sim, de toda a vida intelectual do ocidente filosófico? Como isso pôde acontecer? Não o sabemos. Mas sabemos, sim, como através dos árabes, já no século XIII, os escritos aristotélicos voltam a ser conhecidos. Alberto Magno e Tomás de Aquino, ao tomarem conhecimento da Metafísica de Aristóteles através de manuscritos vindos da

---

[163]TOMÁS DE AQUINO. Suma Teológica, 2ª ed. bil. latim-português, R. COSTA / L. A. DE BONI, Caxias do Sul: ESR, Sulina, UCS, 1980, 11 vol.

O ABSOLUTO E O SISTEMA

universidade árabe em Granada, redescobrem a filosofia do Estagirita e, conscientes de sua importância, fazem dela a coluna vertebral de um novo tipo de filosofia cristã. Ao lado do neoplatonismo cristianizado por Agostinho surge, das mãos de Alberto Magno e do Aquinate, um aristotelismo cristianizado. A dialética neoplatônica, com seu jogo de opostos e com sua substância única em movimento circular, começa a ceder espaço e, logo depois, vai sendo substituída pela análise aristotélico-tomista, com seu movimento linear, com sua pluralidade de substâncias, com sua causa incausada.

A filosofia de Tomás de Aquino, no que concerne a Deus, é aristotelicamente simples e transparente. Aristóteles ensinava, tanto na Lógica como na Ontologia, que, para não cair num *processus ad infinitum,* era preciso chegar a uma *arkhé*, a um começo que é princípio principiante mas não é, ele mesmo, principiado por outro princípio antes dele. Em Lógica, cada demonstração depende de premissas que, por sua vez, dependem de premissas a elas anteriores, e assim por diante. Para não haver um regresso infinito na cadeia de argumentação e de fundamentação — o que significaria que nem uma única argumentação seria fundamentada —, é preciso postular que exista como começo de toda e qualquer cadeia argumentativa um começo lógico, uma *arkhé*, que não precisa ser ulteriormente fundamentada. Esse começo ou princípio fundante de todas as cadeias de argumentação é, segundo Aristóteles, o Princípio de Não Contradição. Esse princípio fundamenta todas as cadeias de argumentação e as legitima; ele mesmo não pode nem precisa ser ulteriormente fundamentado. Esse princípio é fundante para todas

257

as argumentações racionais e, quanto a ele mesmo, possui em si mesmo toda a sua racionalidade: ele não precisa nem pode ser fundamentado. Ele é um princípio fundante que não tem antes e fora dele nada que o fundamente, ele se basta a si mesmo. Ele é o lugar onde as perguntas "O que vem atrás? O que está fundando?" perdem todo o sentido. — Qual a prova dessa afirmação?[164] Qual a justificativa desse postulado? Aristóteles e Tomás de Aquino sentiram, em toda a sua profundidade, a dimensão do problema e a necessidade de uma justificação racional da *arkhé*. Aristóteles, no livro *Gama da Metafísica*, faz seis tentativas, quase heroicas, para demonstrar o Princípio de Não Contradição. Mas demonstrar para quê? Se o Princípio de Não Contradição não pode nem precisa ser demonstrado, como demonstrá-lo? Para que demonstrá-lo? O próprio Aristóteles não estava tão seguro de que a justificação da *arkhé* não fosse necessária. A argumentação, em meandros, do livro *Gama da Metafísica* é prova disso.

Exatamente em paralelo com o raciocínio feito acima, em Lógica, sobre a justificação das cadeias de argumentação corre, na Metafísica, o argumento para demonstrar a existência de Deus. Trata-se de uma análise regressiva tipicamente aristotélica, com a mesma estrutura básica do raciocínio acima exposto sobre a sequência de *apódeixis*. Existem coisas contingentes; elas de fato existem. Ora, contingentes são os seres que podem existir e podem, por igual, não existir. Mas esses seres contingentes para os quais

---

[164]Cf. CIRNE-LIMA, C. Dialética e liberdade — Razões, fundamentos e causas. In: *Veritas*, 43 (1998) p. 795-816.

aponto são existentes. Logo, é preciso admitir uma razão ou causa, antes deles, que justifique por que eles existem ao invés de não existir. Essa causa — existente —, que explica a existência desses seres contingentes para os quais aponto, é, por sua vez, contingente ou não. Se ela é contingentemente existente, é preciso admitir, antes dela, uma causa que justifique sua existência. E assim se remonta, indo para trás, toda a série de causas contingentes, que são causantes mas também são causadas. Enquanto não se chegar a uma causa não contingente, não causada, toda a série causal continua sem explicação bastante. Só há explicação quando se chega à primeira causa incausada, que é o princípio ontológico e o começo de toda a série de causas, a *arkhé* inicial. Essa causa incausada não pode ser contingente, senão remeteria novamente a uma causa a ela anterior. A essa primeira causa incausada, necessária em sua existência, absoluta porque não remete para nada que lhe seja ontologicamente anterior, Tomás de Aquino chama Deus, o Absoluto. Deus, primeira causa incausada, necessária em sua existência, é condição ontológica de possibilidade de toda a série de causas contingentes. Aí temos, numa teoria aparentemente simples, o Deus de Tomás de Aquino e de todos aqueles que o seguem, tomistas e neotomistas.

Esse Deus, continua Tomás de Aquino, afastando-se agora de Aristóteles, é substância não só necessária mas também simples. Se Deus fosse composto de ato e potência, ou de substância e acidente, ou de matéria e forma, ele não seria necessário e não poderia ser o fundamento ontológico último, a *arkhé* ontológica, de que precisamos. Esse Deus, substância necessária e simples — continua o Aquinate —, cria por um ato livre de sua vontade o mundo em que vivemos. Deus é o criador, a natureza é uma criatura, nós todos somos criaturas, fomos criados pelo Deus, que é incriado, que é causa não causada. — Tomás acrescenta: Deus é perfeição perfeitíssima, completa, acabada, absoluta, porque ele é uma substância sem acidentes, um ato puro sem nenhuma potência que o restrinja, uma forma pura sem matéria que a constranja. Perfeição perfeitíssima, ilimitada, infinita, eis o Deus de Tomás de Aquino.

Mas como pensar uma perfeição perfeitíssima, infinita, sem limites? O que não possui limite nenhum não possui nenhuma determinação. Como, então, pensar um Deus que não possui nenhuma determinação? Ele é um indeterminado vazio? Tomás responde que, de fato, primeiro afirmamos uma perfeição de Deus: Deus é bom. Mas, logo depois, precisamos usar a negação: mas ele não é bom como os homens são bons, pois nele a bondade não está limitada. Mas se primeiro afirmamos (*via affirmationis*) e depois negamos (*via negationis*) os predicados de Deus, afinal qual o predicado determinado e específico que pode ser a ele atribuído? Tomás de Aquino, procurando sair do impasse de uma teologia meramente negativa, tenta seguir o caminho indicado pelo Pseudo-Dionísio — que ele chama de conhecimento por analogia — e afirma que predicamos a bondade de Deus primeiro pela afirmação, depois corrigimos essa afirmação pela negação, para finalmente dizer — por analogia — que Deus é superbom, ou seja, é bom de uma maneira infinita, na qual a bondade não mais se opõe às outras determinações.

E aqui temos, já agora, a primeira grande objeção contra o Deus de Tomás de Aquino. A teoria tomista da *analogia entis*, a rigor, não resolve nada, pois determinações que não mais se opõem a outras determinações são predicados totalmente vazios: tais determinações que não se opõem também não se diferenciam. Dizer, por conseguinte, que *Deus é bom* não se opõe nem se distingue de dizer que *Deus é justo* e assim por diante. Tudo que se diz de Deus é apenas um predicado absolutamente vazio de conteúdo, que não diz nada porque não contém (e não pode conter) nenhuma determinação. O conceito de Deus do Aquinate revela-se, assim, um conceito totalmente vazio e sem conteúdo. A determinação daquilo que é Deus, depois da afirmação e da negação iniciais, torna-se um conceito que, por sua própria estrutura, não pode jamais possuir uma determinação. Assim sendo, não podemos nem mesmo dizer com propriedade que Deus é a primeira causa de toda a série causal. Como podemos atribuir a Deus a determinação de ser causa, um conceito determinado, se Deus é um conceito totalmente vazio? O conceito de Deus de Tomás de Aquino desemboca, assim, em uma teologia estritamente negativa, ou, na linguagem de outra tradição, na noite escura em que todas as vacas são pretas. Essa a primeira grande objeção.

Mas há uma segunda objeção contra o Deus do Aquinate pelo menos tão séria quanto a primeira. Deus é uma substância simples, não há e não pode haver nele acidente ou potência de qualquer tipo. Assim sendo, o ato livre mediante o qual Deus decidiu criar este mundo é absolutamente idêntico à substância divina. Ora, a substância divina é necessária. Logo, o ato livre de criar deixa de ser livre — poder ser e poder, por igual, não ser — para tornar-se um ato necessário. O ato livre de criação, no Deus assim pensado, jamais pode ser livre, porque é, em si, tão necessário quanto a essência divina da qual ele não se distingue. — A resposta usual dos filósofos neotomistas a essa objeção, ao invés de resolver o problema, torna a contradição existente na teoria ainda mais visível. O ato mediante o qual Deus decide livremente criar este mundo seria, segundo esses autores, necessário *ad intra* e contingente e livre *ad extra*. Deus, dentro em si, seria pura necessidade, o ato contingente de escolha mediante o qual cria este mundo determinado seria algo *ad extra*. Mas a questão permanece sem solução e a contradição fica mais evidente: como distinguir no ato livre de criação, que está dentro da substância de Deus, uma interioridade (*ad intra*) e uma exterioridade (*ad extra*)? Interior e exterior são, no mínimo, aspectos. E a doutrina de Tomás de Aquino sobre a simplicidade de Deus não permite que se façam distinções no que é absolutamente simples. Mas, poderiam contra-argumentar os neotomistas, a interioridade está dentro de Deus, a exterioridade está fora dele. Nesse caso a situação fica ainda pior. Pois a liberdade de Deus naquilo que ela tem de importante, a saber, escolher dentre vários mundos possíveis a serem criados, estaria somente fora de Deus. Deus, a rigor, seria pura necessidade, e a liberdade de escolha vagaria, como um fantasma, fora dele. As contradições, aqui, se acumulam, os problemas não resolvidos se somam, e isso torna essa segunda objeção extremamente pesada, sim, decisiva.

Uma terceira objeção, tão pesada quanto a segunda, emerge da doutrina de Tomás de Aquino sobre as relações entre Deus Criador e as criaturas. Existem dentro de Deus, diz Tomás, relações reais, ou melhor, três relações reais, que são idênticas à substância divina e por isso necessárias e eternas. São as três pessoas da Trindade. Existem também relações reais das criaturas para com o Deus Criador. As criaturas, isto é, todos os seres contingentes existentes no Universo, são marcadas por uma relação de dependência causal para com Deus, o Criador. Mas — e aqui o ponto-chave desta objeção — Deus não possui nenhuma relação real para com suas criaturas, nem uma relação causal nem relações reais de qualquer outro tipo. Uma tal relação significaria sempre, segundo Tomás de Aquino, segundo os tomistas e neotomistas, uma forma de dependência e imperfeição, e, como Deus é perfeitíssimo, ele não pode ter tais relações *ad extra* que sejam reais. A relação do Criador para com a criatura seria, assim, uma relação tão somente pensada, um mero *ens rationis*. — Como pensar racionalmente a relação causal do Criador para com sua criatura apenas como um *ens rationis*? Como um *ens rationis* pode atuar como uma verdadeira causa e produzir um efeito? Como algo pode ser atuante, causante, producente, sem que isso se concretize numa relação real? Pensar a causa causante sem nenhuma relação real para com seu efeito parece ser simplesmente um nonsense, uma *contradictio in adjecto*. E mais. A objeção fica mais pesada ainda quando se procura pensar racionalmente a encarnação: significa isso que, quando Deus se faz homem em Jesus Cristo, não há relação real de Deus Filho — que é uma relação real interna à tríade necessária existente dentro de Deus — para com sua natureza humana? Isso pode ser pensado sem contradição? Mais. E entramos agora no *kérigma*: isso significa que quando se diz que Deus nos ama estamos, a rigor, apenas dizendo que existe amor

real de nós para com Deus, mas não vice-versa, pois o amor
de Deus para conosco não é uma relação real e, sim, um
ens rationis. Também aqui as contradições se acumulam e
ficam a exigir soluções que sejam bastantes. Pode alguém
admitir que o princípio cristão que afirma "Deus ama os
homens" significa apenas que nós homens temos, sim, uma
relação real de amor para com Deus, mas que Deus não tem
nenhuma relação de amor para conosco que seja real? Dá
para pensar, sem contradição, um tal Deus? A tentativa de
síntese filosófica feita por Tomás de Aquino, toda ela centrada sobre o conceito de Deus anteriormente exposto, em
face das objeções já formuladas, há que ser posta em dúvida.
Um tal Deus pode ser pensado sem contradição? Sem uma
contradição violentamente destrutiva, sem que todo o projeto
de sistema entre em implosão? Tudo indica que não. Mas,
lembremos, esse é o Deus dos filósofos e teólogos tomistas
dos séculos XIX e XX.

Olhando com certa distância e relevando as contradições
e as questões especulativas não resolvidas, percebe-se que
esse Deus de Tomás de Aquino e dos neotomistas tem muito
pouco a ver com o Deus dos evangelhos e com o Deus conceituado por Agostinho e pela tradição neoplatônica cristã,
como veremos a seguir. Esse Deus tomista é, antes, um Deus
judaico. Ele não tem nome, dele não se podem fazer estátuas
ou representações, ele habita atrás das nuvens, isto é, ele é
transcendente e apenas transcendente. Os neotomistas me
desculpem, mas penso que o Deus que propõem, além de
cheio de contradições não resolvidas, é totalmente judaico e
muito pouco cristão. A encarnação, como pensá-la a sério,
se a relação de Deus Filho para com sua natureza humana

O ABSOLUTO E O SISTEMA

não é algo real, mas apenas um *ens rationis*? Ou a união hipostática seria algo real? Nesse caso Deus teria relações reais *ad extra*, e a construção se esboroa pelo outro lado, pois Deus, então, não seria simples. Mas, sem a encarnação, esse conceito de Deus deixa de ser cristão para se tornar um conceito judaico. Bem diferente é a situação em Agostinho e na tradição neoplatônica cristã.

4. O Absoluto em Hegel

O Absoluto na filosofia de Hegel,[165] síntese da universalidade positiva de Agostinho e da teologia negativa de Tomás de Aquino, está simplesmente em todas as partes do sistema. Como em nenhum outro autor, o Absoluto na filosofia neoplatônica de Hegel perpassa todo o sistema, permeia todas as argumentações, marca as linhas de fuga de todas as perspectivas. Não fosse Hegel tão objetivo, tão alheio a qualquer entusiasmo religioso, tão distante de qualquer devoção sentimental ou arroubo místico, dele se deveria dizer que é o pensador religioso por excelência, o pensador que, mais que todos os outros, soube encontrar Deus em todos os lugares, em todas as suas manifestações e sob todos os disfarces. O sistema de Hegel, entretanto, é racional, é objetivo, é seco. Há uma explicação para esse paradoxo: a religião em Hegel ficou tão universal, o Absoluto está de tal maneira presente em todas as coisas, que não há por que dar destaque e privilegiar essa ou aquela forma de presen-

---

[165]HEGEL, G. W. F. *Werke* (ed. Theorie Werkausgabe E. MOLDENHAUER / K. M. MICHEL), Frankfurt am Main: Suhrkamp, 1971, 20 vol.

ça, pois todas elas são religiosas. O sistema de Hegel é tão profundamente religioso, está tão impregnado de Absoluto, a religião está tão onipresente, que ela desaparece como que por falta de contraste. Como Deus está em todos os lugares, ele não está em nenhum lugar específico. Não há por que separar e dar destaque especial a algo que perpassa tudo e tudo determina. Os temas realmente importantes estão tão presentes e elaborados que não precisam ser expressos em terminologia religiosa, que não precisam de destaque sob a forma de religião. Religião é uma figuração do Absoluto, como a Arte e a Filosofia o são. À diferença das religiões, como o judaísmo e como o catolicismo neotomista, que separam o Absoluto do mundo, das coisas e de nós homens, o sistema de Hegel encontra e expõe o Absoluto em todos os pontos-chave do sistema. Todas as categorias da Lógica são predicados que atribuímos ao Absoluto: o Absoluto é ser, o Absoluto é nada, é devir, é estar-sendo-aí, é qualidade, quantidade, boa infinitude, medida etc. O Absoluto é essência e aparência, é identidade, diferença e contradição; o Absoluto é efetividade, ele é possibilidade absoluta, contingência absoluta, necessidade absoluta, ele é a liberdade do conceito. O Absoluto é conceito, é universal, particular e singular. O Absoluto é vida, é conhecer, é a ideia absoluta. Mas o Absoluto também é Natureza e, de maneira toda especial, o Absoluto é Espírito, é Eticidade, é Estado, é o curso e o julgamento da História. É na terceira parte do sistema — na Filosofia do Espírito — que o Absoluto de Hegel — como em Agostinho — adquire maior esplendor e riqueza; na ideia de que, saindo de sua alienação na Natureza e retornando à sua unidade, se reencontra consigo

O ABSOLUTO E O SISTEMA

mesmo como Espírito, lá está o Absoluto. Esse é o espírito absoluto, esse o Absoluto em seu sentido pleno.

O sistema de Hegel, como todas as filosofias neoplatônicas, estrutura-se em três partes. Em Hegel, as três partes são a Lógica, a Filosofia da Natureza e a Filosofia do Espírito. A Lógica trata de Deus antes de criar o mundo; a Filosofia da Natureza trata do transbordamento da Lógica que, saindo de dentro de si mesma, engendra a Natureza, dentro da qual o Logos da Lógica fica como que alienado; ao sair da Natureza e retornar à identidade consigo mesmo, o Logos da Lógica transforma-se em Espírito e constitui a Eticidade, o Estado, o curso da História e, finalmente, o julgamento da História. A figuração em que culmina o sistema, o saber absoluto, contém, dentro em si, toda a riqueza do percurso que se desenvolveu a partir do ser vazio do início da Lógica, passando pelas figurações que adquiriu na Natureza e, depois, no Espírito. A última figuração do sistema é o saber absoluto. Esse saber é chamado de Absoluto, porque ele é a totalidade em movimento, porque é o Universo vivente e vivificante em sua totalidade circular. Ele é determinado como saber, porque todos os seres e entidades, tudo que existe neste Universo, são formas mais ou menos elaboradas de saber, isto é, de conhecimento. O Universo inteiro, segundo Hegel, em todos os seus desdobramentos, é vida, é conhecimento, é liberdade. Essa é a tese central do idealismo objetivo de Hegel. Até as pedras, à maneira delas, são uma forma — muito alienada, é verdade — de conhecimento, de um conhecimento que saiu de si, se perdeu na exterioridade e está como que à espera que o movimento circular da dialética o faça retornar ao aconchego de si mesmo, onde, então, volta a ser espírito.

CARLOS CIRNE-LIMA

O Absoluto, no sistema de Hegel, está em toda parte, em todas as categorias e em todas as figurações (as figurações são na Filosofia da Natureza e na Filosofia do Espírito a contrapartida daquilo que as categorias são na Lógica, a saber, predicados do Absoluto; figurações são formas sob as quais o Absoluto se manifesta, na Filosofia Real). Todas as categorias e todas as figurações são formas de expressão — e de ocultamento — do Absoluto. Em dois lugares do sistema, entretanto, o Absoluto aparece de forma privilegiada, na ideia absoluta, última categoria da Lógica, e no saber absoluto, última figuração da Filosofia do Espírito e, assim, figuração final de todo o sistema. A ideia absoluta é, de maneira toda especial, Deus, ela é o Deus antes de criar o mundo, como na primeira parte do sistema de Agostinho. O saber absoluto também é Deus, dessa vez como o Deus no fim da terceira parte do sistema, como o Deus que acolheu dentro de si e interiorizou todo o curso da História, ou, usando os termos de Agostinho, como o Deus que é o centro da Jerusalém Celeste.

Temos aqui em Hegel, como em Agostinho, o mesmo Deus em dois estágios dialéticos diversos. O Deus no estágio tético e o Deus no estágio sintético. O primeiro, por absoluto e perfeito que seja, é mais pobre em determinações; na primeira parte do sistema, as determinações do Absoluto são apenas as categorias lógicas atemporais, que não incorporaram e por isso não contêm a História. O segundo, o saber absoluto, contém dentro em si — *aufgehoben*, superadas e guardadas — não só todas as categorias lógicas mas também todas as figurações da Natureza e do Espírito nas quais o Absoluto se expressou e concretizou. O Absoluto de Hegel, nesse segundo estágio dialético, no saber absoluto, é idêntico ao Deus da Jerusalém Celeste, em Agostinho. Em Hegel, a conciliação e por isso a identidade mediatizada entre a *natura naturans* e a *natura naturata* estão formuladas de maneira mais conceitual, mais científica, com menos metáforas, com menos conteúdo histórico, sem terminologia religiosa. Nem por isso há grande diferença, a meu ver, entre o Deus hegeliano do saber absoluto e o Deus agostiniano da Jerusalém Celeste.

Diferença grande há, no entanto, entre o Deus da ideia absoluta, na Lógica de Hegel, e o Deus uno e trino antes de criar o mundo, na primeira parte do sistema de Agostinho. O Deus uno e trino de Agostinho é perfeitíssimo, é o bem supremo; a criação que engendra a segunda parte do sistema ocorre por liberdade, por amor, porque o bem é tão rico e exuberante que ele como que transborda e, ao sair de si e de seus limites, se consubstancia como natureza criada. O princípio platônico *bonum est diffusivum sui* é, aqui, a chave conceitual que permite, em Agostinho, a compreensão do nexo entre a primeira e a segunda parte do sistema, entre o Deus criador e a natureza criada. Em Hegel, esse nexo não está tão claro. Hegel, no fim da Lógica, no capítulo sobre a ideia absoluta, também usa a expressão "a ideia deixa a natureza sair de si em liberdade"; para ser mais exato: "a ideia, absolutamente segura de si e repousando em si, liberta-se a si mesma" (*dass die Idee sich selbst frei entlässt, ihrer absolut sicher und in sich ruhend*):[166] e assim essa ideia, que era lógica, se transforma

---

[166] HEGEL, *Werke*. Ed. Suhrkamp, vol. 6, p. 573.

em Natureza. Tomando essas expressões ao pé da letra, não haveria nenhuma diferença relevante entre a ideia absoluta de Hegel e o Deus criador de Agostinho. Mas a arquitetônica de ambos os sistemas mostra que há uma diferença. A primeira parte do sistema de Agostinho trata do Deus uno e trino e da criação num plano claramente lógico-ontológico; Deus — o Deus da primeira parte — é ontologicamente perfeitíssimo, e a segunda parte do sistema nada lhe acrescenta de novo, nada lhe dá que ele já não tenha. O Deus da primeira parte se enriquece, sim, mediante a passagem pela segunda parte; mas esse enriquecimento é apenas amor, é fruto do amor. E o enriquecimento de amor e por amor não é algo que pressuponha uma carência ou deficiência da parte de quem ama; esse enriquecimento não torna rico quem antes era pobre, ele torna ainda mais rico quem já era plenamente rico, ele é aquilo que Agostinho chama de superabundância. Essa riqueza adicional, por se tratar de amor, é um transbordamento em que o amante fica mais rico, não em si mesmo, mas no outro: o amante enriquece, não em si mesmo, mas porque o outro, o amado, fica mais rico. Assim, em Agostinho, Deus, ao criar o mundo, fica mais rico, não por ser ainda imperfeito, mas porque sua perfeição superabundante transbordou, ou seja, porque a Natureza e o homem ficaram mais ricos.

Em Hegel, a Lógica, primeira parte do sistema — me parece —, não possui a riqueza da Natureza e do Espírito. As categorias, ao serem ampliadas como figurações da Natureza e do Espírito, se enriquecem e adquirem algo de novo, algo que elas antes não tinham. A Lógica de Hegel, embora não seja uma lógica formal, não possui a riqueza que se encontra

O ABSOLUTO E O SISTEMA

na Filosofia da Natureza e, especialmente, na Filosofia do Espírito. — Estou lendo Hegel de forma rigorosa demais? Talvez. Mas, se a interpretação correta é essa que estou dando, então o Logos da Lógica, ao alienar-se na Natureza e voltar a si mesmo como Espírito, no começo, na primeira parte do sistema, é lógica e ontologicamente mais pobre do que no fim do sistema. A ideia absoluta, na Lógica, nessa interpretação, é menos perfeita que o saber absoluto, no fim da Filosofia do Espírito. E, se isso é verdade, o Deus da ideia absoluta, em Hegel, é diferente do Deus da primeira parte do sistema, em Agostinho.

Seria equivocado chamar a Lógica de Hegel de algo formal, degradando, assim, a ideia absoluta a algo meramente formal. Em tal interpretação — a meu ver, equivocada —, a ideia absoluta da Lógica, o Deus na primeira parte do sistema, seria meramente formal, o Deus do saber absoluto seria a síntese, muito mais rica, do formal (Lógica) e do material (Filosofia Real). O Deus do saber absoluto seria, ele sim, semelhante ao Deus agostiniano da terceira parte do sistema, da Jerusalém Celeste. Mas o Deus da ideia absoluta não poderia, nessa hipótese, ser identificado ao Deus agostiniano da primeira parte. O Deus da ideia absoluta precisa libertar-se, sair de si e engendrar a Natureza. Em Hegel, não obstante o termo liberdade que ocorre no texto citado, o processo é necessário e inexorável, ele é um *notwendiger Fortgang des Gedankens*, "a marcha inexorável do pensamento". — Em Agostinho, o mesmo processo, exatamente no mesmo ponto de articulação sistemática, na passagem da primeira para a segunda parte do sistema, a palavra-chave é gratuidade, amor, superabundância. Há, portanto, uma diferença entre Agostinho e Hegel que não pode ser relegada a um segundo plano.

A primeira grande objeção contra Hegel refere-se ao próprio método dialético. Hegel afirma que a contradição é o motor da dialética. Deus, o saber absoluto, é, pois, fruto de uma longa série de contradições. É, ele mesmo, o saber absoluto algo contraditório? Como conciliar essa doutrina sobre a contradição como motor da dialética, absolutamente central na Lógica de Hegel, com a validade universal do Princípio de Não Contradição, princípio de toda e qualquer racionalidade? Como levar o sistema de Hegel a sério se ele, ao dizer, está sempre se desdizendo? O problema da compatibilidade do método dialético com o Princípio de Não Contradição é uma questão que analisei e, penso eu, resolvi em outro trabalho. Penso que o sistema de Hegel, por esse lado, não pode ser atacado. Pois, quando Hegel fala de contradição, ele quer dizer sempre contrariedade. Se tese e antítese fossem realmente proposições contraditórias (no sentido técnico do termo), uma seria verdadeira, a outra, falsa; e toda a dialética — que pressupõe que tese e antítese são ambas falsas — entraria em colapso. Trendelenburg e Karl Popper teriam razão em suas objeções. Mas é fácil demonstrar que contradição no sistema de Hegel não significa contradição e sim contrariedade. Proposições são contraditórias se, partindo de uma proposição afirmativa universal, a transformamos em uma proposição negativa particular; a introdução da negação e a mudança do quantificador (de universal para particular) são essenciais. Em proposições contrárias, no entanto, parte-se de uma proposição afirmativa universal e constrói-se a proposição oposta mediante

O ABSOLUTO E O SISTEMA

a introdução da negação, sem alterar o quantificador, que continua universal. Sobre isso há consenso entre os Filósofos, desde Aristóteles e Teofrasto até Frege e Bertrand Russell. Ora, analisando os primeiros passos da Lógica de Hegel — ser, nada, devir etc. —, verificamos que o sujeito da predicação e seu quantificador estão sempre ocultos. *Ser, ser indeterminado, ser sem nenhum conteúdo* é um anacoluto. A proposição está incompleta, falta-lhe algo. O que falta? Ser, nesse anacoluto, é sujeito? Ou é predicado? Hegel mesmo, na *Enciclopédia*, afirma e repete que ser, nada, devir (todas as categorias lógicas) são predicados. É o sujeito lógico que está faltando, é o sujeito lógico que está oculto: alguém é ser, alguém é nada, alguém é devir. Qual é esse alguém? Qual o sujeito oculto que falta? Nos parágrafos 28 e 29, e principalmente no *Zusatz* do parágrafo 86 da *Enciclopédia*, Hegel nos diz com toda a clareza: o sujeito lógico das categorias elaboradas na Lógica é sempre o Absoluto (*Das Absolute ist das Sein*). Assim devemos completar as proposições, explicitando o sujeito oculto, e dizer: o Absoluto é ser, o Absoluto é nada, o Absoluto é devir.[167] — Ora, como o sujeito lógico é o mesmo na tese, na antítese e na síntese, como não mudou nem o sujeito (o Absoluto) nem o quantificador (que é universal), trata-se, no jogo

---

[167]Na Ciência da Lógica o sujeito lógico, sempre oculto no texto, está explicado e expresso no capítulo sem número *Womit muss der Anfang der Wissenschaft gemacht werden?* (cf. HEGEL, *Werke*. Ed. Suhrkamp, vol. 5, p. 65-79). O sujeito lógico é tudo aquilo que foi pressuposto (*das Vorausgesetzte*) — quando não se pressupõe nada, então se pressupõe tudo – e que precisa agora ser reposto pela ciência (*Setzen*). Essa totalidade, que é o Universo, é o sujeito lógico que está oculto no anacoluto inicial da Lógica (ibidem, p. 82: *Sein, reines Sein — ohne alle weitere Bestimmung*).

dialético de tese, antítese e síntese, de proposições contrárias e não de proposições contraditórias. Proposições contrárias, entretanto, podem perfeitamente ser ambas falsas; nisso, novamente, há unanimidade entre os Lógicos de Aristóteles até hoje. A dialética, ao articular tese e antítese como duas proposições falsas, não contraditórias, mas sim contrárias, não é mais atingida pelas objeções levantadas pelos Lógicos. A dialética não nega o Princípio de Não Contradição, pelo contrário, nele se baseia. Essa primeira objeção, respondida plenamente como acima foi mostrado, não é mais objeção, nem contra o método dialético, nem contra o Absoluto de Hegel.

A segunda grande objeção contra o sistema e o Absoluto de Hegel refere-se ao necessitarismo que caracteriza o sistema e, como consequência, se refere a um conceito de liberdade que não permite a livre escolha entre diferentes alternativas. Hegel utiliza o termo liberdade com grande desenvoltura e — mais — coloca a liberdade como o centro de seu sistema. A pergunta que se põe — e que muitas vezes foi de fato posta — é qual o conceito de liberdade de Hegel. Liberdade em Hegel sempre supõe a ausência de coerção externa; isso está perfeitamente claro. Mas é preciso ir adiante e perguntar: a liberdade em Hegel é, como em Espinosa, em Karl Marx e nos estoicos da Antiguidade, a aceitação de uma necessidade cósmica que vem de dentro de nós mesmos? Ou liberdade é a faculdade de, em face de alternativas diversas, escolher uma delas e não as outras? Hegel não é claro a esse respeito. Em alguns lugares ele usa o termo liberdade no segundo sentido — que é o sentido de livre-arbítrio em Agostinho, o significado de liberdade na

O ABSOLUTO E O SISTEMA

filosofia moral de Kant e dos éticos contemporâneos —, mas na maioria das vezes liberdade em Hegel significa a aceitação da necessidade sistêmica que vem de dentro do próprio eu. Em minha opinião, Hegel queria, sim, pôr contingência e liberdade dentro do sistema. Esse é, aliás, o grande projeto filosófico de sua vida: conciliar a substância de Espinosa com o eu livre de Kant. Mas penso que, na execução de seu projeto, Hegel não conseguiu o que queria. Pois cada parte do sistema, à medida que avança, vai gradativamente eliminando tanto a contingência como a liberdade no sentido de livre escolha. Cada parte do sistema começa com vasto espaço para a contingência e para a liberdade, mas esse espaço vai sendo eliminado, de sorte que no fim de cada parte a pura necessidade se instala, e liberdade torna-se a aceitação da necessidade que rege o Universo. Assim, tanto a ideia absoluta como o saber absoluto estão impregnados de necessitarismo. Não se trata aqui de amor, de gratuidade, de superabundância, como em Agostinho, mas de necessidade — sem nenhuma contingência —, como em Espinosa. Se essa interpretação for verdadeira — temo que seja —, o Deus de Hegel fica bem diferente do Deus de Agostinho e, em geral, do Deus das grandes religiões ocidentais.

Corrigir o sistema de Hegel nesse ponto não seria difícil. Parece que Hegel — como Espinosa e Kant, entre os filósofos, Newton, Laplace e Einstein, entre os físicos — não consegue conceber racionalidade exceto como uma rede conceitual (causal) necessitária, que não tem furos ou lacunas, e que por isso não permite nunca a existência de alternativas contingentes; contingência, em tais teorias, é sempre tão somente um deficit subjetivo e momentâneo de

racionalidade que o progresso da ciência fará desaparecer.
— A evolução da própria física e, de maneira especial, as
Teorias dos Jogos (*Game Theories*) mostram claramente que
racionalidade pode e deve ser pensada de maneira diferente,
de maneira que não só a necessidade mas também a contingência sejam nela incluídas e conciliadas. Um simples jogo de
xadrez demonstra a possibilidade de conciliar movimentos
necessários (movimentos que seguem as regras sem as quais
não há xadrez) e movimentos contingentes (que podem ser
assim mas podem ser também diferentemente, de acordo
com as táticas e estratégias aplicadas). Espinosa certamente
nunca percebeu isso. Hegel, embora jogasse frequentemente
xadrez, provavelmente nunca pensou nisso. Se Kant tivesse
percebido isso não teria inventado a pseudossolução de separar dois mundos, o mundo fenomênico do determinismo
causal férreo e o mundo dos númenos onde reina a liberdade.
— A segunda grande objeção contra Hegel, a respeito do
necessitarismo do sistema, da eliminação do livre-arbítrio e,
consequentemente, da concepção necessitária do Absoluto,
revela-se procedente. Hegel, nesse ponto — se estou correto
em minha interpretação —, errou. O sistema hegeliano
pode ser corrigido? Penso que sim; aliás, minha proposta,
a seguir, é uma tentativa de reconstruir o sistema hegeliano,
corrigindo esse erro.

A terceira grande objeção contra a teoria do Absoluto em
Hegel gira em torno do panteísmo ou panenteísmo. Vimos,
já em Agostinho, que essa objeção precisa ser analisada
com cuidado. Toda e qualquer boa teoria sobre o Absoluto
tem que conter algumas, pelo menos algumas, migalhas de
panteísmo; na realidade, penso que não se trata de miga-

O ABSOLUTO E O SISTEMA

lhas, mas de bocados bem grandes. Hegel, como não podia deixar de ser, foi ainda em vida acusado por vários autores de defender com sua doutrina sobre o saber absoluto uma forma moderna de panteísmo. Os trabalhos de E. H. Weisse (publicados em Leipzig, 1829) e de K. E. Schubarth e L. A. Carganico (publicados em Berlim, 1829), que acusam Hegel clara e expressamente de panteísmo, foram respondidos pelo próprio Hegel em artigos que estão, hoje, publicados na edição Suhrkamp Werkausgabe da obra completa.[168] Hegel como polemista, na minha opinião, deixa muito a desejar; a argumentação é tópica demais e, muitas vezes, apenas *ad hominem*. A verdadeira resposta de Hegel à acusação de ateísmo e de panteísmo — esta, sim, bem escrita, soberana, abrangente e muito esclarecedora — encontra-se no *Zusatz* do parágrafo 573 da *Enciclopédia*.[169] Hegel, nesse texto, faz uma análise conceitual do problema que, por seu rigor especulativo, merece ser lida na íntegra. Ele se distancia de diferentes formas de ateísmo e panteísmo que considera erradas — e diz sempre por quê, trazendo as razões filosóficas — e termina distinguindo sua doutrina sobre o saber absoluto de um panteísmo chocho (*schaler Pantheismus*).[170] A leitura cuidadosa desse texto, no qual o próprio Hegel distingue o exotérico do esotérico,[171] me leva a crer que, considerando as observações que fizemos sobre Agostinho e em face das definições ali estabelecidas, Hegel deveria, como Agostinho, ser caracterizado de panenteísta. Isso, dito

---

[168]Cf. HEGEL, *Werke*. Ed. Suhrkamp, vol. 11, p. 390-466.
[169]Cf. HEGEL, *Werke*. Ed. Suhrkamp, vol. 10, p. 379-393.
[170]Ibidem, p. 391.
[171]Ibidem, p. 393.

por mim, não significa um erro ou um deficit, mas sim um louvor. Um louvor a ambos, a Agostinho e a Hegel.

Encerro estas considerações sobre o Absoluto em Hegel com as mesmas palavras que ele disse sobre os filósofos netoplatônicos: raramente, em sua História, o espírito humano se levantou tão alto.

5. O Absoluto no sistema neoplatônico proposto

Os sistemas aristotélicos e tomistas, ao adotarem a análise como único método de trabalho, cometem um erro que vai viciar todas as tentativas de articular uma filosofia que seja realmente universalíssima. Aristóteles e o Aquinate queriam, sim, uma filosofia universalíssima, mas o método — o único método — que adotam em seus sistemas, ao invés de conduzir a uma ciência que compreenda e abarque todas as outras ciências, leva à dispersão, leva à multiplicidade de ciências justapostas, leva à fragmentação do conhecimento e da razão. O método dialético, na síntese, junta, congrega, concilia. O método analítico abre, corta, separa, põe em separado. O método analítico é excelente, sim, é indispensável como um submétodo do método dialético; quando usado sozinho, leva a uma grande distorção intelectual. O conhecimento, quanto mais analisado, mais particular e especializado fica. As teorias, quanto mais analíticas forem, menos abrangentes se tornam. O método analítico, quando usado como método autônomo e único, ou seja, sem sua inserção no método dialético sintetizante e universalizante, leva a uma multiplicidade sempre maior de conhecimentos e teorias particulares. As concepções e teorias de quem usa exclusivamente o método analítico ficam, assim, cada vez mais estreitas, mais particulares, mais especializadas. Surgem, assim, as ciências particulares em sua multiplicidade, o que é ótimo. Mas surge, com isso, também a chamada pós-modernidade como visão do mundo, surge a fragmentação da razão, a incapacidade de formular uma ciência que seja universal, e isso leva à morte da filosofia como ciência universalíssima, o que é péssimo. O horizonte amplo de uma ciência universalíssima, esse foi perdido para sempre. Eis por que a filosofia analítica de Aristóteles, de Alberto Magno e de Tomás de Aquino — especialmente na forma nominalista e empirista que se desenvolveu na Inglaterra — teve o mérito de ser o berço da Física de Newton e de todas as ciências particulares da Modernidade, mas teve também o demérito de pensar o Absoluto como uma transcendência meramente negativa, como um conceito vazio e sem determinação, como um Deus que é tão transcendente que, a rigor, não poderia ser onipresente, não poderia estar entre nós, não poderia nem mesmo, na encarnação, fazer-se o Deus-Homem, pois, não podendo ter relações reais *ad extra*, está sempre prisioneiro de sua transcendência. Em termos filosóficos: todas as proposições sobre o Absoluto são incorretas, todas as determinações que lhe atribuímos são sempre falsas. A solução proposta, a doutrina sobre a analogia, não funciona; exceto, é claro, se abandonamos a unicidade do método analítico e retornamos ao uso do método dialético que, mais amplo e mais alto, contém dentro de si, como um submétodo, o método analítico.

Conjugando ambos os métodos, como fazem os filósofos neoplatônicos (Agostinho, Cusanus, Espinosa, Schelling,

Hegel), o sistema filosófico[172] é articulado em torno de uma substância única, que, ao desdobrar-se *plica* por *plica*, é passível de ex-plicação num sistema racionalmente uno. Na dialética ascendente, parte-se da pluralidade das coisas concretas para subir, degrau por degrau, conhecimento por conhecimento, teoria por teoria, de forma sempre mais abrangente e universal até chegar à teoria geral do Universo, aos primeiros princípios que regem todos os seres e entidades. Na dialética descendente, faz-se o caminho inverso. Partindo dos primeiros princípios, que são universalíssimos, é preciso reconstruir o Universo em sua pluralidade variegada. Na Lógica, primeira parte do sistema, é elaborado e formulado o primeiro princípio lógico e ontológico, que se desdobra em três subprincípios (identidade, diferença e coerência) e constitui as grandes leis que regem o Universo. Na Filosofia da Natureza, segunda parte do sistema, essa explicação se apresenta como um longo processo de evolução, em que a partir do ovo inicial — *explicatio ab ovo* —, isto é, a partir dos primeiros princípios, todos os seres e entidades, todas as multiformes e variegadas coisas do Universo, dobra por dobra, *plica* por *plica*, se desenvolvem. Na Filosofia do Espírito, o Logos que já está na primeira parte, na Lógica, ou seja, nos primeiros princípios, e que passou pelas figurações da Natureza, na segunda parte volta a reencontrar-se consigo mesmo na figura de Espírito, que constitui a terceira e última parte. No espírito absoluto, que é a última figuração

---

[172]Cf. CIRNE-LIMA, C. *Dialética para Principiantes*. 2ª ed. Porto Alegre: PUC-RS, 1997. Cf. tb. CIRNE-LIMA, C. Ética de Coerência Dialética, in: *Veritas*, 44 (1999) p. 941-964; CIRNE-LIMA, C. *Zu einer Analytik des Sollens*, no prelo.

O ABSOLUTO E O SISTEMA

dessa terceira parte, que é síntese de todo o sistema, todas as etapas de sua trajetória estão superadas, mas também guardadas. O espírito absoluto guarda e contém todas as categorias e figurações naquilo que elas têm de positivo, ele superou tudo que apenas dividia, apenas travava, era apenas empecilho.

Esse projeto de sistema que tenho proposto[173] é uma tentativa contemporânea de armar um sistema de filosofia a partir de Platão, dos neoplatônicos e de Hegel. É evidente que uma tal tentativa, hoje, precisa desde seu primeiro começo levar em conta as grandes objeções que foram feitas contra os pensadores acima referidos e seus sistemas. Ou seja, é preciso, já ao esboçar o desenho da planta baixa do sistema, levar em conta uma série de questões: 1) o problema da racionalidade necessitarista e o problema da contingência, 2) o problema da liberdade como livre-arbítrio e o problema da verdadeira historicidade, 3) o problema, que decorre do anterior, da impossibilidade de deduzir de maneira meramente *a priori* as categorias e as figurações, 4) o problema do esmagamento do indivíduo pelo universal, 5) o problema da conciliação da circularidade do sistema com a verdadeira historicidade, 6) o problema da verdadeira determinação do que sejam o saber absoluto e a ideia absoluta. Todas as grandes objeções levantadas contra Hegel têm que estar contempladas e resolvidas já no primeiro esboço do sistema, já no primeiro *Ansatz*. Acredito que todas as questões referidas foram consideradas no projeto de sistema proposto, pelo menos de maneira implícita. Façamos agora um esforço

---

[173]Cf. CIRNE-LIMA, C., "Analítica do dever-ser", nesta coletânea.

de explicitação, voltando a cada uma das perguntas feitas e verificando qual a solução que é proposta.

A objeção relativa à conciliação entre o método dialético e o Princípio de Não Contradição, considero-a plenamente resolvida: a dialética trata de opostos contrários e não de opostos contraditórios; o termo *contradição*, em Hegel, significa contrariedade. Com isso desaparecem as dificuldades.

1) A objeção referente ao necessitarismo, ou seja, à gradual eliminação da contingência, atinge realmente a filosofia do Hegel histórico, mas, a meu ver, pode ser totalmente resolvida numa reconstrução corretiva do sistema. Em oposição a Newton, Laplace, Kant e Hegel, que provavelmente nunca se deram conta de uma alternativa à razão necessitária, sabemos hoje pela Teoria dos Jogos que é perfeitamente possível admitir uma racionalidade na qual estejam conciliadas tanto necessidade como contingência. A racionalidade do jogo de xadrez mostra claramente que as jogadas necessárias (sem as quais o jogo não seria mais xadrez) e as jogadas contingentes (fruto de táticas e estratégias) convivem pacificamente umas com as outras, sim, são indissociáveis, são complementares. Disso se conclui que, em princípio, pode haver uma razão em que necessidade e contingência, conciliadas uma com a outra, se imbriquem, constituindo assim uma totalidade que é em parte necessária, em parte contingente. Isso, em princípio, é possível; uma tal racionalidade pode existir, e, pelo menos em jogos, ela realmente existe. Não será esta a razão que vige no Universo? Não é esta a razão que deve ser elaborada e exposta no sistema? Penso que sim. Penso, aliás, que Hegel chegou bem perto disso, que Hegel errou por não ser suficientemente consequente

O ABSOLUTO E O SISTEMA

consigo mesmo. Quando, na segunda parte da Lógica, na dialética das modalidades, Hegel afirma como síntese uma necessidade absoluta que é idêntica à contingência absoluta, o que quer ele dizer? O que significa necessidade absoluta, se ela é idêntica à contingência absoluta? Uma tal entidade, afinal, é necessária ou contingente? A resposta de Hegel, em minha opinião, só poderia ter sido uma única, aquela que ele realmente deu: a necessidade, sendo absoluta, é a contingência absoluta. Mas o que isso significa? Exatamente aquele tipo de síntese entre necessidade e contingência que foi anteriormente exposto a partir das *Theories of Games*, no jogo de xadrez. Necessidade absoluta, em Hegel, se e enquanto ela é sempre idêntica à contingência absoluta, nunca pode ser pensada como a necessidade da lógica formal. Essa é sempre necessária: não pode não ser. A necessidade que também é contingência é aquela síntese que vemos no jogo de xadrez: nela existem regras necessárias, mas nela existem também movimentos contingentes, como existe também a necessidade fraca (deôntica) do dever-ser que caracteriza as táticas e estratégias. A necessidade absoluta de Hegel, que é sempre também contingência absoluta, só pode ser isso. Entender a necessidade absoluta, em Hegel, como uma necessidade lógica, no sentido moderno do termo, como uma necessidade que exclui contingência, é negar o próprio conceito hegeliano de necessidade absoluta que é contingência absoluta. — Por que Hegel não disse tudo isso que acabo de expor? Por que ele não é claro? Por que ele fala de *notwendiger Fortgang des Gedankens*? Como explicar os incontáveis textos em que Hegel defende o necessitarismo? Só pode haver uma explicação: ele não conseguiu ser fiel a si mesmo, não conseguiu ser consequente com seu conceito de necessidade absoluta, ele nunca percebeu que tinha feito uma grande descoberta — a necessidade conciliada com a contingência — e continuou na trilha batida de seus antecessores neoplatônicos, especialmente de Espinosa. O necessitarismo de Hegel, visível em toda a sua obra, mostra que ele estava meio cego, que ele não conseguiu ver com clareza o conteúdo e a importância de um conceito que ele mesmo havia elaborado: a necessidade absoluta que é a contingência absoluta. — Corrigir, pois, o necessitarismo do sistema é tarefa, se não simples, pelo menos perfeitamente factível. Basta ter sempre ante os olhos o tipo de racionalidade que rege o jogo de xadrez e muitos outros jogos. O Universo não se rege apenas por leis necessitárias, o Universo não é determinista como pensava Laplace. O Universo é regido por leis mais flexíveis, mais fracas, que conciliam, como no jogo de xadrez, necessidade e contingência. Não é só o filósofo que, para abrir espaços para a liberdade, postula isso. Não, a própria pesquisa de ponta em Física e Biologia (por exemplo, os sistemas dissipativos de Prigogine) exige que se tome esse tipo de racionalidade e não a razão determinista como a razão que rege o Universo.

Resolvida, da maneira acima exposta, a questão do necessitarismo, estão também resolvidas as questões referentes à existência da contingência, que constitui o espaço lógico-ontológico em que surgem as alternativas dentre as quais o livre-arbítrio escolhe uma e não as outras. O tipo de racionalidade acima exposto e introduzido abre os espaços para a contingência como o espaço para o exercício do livre-arbítrio.

O ABSOLUTO E O SISTEMA

2) Resta a ser resolvido o problema da predeterminação causal do ato de livre-arbítrio. O ato livre de decisão, exatamente por ser livre, é contingente, isto é, pode ser assim e pode ser diferente. Ora, se ele é de fato assim, tem que existir antes e fora dele uma causa eficiente que explique por que ele existe assim ao invés de não existir e de existir de outro modo. Ora, existindo uma tal causa eficiente anterior, o ato livre deixa de ser livre por estar predeterminado na causa eficiente que o explica e traz à luz da existência. Logo, o ato livre não é livre e sim predeterminado. — Essa objeção, antiga, clássica, causou muitas dores de cabeça a praticamente todos os filósofos, de Agostinho até Apel e Habermas. Lembremos apenas o *asinus Buridani* do célebre reitor da Universidade de Paris: um asno, colocado entre dois montes de feno exatamente iguais, por não possuir livre-arbítrio, por não poder decidir-se, vai morrer de fome. A solução para o problema da predeterminação causal do ato livre de decisão, só a encontramos num caminho, trilhado aliás pelo próprio Hegel, no conceito de autocausação. É errado dizer que todo efeito tem que ter sempre uma causa a ele externa e anterior. O erro aqui consiste nos termos *externo* e *anterior*. É claro que, havendo efeito, tem que haver causa. Mas causa, nos sistemas neoplatônicos, é sempre e primeiramente um movimento circular de autocausação, causa é antes de mais nada *causa sui*. Ela não é externa, mas sim interna; ela não é anterior, mas sim simultânea. Plotino sabia isso, Espinosa também, Hegel longamente explica e demonstra essa tese. A causa separada de seu efeito é algo derivado, posterior; uma tal causa existe, sim, na Natureza, aliás com muita frequência. Mas essa causa exterior a seu efeito

é algo secundário, algo derivado. Causa, primeiramente, é um movimento circular de autocausação. Só quando, por abstração, cortamos esse círculo em duas metades é que causa e efeito se separam. Os neoplatônicos sabiam disso; as ciências contemporâneas tiveram que redescobrir isso e introduziram o conceito de auto-organização, que não é nada mais nada menos que a autocausação dos neoplatônicos. O problema da predeterminação causal do ato livre para os filósofos analíticos é algo insolúvel; para os neoplatônicos, isso nem se constitui em problema: o ato livre é uma forma de autocausação como muitas outras que existem na natureza, como, por exemplo, a vida nos organismos, como os processos de auto-organização que ocorrem inclusive na natureza inanimada.

3) Levar a contingência a sério significa, num sistema filosófico, lançar os fundamentos para a verdadeira historicidade. Um sistema necessitário, isto é, sem nenhuma contingência, tem que pensar a história como o perpétuo retorno do sempre mesmo. A teia de ligações necessitárias permite, como na série numérica, andar para a frente e para trás. Num mundo totalmente necessitário, como, por exemplo, Laplace o desenha, tudo se transforma numa teia atemporal em que os processos são todos em princípio reversíveis. Não há, num mundo necessitário, a flecha do tempo que impede a reversibilidade. As Físicas de Newton e Laplace, necessitárias, não têm espaço para a flecha do tempo, para a verdadeira historicidade; todos os processos seriam, segundo a mecânica determinística, reversíveis. Quando, então, na termodinâmica, se descobre a lei da entropia, surge, pela primeira vez depois de Newton, a flecha do tempo como

O ABSOLUTO E O SISTEMA

algo que constitui verdadeira historicidade, ou seja, não permite a reversibilidade dos processos. É com as pesquisas de Prigogine — hoje, portanto — que se aprofunda a convicção de que há uma flecha do tempo, que os processos no Universo não são reversíveis, que há verdadeira historicidade e não apenas o eterno retorno do sempre mesmo. Isso nos ensinam a Física e a Química contemporâneas. A Biologia, 100 anos antes, já nos havia ensinado a existência de verdadeira historicidade, pois evolução por mutações ao acaso só pode existir onde há verdadeira historicidade, isto é, onde a emergência do novo que não está pré-programado no que vem antes introduz claramente a flecha do tempo. Mas nós filósofos não havíamos levado a Biologia e a Teoria da Evolução de Charles Darwin suficientemente a sério e, por isso, ainda hesitávamos quanto à verdadeira historicidade. É mérito de Dilthey, de Droysen e de Heidegger ter posto a historicidade como processo irreversível no centro das discussões filosóficas. A entropia da termodinâmica e os sistemas dissipativos de Prigogine vieram comprovar empiricamente a irreversibilidade do tempo, a verdadeira historicidade.

A admissão — que hoje todos fazemos — da irreversibilidade do tempo e da verdadeira historicidade tem pesadas consequências filosóficas, que muitas vezes passam despercebidas. A mais importante delas bate de frente contra uma antiga pretensão filosófica, a saber, a pretensão de deduzir *a priori* todo ou quase todo o sistema. Não só autores medievais, mas — sob a influência de Kant — todo o idealismo alemão brincou com a ideia de fazer uma dedução *a priori* de todas as coisas existentes no Universo. Fichte, em seu grande projeto filosófico, no livro *Über den Begriff der Wissenschaftslehre*,[174] de 1794, desenha com toda a clareza a estrutura de uma filosofia que, a partir do ápice da pirâmide, de primeiros princípios, deduz (*herleiten*) tudo, absolutamente tudo. O mesmo ideal de deduzir tudo *a priori* encontramos na Filosofia da Identidade do jovem Schelling e na *Ciência da Lógica* de Hegel, onde tudo que foi pressuposto tem que ser reposto (*setzen*). O repor, aqui, o *Setzen*, significa exatamente essa dedução com a pretensão de determinar *a priori* todo o Universo. Tudo isso caiu por terra, tudo isso acabou. Sabemos hoje — inclusive pelas ciências naturais, como a Biologia, a Química e a Física — que essa pretensão de deduzir tudo *a priori* é algo impossível. A flecha do tempo permite, sim, que expliquemos um fenômeno para trás, não permite, porém, que façamos uma dedução para a frente. Laplace (e Newton e Kant e Einstein) pensava que podíamos extrapolar tanto para a frente como para trás. Conhecidas todas as leis que regem o Universo e conhecida a situação do sistema em qualquer ponto da linha do tempo, poderíamos — pensavam e diziam eles — extrapolar tanto para a frente como para trás. Se não o podemos, diz Laplace, é porque ainda não conhecemos todas as leis, ou porque nosso conhecimento da situação do sistema no ponto do tempo que escolhemos não é suficientemente completo. Erro, muito erro. Erro que embaraçou profundamente Kant e todo o idealismo alemão, erro que continua a atormentar quem ainda não entendeu o

---

[174]FICHTE, J. G. *Fichtes Werke*. Ed. I. H. FICHTE, Berlim: Bruyter, 1971, vol. 1, p. 27-81.

O ABSOLUTO E O SISTEMA

que significa historicidade verdadeira. A flecha do tempo, isto é, a entropia e a irreversibilidade dos processos dissipativos nos mostram um Universo em que existe tanto a tendência irreversível para uma desordem sempre maior, a morte pelo frio, como a tendência igualmente irreversível dos sistemas dissipativos, que, sem negar a entropia, colocam ao lado dela a tendência para formas sempre mais complexas de auto-organização. A tese determinista de um mundo sem história e evolução foi amplamente refutada pelas próprias ciências naturais. Física, Química e Biologia não são mais ciências atemporais, como a Lógica e a Matemática. As provas empíricas impedem que vejamos o mundo, como os gregos, como o perpétuo retorno do sempre mesmo. Estamos sendo chamados a respeitar a verdadeira história com sua flecha do tempo, estamos sendo chamados a olhar para o Universo como um processo em evolução contingente. Nem tudo é consequência necessária de premissas anteriormente dadas; existem a emergência do novo e a mutação por acaso.

Por conseguinte, nós filósofos não podemos mais acalentar a pretensão de construir o sistema filosófico mediante uma dedução *a priori*. Os tempos mudaram. Novos conhecimentos se impuseram. Ciências formais, como Lógica e Matemática, podem sim ser deduzidas *a priori*; esse é o método a elas adequado. As ciências, entretanto, que tratam do mundo real em seu processo histórico de evolução, como a Física, a Química, a Biologia e a própria Filosofia enquanto Filosofia do Real, não podem mais trabalhar apenas com o método *a priori*. A emergência do novo, que caracteriza o processo evolutivo e marca a direção de flecha do tempo, obriga todos — incluindo nós, filósofos — a utilizar o método *a posteriori*. Só *a posteriori* podemos constatar e dizer: eis algo novo que emerge. O método dialético, portanto, numa filosofia que se queira contemporânea, precisa utilizar tanto o *a priori* como o *a posteriori*. O sonho de uma dedução *a priori* de todo o sistema não era sonho. Hoje o sabemos: era um pesadelo. Nem o físico, nem o biólogo e muito menos o filósofo podem hoje abrir mão do método que utiliza, conciliado um com o outro, tanto o *a priori* como o *a posteriori*.

Figurações e mesmo as categorias da Lógica não podem, pois, ser objeto de uma mera dedução *a priori*. O sistema dialético daqui em diante tem que saber conciliar a *Fenomenologia do Espírito* e a *Ciência da Lógica*. Uma não existe sem a outra. Tanto a Analítica com seu *a priori* como a Fenomenologia e a Hermenêutica com seu *a posteriori* são submétodos, são elementos constitutivos da Dialética como o método mais alto que contém e concilia ambos. Aqui temos uma grande mudança, uma radical transformação, uma profunda diferença entre o que estamos propondo e o que o idealismo alemão tinha como projeto de sistema.

Resolvidos, em princípio, os problemas da contradição, do necessitarismo, isto é, da contingência, da autocausação do ato livre de decisão, há que se resolver ainda a questão do esmagamento do indivíduo pelo universal e a questão de conciliar a circularidade do sistema com a verdadeira historicidade.

4) O esmagamento do indivíduo pelo coletivo constitui uma objeção clássica contra os sistemas neoplatônicos, desde a Politeia de Platão até Hegel e Karl Marx. Penso, entre-

tanto, que essa questão pode agora ser resolvida com relativa facilidade. A ênfase exagerada no universal corresponde à ênfase exagerada — sim, exclusivista — no método *a priori*. Ao corrigirmos o deficit existente no método, ao tratar *a priori* e *a posteriori* como elementos complementares, colocamo-nos num novo patamar filosófico. O indivíduo, agora, não pode ser esmagado, nem corroído, nem diluído. O universal não reina mais sozinho e soberano. Voltamos, assim, à doutrina de Hegel, expressa no começo da Lógica do Conceito, de que só conhecemos o individual e o universal num movimento constante que do individual nos leva, pelo particular, ao universal e, imediatamente, nos traz de volta, mediante o particular, ao individual. Universal, particular e individual se determinam mutuamente de tal maneira que não pode haver esmagamento de um pelo outro. O que, na História real, aconteceu, o esmagamento do indivíduo, foi evidentemente um erro que só pode ter sido cometido por alguém que não entendeu a dialética hegeliana do conceito.

5) A mais séria e difícil questão que encontro na reconstrução do sistema neoplatônico é a da conciliação entre a circularidade do sistema e sua historicidade. Circularidade é sempre atemporal, sem história. História verdadeira, que contém a emergência do novo e é contingente, simplesmente não pode ser circular. Abordemos a questão de frente, com toda a honestidade, sem rodeios.

Todos os sistemas neoplatônicos, de Plotino e Proclo, passando por Agostinho, até Schelling e Hegel, são sempre circulares. A terceira parte do sistema desemboca sempre num movimento de retorno à primeira parte. Em Plotino e Proclo, do Uno e do Universal (primeira parte do sistema) se origina o

Nous (segunda parte), deste se origina a Alma do Mundo que dá vida e existência aos homens e às coisas do mundo (terceira parte), que num movimento circular retornam, pelo êxtase, ao Uno e ao Universal da primeira parte; para nós homens o bem viver consiste exatamente nesse retorno ao Uno e ao Universal. Em Agostinho, o Deus uno e trino (primeira parte) cria o homem e a natureza (segunda parte); como o homem em Adão pecou, Deus — para restabelecer a unidade e a harmonia quebradas — se faz homem. Pelo Homem-Deus (terceira parte), Deus se faz homem e é trazido para entre nós; Deus é naturalizado, a natureza é divinizada; a Jerusalém Celeste é o último estágio — Hegel diria, a última figuração — dessa terceira parte do sistema. Nela o fim se reencontra com seu começo, a criatura, pela graça, fica partícipe da natureza divina: Deus em nós, nós em Deus. Em Hegel, mais claro e mais expresso que em todos os outros, o sistema é caracterizado como um movimento circular, como o círculo dos círculos. Ao chegarmos à última figuração do sistema, ao saber absoluto, esse nos remete de volta à primeira categoria. E assim se começa tudo de novo.

Esta é aqui a pergunta central: o movimento circular do sistema implica um perpétuo retorno do sempre mesmo? Se o sistema, ao chegar ao fim, sempre e necessariamente nos põe de volta no primeiro começo, significa isso que estamos sempre de novo percorrendo o mesmo curso circular? Círculo não significa exatamente isso? Sem começo e sem fim, o movimento percorre sempre os mesmos pontos pelos quais já passou e pelos quais continuará sempre a passar; não é isso o círculo? — Ora, exatamente essa concepção de mo-

O ABSOLUTO E O SISTEMA

vimento circular, de perpétuo retorno de sempre o mesmo, é absolutamente inconciliável com o movimento que anteriormente chamamos de verdadeiramente histórico, que é contingente, que abre espaços para a emergência do novo, que — por ser novo — não é dedutível *a priori*, que — por ser contingente — não é previsível. Verdadeira historicidade nunca se repete num movimento circular, pois, se o fizesse, o curso dos eventos tornar-se-ia necessário e absolutamente previsível. História e circularidade, como se vê com clareza, estão em oposição excludente. Se o sistema é histórico, ele não pode ser circular; se é circular, não pode ser histórico. Eis a oposição entre tese e antítese.

Não podemos, entretanto, num sistema filosófico que se queira moderno e atualizado, abrir mão da historicidade contingente, isto é, da flecha do tempo. As pesquisas das ciências de ponta não no-lo permitem; o *Zeitgeist*, aliás, também não. Significa isso que temos que abrir mão da circularidade? — Também não. Se abrimos mão da circularidade, entramos em problemas insolúveis. Na teoria da fundamentação, caímos no trilema de Münchhausen e ficamos num beco sem saída. Na teoria de liberdade, perdemos o conceito de autocausação e não conseguimos mais explicar o que é liberdade; perdemos também os conceitos de vida e de auto-organização. Na teoria do espírito, não conseguimos mais explicar o que é o *bei-sich-sein* da autoconsciência. E assim os problemas se avolumam num crescendo. A conclusão é uma só: também não podemos abrir mão da circularidade. O que fazer? Fazer o quê? A única solução é conciliar a linearidade, sem a qual não pode ser pensada a verdadeira historicidade, e a circularidade, sem a qual problemas centrais ficam insolúveis. Conciliar, sim, mas como?

Avancemos com prudência, passo a passo, pois o terreno é, se não movediço e traiçoeiro, ao menos desconhecido. Terreno desconhecido, que por ninguém foi trilhado, exige cautela em dobro. — A linearidade que há no curso de eventos históricos é chão firme. A verdadeira historicidade, que permite a emergência do novo, por isso mesmo é algo que nunca se repete, nunca volta ao mesmo lugar; a flecha do tempo o impede. Isso significa que esse movimento, que caracteriza a historicidade, não pode ser circular. Agarremos, pois, essa tese com firmeza: historicidade tem que ser linear e não pode jamais ser circular. Por outro lado, o sistema precisa da circularidade em todas as suas articulações básicas. Como conciliar, então, linearidade e circularidade? Exatamente como fazemos quando andamos de automóvel ou de bicicleta. No automóvel não nos damos conta, pois estamos fechados na cabine. Pensemos, pois, na bicicleta. Nós todos, ciclistas que somos, vemos diante de nossos olhos a roda da bicicleta que é circular e que, quando andamos, gira em círculo. A roda de nossa bicicleta é um círculo e seu movimento é estritamente circular. No entanto, a roda e seu movimento circular se efetuam sobre a superfície linear da rua. A roda circular gira sobre si mesma em círculo, a bicicleta, no entanto, movimenta-se em linha reta para a frente. Circularidade e linearidade, aqui, no movimento da bicicleta, estão perfeitamente conciliadas. Um movimento constitui o outro, um não pode ser pensado sem o outro. Logo, ao menos na bicicleta, é possível conciliar no melhor sentido dialético do termo circularidade com linearidade.

O ABSOLUTO E O SISTEMA

E no sistema filosófico? É possível? Não só é possível, é necessário que seja assim.

Que existam na filosofia estruturas atemporais — sem a flecha do tempo — é algo que ninguém jamais pôs em dúvida. Todas as ciências formais, como Lógica, Matemática, Geometria e grandes partes da Física, são atemporais. Sendo atemporais, essas ciências podem conter estruturas circulares, pois o que impede estritamente a circularidade é apenas o movimento linear da flecha do tempo. Há circularidade em Lógica? Em enormes quantidades e em quase todos os lugares, a começar pelo movimento circular da tautologia. Há circularidade em Matemática? É evidente, basta lembrar que toda a Matemática se baseia no sinal de igualdade, onde o que está de um lado aponta circularmente para o que está do outro lado do sinal. Há circularidade em Física? É claro, em todos os processos reversíveis. Há, pois, circularidade nas mais diversas áreas e em diversos níveis. — A pergunta decisiva com referência ao sistema é a seguinte: o movimento do sistema é um círculo que contém também alguns movimentos lineares? Ou o sistema é um movimento linear que contém círculos? Como pensar isso: uma linha constituída por pequenos círculos? Penso que não. Continuo achando que a bicicleta explica melhor o problema. O sistema se constitui por um movimento circular que, ao girar, traça uma linha reta. A linha reta, aqui, não é a rua mas sim a linha traçada pela roda em movimento sobre a rua. Essa linha reta que a roda traça é a própria roda, apenas em outro formato. A roda é circular, a linha traçada é reta. Mas sem a roda não existiria a linha, sem a linha a roda não giraria.

Mas a metáfora da bicicleta ainda não está completa, ela está pela metade. Para que ela não seja falha e consiga expressar o que queremos dizer é preciso pôr em cima da bicicleta, que é um ser anorgânico e sem consciência, um ciclista, uma autoconsciência pensante. A bicicleta, sendo matéria anorgânica, não possui consciência, não tem memória do passado nem projetos para o futuro. A bicicleta, só ela, sem o ciclista autoconsciente, não sabe de onde vem nem para onde vai; a bicicleta, sozinha, com o traçado linear de seu percurso, contém e pressupõe o que Hegel chama de má infinitude. Isso é péssimo, isso mostra que ainda não estamos numa síntese. Mas o ciclista, montado na bicicleta que dirige, possui em sua memória todo o percurso passado e projeta todo o percurso futuro. O começo, que já passou no tempo, continua presente na memória do ciclista; o futuro, o ponto de chegada, está igualmente presente, sem o que ele não teria rumo. Como passado e futuro, tanto o começo como o fim do percurso linear, estão presentes no momento presente, é este que se constitui em síntese: o eterno momento presente que contém todo o seu passado e antecipa seu futuro. No eterno momento presente, que é autoconsciente, está superada a má infinitude do percurso linear, mas estão guardadas todas as determinações positivas do percurso que assim deixa de ser uma pura linearidade.

6) A roda girando é a primeira parte do sistema que aqui proponho, ela é a Lógica hegeliana, por mim corrigida, e a correspondente ideia absoluta, ela é o Deus uno e trino antes de criar o mundo de Agostinho. A linha reta que a roda com seu movimento circular traça no chão é a natureza

histórica, somos nós, a *natura naturata*, a segunda parte do sistema. E qual é a terceira parte do sistema? A terceira parte do sistema é exatamente a síntese da primeira com a segunda parte. Ela não pode ser pensada temporalmente, ela não vem depois da segunda parte. A terceira parte do sistema, o saber absoluto, a Jerusalém Celeste, é o eterno momento presente, autoconsciente, é o saber que sabe e está consciente de que a linha reta é traçada por um movimento circular. — Pergunta-se agora: o Absoluto é, então, o movimento circular? O movimento circular, a roda em seu giro, é sim a ideia absoluta que é a última categoria da Lógica, é o Deus uno e trino da primeira parte do sistema. Mas a roda circular não é o sistema inteiro, é apenas a Lógica, a primeira parte. A linha traçada é a segunda parte do sistema, ela constitui nosso mundo em evolução histórica, em movimento não reversível de tempo histórico. Qual, então, a terceira parte do sistema? Qual é o saber absoluto e a Jerusalém Celeste? Evidentemente é o eterno momento presente, é o saber que sabe e está consciente tanto da circularidade da roda quanto da linearidade da linha concreta que está sendo traçada pela roda. — Temos aqui, como aliás em Agostinho e em Hegel, o Absoluto em dois estágios dialéticos diferentes: o Absoluto como tese é a circularidade do sistema ainda sem historicidade contingente, o Absoluto como síntese é o movimento circular, eterno momento presente, que engendra, constrói e é, sem deixar de ser ele mesmo, a linha reta.

O que contém o quê? Qual conjunto contém o outro? O círculo contém a linha reta? Ou é a linha reta que tem que conter o círculo? Essa segunda hipótese é impossível; a primeira hipótese não é impossível, mas não explica nada, apenas confunde. Não podemos aqui trabalhar com as categorias de dois conjuntos, um contendo o outro; isso de nada serve. A categoria que aqui nos serve é a síntese clássica utilizada pela velha e veneranda dialética. A síntese contém tese e antítese, sim, mas superadas e guardadas. Circularidade e linearidade são superadas se e enquanto se opõem. São guardadas naquilo que têm de positivo. O que é isso? O ponto inextenso — nem circular, nem linear —, que, ao se pôr em movimento, traça não só a circularidade da roda, como também a linearidade do trajeto histórico. O ponto em movimento, esse é a síntese entre tese e antítese. Esse ponto tem que ser pensado como o eterno momento presente, porque assim ele resgata todo o seu passado e antecipa todo o futuro. O eterno momento presente, inextenso e atemporal, guarda dentro em si — *aufghehoben* — todas as contingências da história que já passou[175] e do futuro que está por vir. O ponto em movimento que é o eterno momento presente, essa é a síntese do sistema.

O Absoluto, então, em seu sentido pleno, no sentido do saber absoluto e da Jerusalém Celeste, é o ponto em movimento, o eterno momento presente, que constitui ao mesmo tempo linearidade e circularidade, tempo histórico e eternidade. O ponto em movimento, eis o Absoluto em seu sentido pleno.

---

[175]Isso pode soar estranho num primeiro momento. Mas basta, como Agostinho diz, que olhemos para dentro para percebermos o fato de que, em cada momento que vivemos, estão presentes em nossa autoconsciência tanto as contingências de nossa vida temporal pregressa como os nossos projetos para o futuro.

6. Conclusão

O conceito de Absoluto no sistema neoplatônico que está sendo aqui proposto apresenta semelhanças e dissemelhanças com a ideia absoluta e com o saber absoluto de Hegel. Ambos os sistemas são semelhantes e aparentados, é claro, e estão, assim, muito próximos um do outro. Mas num ponto eles diferem profundamente, porque o de Hegel é necessitário; o que estou propondo contém contingência e liberdade no sentido contemporâneo do termo. Isso tem influência decisiva no conceito de Absoluto de ambos os sistemas. Na filosofia de Hegel, a necessidade, que perpassa todo o sistema, vincula de forma dura a ideia absoluta com o saber absoluto. Afinal, o saber absoluto decorre necessariamente da ideia absoluta, ele é apenas uma ampliação desta (*Erweiterung*). Um não é o outro, mas o nexo entre ambos é, pela estrutura do sistema, o de uma ampliação necessária. Dessa maneira, em Hegel, a ideia absoluta e o saber absoluto — Lógica e Espírito —, embora diferentes, estão muito próximos. Ambos são, no fundo, necessários e estritamente circulares. Ideia absoluta e saber absoluto, resumo e condensação máxima da filosofia hegeliana, são conceitos que estão impregnados da necessidade do sistema e são, como este, rigorosa e exclusivamente circulares. Isso significa que — como Hegel mesmo diz —, ao chegarmos no fim do sistema, devemos começar tudo de novo, pois o último elo da cadeia está ligado ao primeiro. Isso significa que o enriquecimento havido entre a ideia absoluta e o saber absoluto — o curso da História — na segunda rodada se repete exatamente igual ao que era na primeira rodada. E assim na terceira, na quarta rodada etc. Com isso, todo o sistema se transforma no perpétuo retorno do sempre mesmo, e a verdadeira historicidade, que Hegel tanto queria resgatar, é diluída pela lógica do sistema. Hegel queria, sim, fazer uma filosofia que fosse Filosofia da História; o que conseguiu fazer, no entanto, ao incorporar a História ao sistema, foi exatamente o oposto. Ao entrar no sistema, a História perde sua historicidade contingente e torna-se um nexo lógico-necessário. Em vez de a Lógica e a Ontologia tornarem-se históricas, a História torna-se lógica. Esse é o erro que afeta o sistema e, assim, também o conceito de Absoluto de Hegel. O Absoluto da primeira parte do sistema, a ideia absoluta, e o absoluto da terceira parte, o saber absoluto, são como que irmãos muito parecidos, porque a história que se desenvolve na segunda parte não é contingente, não é nada de novo, não é verdadeira historicidade, mas sim desdobramento necessário e ampliação da ideia absoluta. O Deus do começo e o Deus do fim do sistema, em Hegel, são idênticos, porque a Natureza e o Espírito não possuem espessura própria, nem lógica nem ontológica, onde possam ser ancoradas a História e a contingência.

No sistema que estou propondo não é assim. A primeira parte do sistema consiste em um único princípio formal que se desdobra em três momentos: identidade, diferença e coerência. Pode-se, é claro, agregar em torno desse primeiro princípio muitas, sim, quase todas as categorias da Lógica de Hegel. Fiz uma opção pelo despojamento, reduzi a Lógica a seu núcleo duro, a um primeiro princípio, para que sua estrutura básica ficasse mais clara e mais expressa. Em Hegel, a primeira parte do sistema, que é a Lógica, desemboca na ideia absoluta; no sistema aqui proposto, a primeira parte do sistema, a Lógica, é um único princípio, formal, ainda vazio de ulteriores conteúdos fáticos, que se desdobra e se desenvolve em três momentos: identidade, diferença e coerência. A passagem da primeira parte do sistema para a segunda parte faz-se através da resolução da antinomia que o primeiro princípio — que é a primeira parte do sistema — contém. O momento da diferença, nele contido, ao aplicar-se a si mesmo, aparece como sendo antinômico. Ora, antinomias só se resolvem pela distinção de aspectos ou níveis. A antinomia ínsita no primeiro princípio exige, pois, que ele deixe de ser apenas princípio formal, princípio principiante, e se torne também material, ou seja, princípio principiado: a emergência de diversos aspectos realmente existentes é o que resolve a antinomia da diferença. Isso confere ao primeiro princípio um dinamismo todo especial; ele precisa engendrar novos aspectos lógicos e ontológicos, sob pena de entrar em colapso, se não o fizer. O primeiro princípio, para poder resolver a antinomia nele contida, precisa sempre estar saindo de si e engendrando algo outro, a saber, a natureza, e, depois, o espírito, a *natura naturata*. A essa necessidade de engendrar alteridades, que há no âmago do primeiro princípio, primeira parte do sistema, não corresponde um necessitarismo da natureza e do espírito, segunda e terceira partes do sistema? A resposta a essa pergunta decisiva é dura e clara: não. Por que não? Porque a antinomia se resolve quaisquer que sejam os aspectos engendrados. A solução da antinomia exige, sim, necessariamente, o engendramento de aspectos. Mas essa necessidade não determina — como no sistema de Hegel — quais os aspectos que serão engendrados. Esses aspectos podem ser assim e podem ser diferentes. Quaisquer que eles sejam, a existência de aspectos diversos por si só já resolve a antinomia. — Temos, então, por um lado, a necessidade do primeiro princípio de engendrar novos aspectos; eis o motor que move a Dialética, eis o motor que com energia e força primevas move a evolução do Universo. Mas a essa necessidade geral não corresponde a necessidade determinada de que esse aspecto tenha que ser assim, aquele outro aspecto necessariamente tenha que ser assado; não, isso é contingente, isso é história, história verdadeira. A passagem, pois, da primeira parte para a segunda parte do sistema, do primeiro princípio para a natureza, é necessária sob um aspecto (ela deve existir), mas é não necessária sob outro aspecto (os aspectos podem ser os mais variados possíveis, eles não estão pré-programados no primeiro princípio).

O primeiro princípio (identidade, diferença e coerência) é absoluto? Ele é o Absoluto? Ele pode ser chamado de absoluto, porque não é condicionado por nenhum princípio que seja a ele anterior. Nesse sentido bem estrito o primeiro princípio pode ser chamado de absoluto; se alguém quiser, de Absoluto. Mas esse Absoluto, incondicionado para trás — em análise regressiva —, é condicionado para a frente: ele precisa engendrar alteridades, senão implode. Se utilizarmos a terminologia da Filosofia da Religião, esse Deus — se é que ele pode ser chamado de Deus — é absoluto, porque não há nada antes dele que o condicione logicamente ou o efetive de maneira causal, mas ele é um Deus que precisa engendrar outras realidades. Se essas outras realidades, como estamos todo o tempo tacitamente supondo, são a natureza e o espírito, então esse Deus precisa criar a natureza e o espírito. A

O ABSOLUTO E O SISTEMA

criação, aqui, não é fruto de um ato livre, não é a superabundância do amor que transborda, como no sistema de Agostinho, mas uma necessidade lógico-ontológica. — Quanto ao Deus na terceira parte do sistema, quanto ao Absoluto na terceira parte do sistema, não há grande diferença — eu diria até, não há nenhuma diferença — com relação ao Deus e à Jerusalém Celeste de Agostinho.

Como filósofo, não vejo como possa ultrapassar os limites do que foi anteriormente dito e exposto. O Deus, na terceira parte do sistema que estou propondo, é — penso eu — igual ou, ao menos, muito semelhante ao Deus agostiniano da Jerusalém Celeste; a segunda parte do sistema, a *natura naturata*, em minha proposta é contingente, como o é no sistema de Agostinho. A diferença, pois, entre o sistema que estou propondo e o sistema de Agostinho está na primeira parte. Eu estou propondo um princípio uno e trino, incondicionado, e, nesse sentido, absoluto, mas que é formal e que precisa engendrar alteridades sob pena de entrar em colapso. Esse Absoluto, sendo formal e precisando engendrar alteridades, difere do Absoluto da primeira parte do sistema de Agostinho. Eu, como filósofo, não vou adiante. Não vejo como possa provar mais do que isso.

Mas, se alguém, cristão convicto, defender o Deus uno e trino de Agostinho, perfeitíssimo, que, na superabundância de seu amor, transborda e deixa livremente sair de si a natureza e o espírito, há nisso uma contradição? Não vejo contradição nessa construção. Se alguém, por motivos outros que não o raciocínio filosófico estrito, houver por bem defender — como religião — uma tal concepção de Deus uno e trino antes de criar o mundo, penso que não está incorrendo em contradição interna. Eu faria, apenas, duas observações críticas. A primeira refere-se ao conceito de criação que de maneira nenhuma pode excluir o conceito de evolução, daquela evolução que perpassa e molda tanto natureza como espírito. A segunda diz respeito às razões argumentativas que levam a admitir um tal Absoluto já na primeira parte do sistema. Essas razões, que não são filosóficas — isto é, parece-me que não estão baseadas em raciocínios sistemáticos cogentes —, convém que elas sejam explicitadas como tais.

Do que acima foi exposto seguem duas conclusões fortes. Uma negativa, a outra positiva. A conclusão negativa é de que o conceito de Deus das grandes religiões ocidentais, nesses últimos séculos, está mais e mais se afastando daquilo que em boa filosofia chamamos de Absoluto; lamentavelmente o pensamento mágico está voltando a prevalecer sobre o pensamento racional, o Deus da magia e da superstição está voltando a prevalecer sobre o Deus pensado pela razão. A conclusão positiva é de que, com algum esforço intelectual, é possível, sim, neste começo do século XXI, falar sensata e racionalmente do Absoluto, ou seja, do Deus de nossa tradição, do Deus de Agostinho, do Deus de Nicolaus Cusanus, do Deus de Schelling e Hegel, apontando tanto os erros como os acertos.

Dialética, quando verdadeira, não termina nunca numa resposta e sim numa pergunta. A pergunta aqui é: se o Universo todo é, já agora, neste eterno momento presente que resgata todo o passado e projeta todo o futuro, o Absoluto mesmo, então todos nós, enquanto partícipes do Absoluto, somos deuses. Mas, se é assim, por que a unidade lógica e ontológica do Universo como que se esvai por entre nossos dedos? Por

O ABSOLUTO E O SISTEMA

que a razão está fragmentada e ninguém mais consegue ver a unidade que se constitui como totalidade em movimento? Essa é a pergunta com que se encerra o que, embora pronto e acabado como eterno momento presente, ainda está em curso como a não identidade e a dispersão no espaço e no tempo. Por que o Uno é Múltiplo?

X. Ontologia deflacionária e ética objetiva

Eduardo Luft

A

Da crítica a Hegel à reestruturação da filosofia sistemática

1. Considerações iniciais

Após décadas de predomínio de vertentes analíticas de pensamento, a filosofia vive o ressurgimento do interesse pela dialética, mais especificamente pela dialética de corte hegeliano.[176] O objetivo do presente estudo é contribuir para o projeto de reatualização da *Filosofia do Direito* hegeliana inaugurado por Axel Honneth, mas isso de modo bastante indireto: o meu interesse aqui não é investigar tópicos específicos da *Filosofia do Direito*, nem mesmo a própria teoria do reconhecimento como proposta por Honneth, mas iniciar

---

[176]Cf., p. ex., C. Halbig, M. Quante, L. Siep (ed.), *Hegels Erbe*, 2004.

EDUARDO LUFT

uma caminhada no sentido da explicitação dos pressupostos ontológicos carregados por tal projeto de reatualização. Essa ênfase em uma abordagem ontológica não deveria parecer surpreendente, visto que a *Filosofia do Direito* tem seus pressupostos fortemente ancorados na metafísica dialética elaborada na *Ciência da Lógica*, de onde brotam uma teoria dialética da liberdade (baseada na autodeterminação do Conceito), uma teoria relacional das estruturas ontológicas (pressuposto-chave da teoria relacional do eu que é fundamento da dialética do reconhecimento) e uma noção forte de teleologia (onde se ancora a leitura hegeliana do progresso da liberdade na história das civilizações).

Devemos nos lembrar, contudo, das restrições que o próprio Honneth levanta em relação a uma pretensa reatualização da filosofia hegeliana *in toto*. Parece difícil conciliar as exigências próprias do pensamento contemporâneo, em plena era "pós-metafísica", com a orientação fortemente metafísica do projeto filosófico hegeliano, sobretudo sua defesa de um idealismo objetivo do Conceito, supostamente fundado de modo último na *Ciência da Lógica*. Honneth é enfático em relação a esse ponto: "nem o conceito hegeliano de Estado nem seu conceito ontológico de espírito parecem-me hoje, seja de que modo for, passíveis de reatualização."[177]

Parece claro, todavia, que qualquer tentativa contemporânea de reatualização da *Filosofia do Direito* precisa recorrer a algum pressuposto ontológico, ao menos se pretende escapar dos deficits próprios às variadas formas de idealismo subjetivo (no contexto das filosofias da consciência) ou intersubjetivo (nas filosofias da linguagem). Mas isso não

---

[177]Cf. Honneth, 2001, p. 14.

ONTOLOGIA DEFLACIONÁRIA E ÉTICA OBJETIVA

significa, de modo algum, defender uma abordagem ontológica similar àquela empreendida por Hegel em sua *Lógica*. Como veremos no que segue, a ontologia dialética não precisa ser desenvolvida na forma de um idealismo objetivo, muito menos necessita carregar consigo a pretensão de um saber fundamentado de modo último. Muito pelo contrário, talvez um dos fatores mais importantes de uma ontologia dialética revisitada seja justamente seu caráter falível, e sua abertura ao diálogo com ontologias rivais e com correntes centrais da ciência contemporânea.

2. As críticas a Hegel e a necessidade de reestruturação do sistema dialético

Seja qual for o projeto de reconstrução do pensamento dialético, é preciso sempre ter em mente as objeções levantadas por pensadores de relevo contra intuições centrais da filosofia hegeliana. Se não é mais crível a proposta de desenvolver a filosofia a partir da perspectiva de um saber absoluto, se o pensamento filosófico deve reconhecer seu vínculo incontornável à história, a tarefa de uma reconstrução crítica do pensamento dialético deve levar em consideração os impasses que desembocaram em becos sem saída no passado, e precisam ser evitados no presente. Papel-chave nesse contexto desempenham as críticas desenvolvidas pelo Schelling tardio em suas preleções *Zur Geschichte der neueren Philosophie*, que exerceram forte influência em pensadores posteriores, marcando mesmo época na história da filosofia.[178] Penso, sobretudo, na denúncia de um deficit no tratamento hegelia-

---

[178]Cf. W. Schultz, 1955.

no do conceito de contingência na *Ciência da Lógica*, e na consequente compreensão distorcida do papel do indivíduo (e da liberdade individual) no sistema de filosofia.[179]

Em *Para uma crítica interna ao sistema de Hegel*, procurei rearticular as objeções de Schelling na forma de uma crítica imanente à filosofia hegeliana.[180] Naquele momento, acreditava que as críticas poderiam ser satisfatoriamente respondidas por uma correção pontual na *Ciência da Lógica*, mais precisamente, na teoria hegeliana das modalidades,[181] conforme a proposta de Carlos Cirne-Lima.[182] As categorias de *necessidade relativa* e *contingência* não deveriam ser sintetizadas pela categoria mais abrangente de *necessidade absoluta*, mas por uma categoria capaz de expressar a logicidade dialética na forma de uma racionalidade tênue, na forma de um dever-ser. A partir dessa correção, a contingência passaria a assumir um papel mais produtivo no sistema de filosofia do que o proposto por Hegel, o que asseguraria um espaço pleno, na Filosofia do Espírito, para o exercício da liberdade individual. Durante a realização de minhas pesquisas de doutorado tornou-se, todavia, paulatinamente claro que as críticas tinham um impacto maior do que anteriormente imaginado. Em *As Sementes da Dúvida*[183] propus reforçar essas duas objeções (deficit no tratamento da contingência e da liberdade), articulando-as com uma terceira crítica (inspirada em Feuerbach),[184] ou seja, a acusação de dogmatismo, e

---

[179]Cf. Schelling, AS, v. IV, p. 548.
[180]Cf. E. Luft, 1995.
[181]Cf. Hegel, W, v. 6, p. 200 ss.
[182]Cf. C. Cirne-Lima, 1993, p. 83.
[183]Cf. E. Luft, 2001 (a).
[184]Cf. L. Feuerbach, *Zur Kritik der Hegelschen Philosophie*, GW, v. 9.

ONTOLOGIA DEFLACIONÁRIA E ÉTICA OBJETIVA

remetendo-as, todas, àquela que considero sua raiz comum: a consciência das inconsistências oriundas da tentativa hegeliana de conceitualizar a processualidade dialética à luz do que hoje em dia denomino *teleologia do incondicionado*, marca constitutiva do Conceito.[185] Deve-se a esse tipo específico de teleologia (imanente) o fato de que o fim do devir dialético, compreendido como a plenificação do Conceito, *e* as mediações necessárias que conduzem a esse estado de acabamento são predeterminados pelo próprio Conceito. A suposta presença da teleologia do incondicionado explicaria por que, na *Fenomenologia do Espírito*, o processo de formação da consciência desemboca necessariamente no saber absoluto; por que, na *Ciência da Lógica*, o processo de autodeterminação do pensamento puro se consuma na fundamentação última do sistema das categorias; e, por fim, por que o devir histórico das civilizações se plenifica na liberdade substancialista derivada do Estado moderno.

A resposta às mencionadas objeções à dialética hegeliana, agora potenciadas como críticas à própria logicidade do Conceito, exige a ruptura com a teleologia do incondicionado. Como a logicidade do Conceito estrutura o sistema de filosofia como um todo, a sua problematização exige a reestruturação global do sistema dialético. Em *Sobre a coerência do mundo* procurei expor, em suas linhas gerais, um novo projeto de filosofia sistemática que visa levar em conta essa exigência de reestruturação.[186] As mudanças estruturais mais importantes são, a meu ver, as seguintes:

---

[185]A crítica não se lança agora predominantemente sobre a dialética das modalidades, ou seja, sobre a Doutrina da Essência, mas incide sobre a teoria hegeliana do Conceito, ou seja, sobre a Doutrina do Conceito.
[186]Cf. E. Luft, 2005.

a) abandono do projeto de fundamentação última do conhecimento, com o correspondente colapso do dualismo entre saber fenomênico e saber absoluto (entre *Fenomenologia do Espírito* e *Ciência da Lógica*), e defesa de uma epistemologia falibilista;[187]

b) transformação da metafísica inflacionária do Conceito em uma ontologia deflacionária ancorada no princípio da coerência;

c) colapso do dualismo entre *Lógica* e *Filosofia do Real*, premissa básica do idealismo objetivo hegeliano, e afirmação do idealismo evolutivo;

d) recusa da teoria do progresso absoluto da liberdade na história das civilizações e defesa de uma axiologia objetiva em que se reconhece o caráter histórico e contingente das tramas de valores que permeiam a sociabilidade humana.

O presente artigo não tem, de modo algum, a pretensão de apresentar em detalhes todos esses tópicos implicados na reformulação da filosofia dialética. A ideia é explicitar da melhor forma possível, nos limites deste texto, os traços gerais da ontologia deflacionária que resulta da recusa da teleologia do incondicionado, e algumas das consequências de sua adoção para a fundamentação da ética (e, portanto, para o projeto de reatualização da *Filosofia do Direito*). Quero, todavia, iniciar com a exposição de uma versão muito concisa da primeira das mudanças estruturais elencadas acima, decisiva no sentido de tornar claro o contexto teórico falibilista em que se movimenta toda a investigação subsequente em torno da ontologia deflacionária.

---

[187]Para uma apresentação concisa e profunda do projeto de fundamentação última do conhecimento, cf. M. A. de Oliveira, 1993. Para a crítica desse projeto, cf. E. Luft, 2001(b).

ONTOLOGIA DEFLACIONÁRIA E ÉTICA OBJETIVA

3. Breves considerações epistemológicas: o colapso do dualismo entre Lógica e *Fenomenologia do Espírito*

A *Fenomenologia do Espírito* de Hegel tem por pressuposto central[188] a tese de que a crítica externa é inviável em filosofia. Na falta de um quadro referencial fixo que possa servir como base neutra para a resolução das disputas filosóficas, não resta alternativa ao contendor senão entrar em diálogo franco com o oponente, partindo da crítica interna de seus pressupostos. Essa defesa da crítica interna, como única forma legítima de objeção a sistemas filosóficos, transparece já nos escritos de Iena: "A visão superficial dos conflitos traz à luz apenas a diferença dos sistemas, mas já a antiga regra *contra negantes principia non est disputandum* permite reconhecer que, quando sistemas filosóficos entram em confronto [...], a unidade dos princípios já está à disposição."[189]

Deve-se ter em mente que a ênfase na crítica interna não significa aqui, de modo algum, a defesa de uma postura autocentrada, ou seja, uma atitude de enclausuramento na posição teórica própria, na esperança de que o outro (o parceiro da disputa) venha a nosso encontro. Pelo contrário, ela é um convite a uma atitude de descentramento, ao reconhecimento de que, não havendo qualquer padrão externo

---

[188]Esse pressuposto relaciona-se diretamente ao diagnóstico da inconsistência do projeto kantiano de constituir um tratado do método, quer dizer, um Tribunal da Razão que possa funcionar como juiz das disputas filosóficas, conduzindo-as a bom termo. Ou seja, a *Fenomenologia do Espírito* ancora-se no colapso do projeto desenvolvido na *Crítica da Razão Pura*. Qualquer filosofia avaliada pelo tribunal kantiano tem igual direito de perguntar pela legitimidade da própria *Crítica da Razão Pura*, reinserindo-a no "campo de batalha" da história da filosofia, ou seja, naquele ambiente corrosivo, permeado pela dúvida, que a instauração do tribunal deveria justamente ter sido capaz de sublimar.
[189]Cf. Hegel, W, v. 2, p. 216.

de referência a partir do qual o conflito possa ser sanado, os pressupostos de que parte o adversário são no mínimo tão legítimos quanto os nossos. A posição teórica própria encontra, portanto, *legitimidade* — embora não necessariamente *corroboração* — ao ser mediada pela perspectiva antagônica que emerge do adversário, em um processo cujo resultado permanece em aberto.

O antifundacionismo implícito nessa tese hegeliana foi, todavia, mitigado pelo apelo à teleologia do incondicionado, ou seja, à ideia de que toda disputa filosófica poderia ser vista como momento no devir necessário em direção ao saber absoluto (ponto de desenlace da caminhada fenomenológica). Negada a teleologia do incondicionado, o antifundacionismo se generaliza: é no todo do diálogo intersubjetivo, em que os quadros referenciais antagônicos são postos em questão, que o conflito pode ser sanado; não havendo mais uma orientação a um fim último do processo dialógico, o jogo dos conflitos e sua contínua superação permanecem inconclusos, e o devir dialético se estende *potencialmente* ao infinito.

Sendo assim, não apenas a *Fenomenologia* não desemboca mais em um saber absoluto, mas a própria *Lógica* mostra-se incapaz de se liberar de todos os pressupostos que marcam seu ponto de partida. Pensada em suas consequências últimas, a dialética conduz ao reconhecimento de que a tensão entre a perspectiva epistemológica e a perspectiva ontológica é insanável: pretendemos dizer o todo (*perspectiva ontológica*), mas o fazemos sempre tentativamente (*perspectiva epistemológica*). Um projeto contemporâneo de filosofia sistemática deve abranger e conciliar ambas as pretensões: por um lado, é preciso revelar as pressuposições ontológicas do discurso cético, virando a postura epistemológica ao avesso em uma

ONTOLOGIA DEFLACIONÁRIA E ÉTICA OBJETIVA

metaepistemologia[190] que convida à investigação ontológica; por outro, deve-se propiciar ao filósofo a consciência de que tudo o que temos é uma ontologia falibilista, e convidá-lo ao caminho inverso e ao diálogo renovado com as ciências particulares, passando pelo crivo do saber empírico e, como horizonte último, pela mediação corrosiva da dúvida cética.

Deve-se percorrer toda a parte B deste artigo tendo em mente que a perspectiva ontológica nela esboçada tem de ser acompanhada e complementada pela perspectiva epistemológica.

B

A perspectiva ontológica

1. Duas vias para a constituição da ontologia deflacionária

A ontologia deflacionária pode ser alcançada por duas vias à primeira vista independentes, mas que ao fim se revelam caminhos complementares de um mesmo movimento de deflação da ontologia clássica. Ambas as vias partem da influência de Platão sobre o pensamento ocidental, sendo a via descendente tipicamente filosófica e a via ascendente, predominantemente científica. Vejamos em que consta, em seus traços gerais, essa segunda via, já que a primeira (a via descendente) será tratada em detalhes logo a seguir.

A via ascendente bifurca-se, por sua vez, em duas trajetórias: de um lado, ela conduz da teoria das ideias de Platão à

---

[190]Cf. E. Luft, 2006.

EDUARDO LUFT

biologia clássica e, desta, à sua crítica darwinista; de outro, percorremos a via direta que vai do platonismo à teoria de sistemas de Bertalanffy; essas duas direções são, por fim, unificadas na teoria dos sistemas adaptativos complexos. A biologia clássica, sistematizada na obra *Systema Naturae* de Lineu, de 1735, baseia-se em um modelo classificatório (tipológico) que pressupõe um conceito forte de espécie, inspirado nas ideias platônicas.[191] Como as ideias, as espécies são fixas e claramente distintas entre si. Para cada espécie reserva-se uma gaveta no museu classificatório (daí poder-se denominar a biologia clássica, jocosamente, de "biologia do museu"). A ruptura darwiniana afirma o caráter contingente das espécies, sua gênese histórica e seu condicionamento temporal: a ontologia regional inerente à biologia é deflacionada e, em lugar da complexa estrutura das espécies imutáveis, introduz-se a estrutura minimalista do algoritmo da evolução.[192] O mundo real se assemelha mais ao fundo da caverna de Platão, onde a diferença entre as espécies é difusa e a própria noção de espécie enquanto tipo ideal se desfaz.

Se não se conhece uma influência da tradição platônica diretamente sobre o próprio Darwin, em relação à outra ramificação da via ascendente, ou seja, à teoria de sistemas, sucede algo bem diferente.[193] L. von Bertalanffy, o fundador da teoria de sistemas, reconheceu claramente a influência dos autores neoplatônicos em sua obra fundadora *General*

---

[191]Cf. J. Ruffié, s/d, p. 28.
[192]Segundo E. Beinhocker, o algoritmo da evolução envolve *variação, seleção* e *replicação* (do mais apto) (2006, p. 190-192). Veremos depois como essas características são integradas em uma formulação ainda mais geral do algoritmo, então identificado com o próprio princípio da coerência: "Só o coerente permanece determinado."
[193]Cf. C. Cirne-Lima, "Causalidade e auto-organização", nesta coletânea.

ONTOLOGIA DEFLACIONÁRIA E ÉTICA OBJETIVA

System Theory (edição da George Braziller de 1969), dedicada a Cusanus, Leibniz, Goethe, Aldous Huxley e Paulus von Bertalanffy; já em 1928 ele publicara um estudo sobre a obra de Nicolau de Cusa. Devemos a Bertalanffy a introdução dos pressupostos fundamentais da ontologia dialética nas ciências naturais. Inicialmente correntes independentes, o darwinismo e a teoria de sistemas encontrarão sua síntese nos trabalhos recentes de cientistas do Instituto Santa Fé, ou seja, na *teoria dos sistemas adaptativos complexos*. Tenho em mente aqui, sobretudo, o nome de Stuart Kauffman, que aplicou com sucesso essa abordagem científica inovadora à biologia[194] e, posteriormente, a outros campos de investigação, como a evolução tecnológica e a cosmologia.[195]

Devemos ao físico Lee Smolin, parceiro contínuo de diálogo com Kauffman, o desenvolvimento de uma cosmologia evolucionária. O seu pressuposto fundamental é de que as assim chamadas "leis naturais" não são padrões imutáveis da natureza, mas padrões contingentes, historicamente engendrados. Resta como lei universalíssima apenas o algoritmo da evolução. Smolin realiza na cosmologia o trabalho deflacionário anteriormente realizado por Darwin na biologia.[196] A ontologia deflacionária segue, assim, o caminho de generalização próprio da via ascendente: de teoria restrita à biologia ela se expande até envolver a própria cosmologia. Uma das mais notáveis aplicações recentes da teoria dos sistemas adaptativos complexos encontramos na obra de Eric Beinho-

---

[194]Cf. S. Kauffman, 1993.
[195]Cf. S. Kauffman, 1995 e 2000.
[196]Cf. L. Smolin, 1997. Smolin é autor de obras seminais sobre os fundamentos da Física e a busca por uma teoria unificada (que supere o conflito entre física relativística e física quântica): cf. 2001 e 2006.

EDUARDO LUFT

cker, *The Origin of Wealth. Evolution, Complexity and the Radical Remaking of Economics*, 2006. Não deixa de ser uma ironia que o cerne mesmo do pensamento dialético — a ontologia relacional, processual e holística que explicitaremos logo a seguir — encontre agora sobrevida naquela mesma ciência que há pouco, com o colapso do marxismo, parecia ter consumado sua morte, ou seja, a economia.

Um dos maiores desafios da via ascendente é compreender que traços encontrados em eventos próprios a uma dada esfera ontológica regional podem ser considerados *também* vigentes em outras esferas ontológicas e, por fim, que traços inerem a todas as esferas ontológicas e, portanto, constituem a própria ontologia como tal (a ontologia universal). Há uma tendência contínua de cairmos no erro de atribuir à esfera ontológica universalíssima propriedades que se aplicam apenas às ontologias regionais. Um exemplo crasso desse tipo de *falácia da generalização indevida* poderíamos encontrar, por exemplo, em propostas cosmológicas inspiradas em versões da teoria de sistema ou da auto-organização que pressupõem a diferença sistema/entorno como constitutiva da própria noção de sistema. Se a identidade de um sistema é dada por sua capacidade de diferenciar-se de um entorno, o que é apenas um problema secundário do ponto de vista, por exemplo, de certa teoria celular[197] (já que toda célula

---

[197]Penso aqui, sobretudo, em Maturana e Varela, que, partindo de uma abordagem centrada prioritariamente na descrição/produção de fenômenos da biologia celular, generalizam suas conclusões em um esquema abstrato que tem por pressuposto básico a contraposição entre sistema (unidade autopoiética organizacionalmente fechada) e entorno (determinado conceitualmente pela função geral de *perturbação* do sistema): "a estrutura do meio apenas desencadeia as mudanças estruturais das unidades autopoiéticas (não as determina nem informa)" (Maturana/Varela, 1995, p. 113).

pressupõe um entorno), resulta em contradição na perspectiva cosmológica, já que o Universo não pode, por definição, possuir um entorno.[198] Na teoria dos sistemas adaptativos complexos, esse problema desaparece, visto que a identidade de um sistema não é dada por sua diferença em relação a um entorno, mas pela *direção de movimento* do processo de auto-organização, pela configuração sistêmica (imanente) que é *atrator* do processo de auto-organização.

A Figura 2 apresenta de forma ilustrativa as duas vias para a constituição da ontologia deflacionária. Passo agora para o desenvolvimento da via descendente.

Figura 2: As duas vias para a constituição de uma ontologia deflacionária (em preto, a via descendente; em azul, a via ascendente)

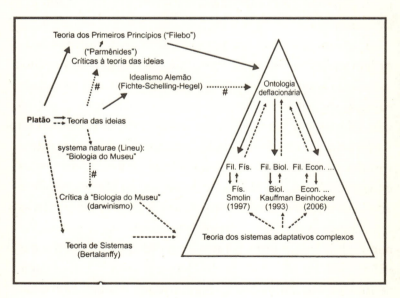

---

[198]Cf. as críticas de P. Margutti Pinto (2003, p. 87).

EDUARDO LUFT

2. A via descendente I: de Platão a Hegel

2.1. *A dialética como ontologia relacional e holística*

A via descendente, a via eminentemente filosófica, também se bifurca em dois caminhos que, de início, podem ser considerados independentes: de um lado, ela acompanha a influência exercida pela teoria das ideias no Idealismo alemão, para depois explicitar as consequências deflacionárias da crítica à dialética hegeliana; de outro, ela segue diretamente da crítica à teoria das ideias, veiculada no diálogo platônico *Parmênides*, até chegar à abordagem ontológica deflacionária encontrada no *Filebo*; ambas as vias são unificadas em uma dialética contemporânea concebida como ontologia deflacionária.

A teoria das ideias é a resposta platônica ao enigma da ordem presente em um mundo que, entregue a si mesmo, manifesta a tendência de dissolver-se em uma multiplicidade caótica, de perder-se no indeterminado. Os fenômenos só não submergem frente ao poder desestruturador da matéria (*hyle*) porque, de algum modo, *participam* do poder estruturador da ideia. A doutrina das ideias contém, assim, uma exigência dupla e paradoxal: de um lado, ela pressupõe a cisão entre ideias e fenômenos, ambos pertencentes a esferas ontológicas distintas — o reino inteligível em que se revelam a imutabilidade, a universalidade e a determinação plena das ideias (a força ordenadora do Uno) e o reino sensível onde se mostra a mutabilidade, singularidade e indeterminação da matéria (a força desagregadora do Múltiplo); de outro, exige o vínculo entre essas esferas metafísicas via doutrina da participação. O combate a esse dualismo será o tema central do pensamento tardio de Platão.

Todavia, já na teoria das ideias vemos brotar dois traços característicos do pensamento dialético, preservados por Hegel e, julgo eu, por qualquer filosofia que se queira dialética: o caráter relacional e holístico da ontologia. Vimos que a característica dos fenômenos, segundo Platão, é justamente sua tendência a perder-se no infinito: todo fenômeno é determinado por sua relação com outro fenômeno; como a cadeia de relações não tem fim, não encontrando repouso em qualquer configuração estável, em qualquer rede autoestruturante de fenômenos, a lógica fenomênica é disruptiva. Apenas a presença da ideia, como padrão estruturador não inserido nesse processo infinito de determinação, pode impedir que o mundo sensível seja o puro caos, a pura desordem. Ora, poderíamos perguntar, o que garante que as ideias elas mesmas não estejam submetidas à mesma lógica disruptiva? A resposta platônica é o holismo: assim como os fenômenos, também as ideias não são tematizadas no contexto de uma abordagem atomista (ou seja, como entes determinados já em-si, em seu isolamento de outros entes); pelo contrário, as ideias só se determinam em sua mútua identificação e diferenciação (tema caro à dialética dos gêneros supremos do diálogo *Sofista*); todavia, diferentemente dos fenômenos, as ideias formam, em sua codeterminação, nexos de relação mútua, redes relacionais autodeterminadas, *configurações* de ideias. Por sua vez, cada configuração de ideias é subordinada a redes relacionais ainda mais universais, e todas essas redes são reunificadas na estrutura geral e autodeterminante do próprio mundo inteligível, o mundo das ideias. Só ao se

EDUARDO LUFT

constituir como uma totalidade autodeterminada pode o mundo inteligível evitar a lógica disruptiva de um processo de determinação que se perde no infinito, típica da esfera fenomênica.

Eis o que aprendemos até aqui de Platão: a filosofia dialética pressupõe que toda determinação, no pensamento ou no ser, pressupõe relação. Nenhum ente (ou nenhum *evento*, como veremos) pode possuir qualquer qualidade (ou determinação) associada a si sem estar em relação com outro ente (ou evento). Ora, se essa cadeia de relações se perdesse no infinito, nenhuma determinação seria possível. Sendo assim, não pode haver qualquer *ser-em-si* sem a copresença de um *ser-para-outro*, nem pode haver essa contraposição sem a presença de uma rede de relações que dobra sobre si mesma (sem um *ser-para-si*). *A ontologia relacional pressupõe o holismo.*[199]

2.2. Primeira aproximação à tendência inflacionária do pensar metafísico: a crítica platônica à teoria das ideias

Vimos como Platão responde ao problema do enigma da presença da ordem na esfera sensível, ou seja, pela formulação da teoria das ideias, de onde são extraídos dois traços característicos da ontologia dialética: seu caráter relacional e holístico. Mas essa não é a última palavra de Platão. No diálogo *Parmênides*, o próprio Platão lançará poderosas críticas à teoria das ideias. Uma de suas principais objeções

---

[199]Esse pressuposto central do pensamento dialético é apresentado por Hegel como resultado da tematização crítica da noção de "ser" na primeira seção da Doutrina do Ser, na *Ciência da Lógica*; o "ser" é reconstruído, em sua primeira (ainda não plena) verdade, como "ser-para-si" (cf. W, 5, p. 82-208).

ONTOLOGIA DEFLACIONÁRIA E ÉTICA OBJETIVA

está implícita em uma pergunta à primeira vista ingênua lançada pelo personagem Parmênides a Sócrates: "E sobre coisas aparentemente ridículas, Sócrates, como cabelo, lodo, sujeira, ou sobre qualquer coisa menor e desprezível, tens dúvida se é necessário afirmar também para elas uma forma correspondente [...]?"[200] Sabemos que deve haver uma forma para as coisas belas, boas e verdadeiras, mas para o que há de mais baixo ou insignificante no mundo dos fenômenos, também para isso deve haver uma forma?

A objeção toca um ponto central. A lógica do procedimento classificatório típico da teoria das ideias é atribuir a cada suposto padrão encontrado no reino fenomênico uma forma correspondente, já que o que há de ordenado nos fenômenos resulta justamente de sua participação em uma forma (ou ideia). Então, para cada grupo de fenômenos deve haver uma ideia correspondente. Todavia, se há (potencialmente) infinitos fenômenos (ou padrões fenomênicos), haverá também potencialmente infinitas ideias? Se a cada novo grupo de fenômenos com uma mesma organização subjacente deve corresponder uma ideia ainda não revelada, e pressupondo-se que o processo de elencar novos fenômenos a serem explicados é uma tarefa sem fim previsível, então nada garante que exista de fato um número limitado de ideias. A tendência ao ilimitado é transposta, assim, do mundo sensível ao inteligível, tornando-o um mero reflexo da multiplicidade caótica que deveria justamente superar. A teoria platônica parece desembocar, seguindo esse raciocínio, na inflação (potencialmente infinita) da esfera inteligível.

---

[200]Cf. Platon, SW, v. VII, 130 c-d.

EDUARDO LUFT

A tendência inflacionária da teoria das formas também é diagnosticada em outra célebre objeção feita no *Parmênides*, e retomada posteriormente por Aristóteles (argumento do terceiro homem). A teoria da *methexis* exige que os fenômenos do mundo sensível tenham algo em comum com as ideias. Todavia, do mesmo modo como o recurso à ideia deve ser capaz de explicar a unidade subjacente à diversidade dos fenômenos no mundo sensível, somente o apelo a uma nova ideia (de segundo nível) seria capaz de explicar a unidade subjacente à diversidade própria à contraposição entre uma dada ideia (de primeiro nível) e a entidade do mundo sensível que dela participa, o que geraria uma nova contraposição e a necessidade de postulação de uma nova ideia (de terceiro nível) e assim ao infinito.[201] Agora a dificuldade diz respeito não ao procedimento classificatório utilizado para a elaboração da teoria das ideias, mas à pressuposição do dualismo entre ideia e fenômeno. Em ambos os casos, todavia, o problema parece residir no fato de que, para a elaboração da teoria das ideias, precisamos apelar a um princípio de constituição externo à esfera inteligível. Na primeira crítica, o método classificatório parece postular a dependência do procedimento de formação das ideias do apelo a observações empíricas: partimos dos fenômenos para explicar as ideias, quando deveríamos fazer o inverso — o que, sem uma clara regra de formação da esfera inteligível *prévia* à pesquisa empírica, não é viável; na segunda crítica, o dualismo entre ideia e fenômeno nos força a apelar a uma "terceira ideia", para além daquela dicotomia (e, portanto, para além da própria esfera inteligível), para explicar a possibilidade de participação.

---

[201]Cf. Platon, SW, v. VII, 132d-133a.

2.3. A dialética como ontologia processual e teleológica: a resposta dos idealistas alemães à falta de uma regra de formação da esfera inteligível

Dificuldade semelhante àquela observada por Platão em sua teoria das ideias, ou seja, a ausência de uma regra de formação *interna* que explique a constituição da esfera inteligível, encontramos no Idealismo alemão, embora, por óbvio, em um contexto diverso de problematização filosófica. É o que se pode depreender de um breve exame da transição de Kant a Fichte. Kant herdou do platonismo não apenas a postulação de um quadro de estruturas *a priori* (formas puras da intuição, categorias e ideias) responsáveis pela ordenação da esfera sensível, mas também a ausência de um princípio capaz de explicar a presença de tais estruturas, a restrição de seu número etc. Sobretudo Reinhold diagnosticou a falta de um fundamento claro para a filosofia transcendental, capaz de libertá-la de pressupostos não esclarecidos. A falta de um princípio a ancorar um procedimento rigorosamente progressivo para a constituição *a priori* do sistema da razão pura e o uso de forma regressiva e indireta de argumentação (transcendental) em contextos-chave da *Crítica da Razão Pura*[202] parecem condenar a filosofia à dependência de pressupostos não problematizados de ciências particulares.

Observa-se aqui problema análogo ao já detectado na teoria das ideias: a esfera inteligível ou, nesse caso, transcendental mostra-se dependente de elementos a ela externos. A

---

[202]Veja-se, por exemplo, o argumento desenvolvido bem ao início da exposição transcendental do conceito de espaço (KrV: B40-1).

EDUARDO LUFT

resposta de Reinhold, seguida por Fichte, é a exigência de uma derivação estritamente *a priori* dos elementos transcendentais inerentes à subjetividade a partir de um princípio de ordem pressuposto. No caso de Fichte, as "representações acompanhadas de necessidade"[203] serão derivadas[204] a partir do princípio da autoconsciência. As estruturas transcendentais são engendradas com necessidade no decorrer do processo de autodeterminação do eu na direção da consciência plena de si mesmo enquanto sujeito livre.

O platonismo pós-kantiano ganha, assim, contornos próprios com três fortes inovações: 1) parte-se da suposição de um princípio de ordem *imanente* capaz de evitar o problema do regresso ao infinito na esfera inteligível ou transcendental;[205] 2) a esfera transcendental tem caráter dinâmico, processual;[206] 3) o processo de engendramento das estruturas transcendentais é dotado de traços fortemente teleológicos.

O que farão Schelling e Hegel é transformar o idealismo subjetivo de Fichte em um idealismo objetivo: o processo de autodeterminação da subjetividade na direção da plena auto-

---

[203]Cf. Fichte, FW, v. 1, p. 423.

[204]Fichte fala em uma "dedução genética" (*genetische Ableitung*) dos elementos da consciência (FW, v. 1, p. 32).

[205]Para a peculiaridade da leitura hegeliana da virada transcendental no pensamento moderno, cf. M. A. de Oliveira, 2002, p. 189 ss.

[206]Deve-se destacar, todavia, que, mesmo dando ênfase ao caráter processual da ontologia, os idealistas alemães não estão tão distantes de Platão como se poderia supor. O filósofo grego via no movimento capaz de mover a si mesmo o princípio (*arche*) de todo movimento no Universo (sensível) (cf. Nomoi, SW, v. IX, 895b). Para Gadamer, Platão "[...] vê a essência da Physis na Psyche, ou seja, no princípio de automovimento que caracteriza o ser vivo" (GW, v. 7, p. 423). A novidade dos idealistas alemães é transferir o caráter processual à própria esfera inteligível ou transcendental. Cabe a pergunta se Platão não estaria fazendo algo semelhante na teoria dos primeiros princípios do *Filebo*, embora evitando o apelo a uma abordagem dualista. Mais sobre o teoria dos primeiros princípios do *Filebo* logo a seguir.

ONTOLOGIA DEFLACIONÁRIA E ÉTICA OBJETIVA

consciência é transmudado no processo de autodeterminação da razão absoluta na direção de seu pleno autoconhecimento.

2.4. Segunda aproximação à tendência inflacionária do pensar metafísico: a redução do Uno ao Múltiplo

Todavia, uma rápida comparação da *Crítica da Razão Pura*, obra marcada justamente pelo abandono das tentativas de construção inteiramente *a priori* do saber que grassavam na metafísica clássica, com a *Ciência da Lógica*, obra daquele filósofo que V. Hösle considera, a meu ver corretamente, juntamente com Fichte e Schelling, o "mais radical dos [pensadores] aprioristas da história da filosofia",[207] ou seja, uma rápida comparação do magro quadro das 12 categorias de Kant com o vastamente complexo sistema categorial desenvolvido por Hegel em sua *Lógica*, deixa à vista aquela que é talvez a principal raiz da ontologia inflacionária: as tentativas recorrentes na tradição metafísica de reduzir o Múltiplo ao Uno, quer dizer, de reinterpretar a multiplicidade subdeterminada dos fenômenos como multiplicidade determinada à luz de um princípio de ordem pressuposto. É essa tentativa que trará consigo a notória inflação da esfera ideal (ou transcendental objetiva) que observamos na transição da *Crítica da Razão Pura* para a *Lógica* hegeliana.

A *Lógica* de Hegel trata da essência do mundo: o exame do Conceito em seu processo de autodeterminação *a priori* tem de propiciar o esclarecimento da multiplicidade incontável dos fenômenos do "mundo empírico", ou seja, da esfera da Filosofia do Real concebida como manifestação do Conceito. O Múltiplo tem de espelhar o Uno. Quanto mais

---

[207]Cf. Hösle, 1988, p. 80 nota.

EDUARDO LUFT

intensa a exigência de uma explicação *a priori* do mundo, maior a tendência a inflar o reino inteligível de determinações capazes de refletir a multiplicidade sensível (quando se pretendia fazer exatamente o inverso).[208] Até chegarmos à conclusão inevitável: sempre restará um resíduo. O Múltiplo permanecerá indomável. A tentativa de exaurir *a priori* o nosso conhecimento do mundo termina não apenas refém de uma vasta inflação da esfera inteligível ou transcendental, mas ironicamente, justamente lá onde o regresso ao infinito visa ser barrado, é inevitável o recurso a uma posição dualista — no caso de Hegel, o apelo a dois começos no sistema de filosofia,[209] ponto tão bem notado na célebre crítica de Schelling,[210] inaugurando a oposição entre *Lógica* e Filosofia do Real. E chegamos aqui, paradoxalmente, de volta aos enigmas de todo dualismo denunciados no *Parmênides* de Platão, dando início a um novo movimento inflacionário: afinal de contas, que estrutura lógico-ontológica explica a dualidade entre Lógica e Filosofia do Real?

3. A via descendente II: o retorno a Platão

3.1. *Da crítica a Hegel à ontologia deflacionária*

A nossa caminhada até aqui, seguindo por uma das vias inauguradas pela bifurcação inicial da dialética descendente, nos conduziu da teoria das ideias platônica à *Lógica* de

---

[208]Vide o debate permanente entre os hegelianos sobre quais categorias fazem parte da esfera lógica e quais pertencem à esfera real.
[209]Para explicação do deficit estrutural do sistema hegeliano que resulta justamente desse impasse, cf. E. Luft, 2001, p. 196 ss.
[210]Cf. AS v. 4, p. 562.

ONTOLOGIA DEFLACIONÁRIA E ÉTICA OBJETIVA

Hegel, perfazendo o percurso da metafísica inflacionária na filosofia ocidental; mas o calcanhar de aquiles dessa tradição já havia sido apontado por seu principal mentor, Platão. E devemos a ele também a formulação de uma alternativa. Veremos logo que alternativa é essa. Primeiro é preciso mostrar como a *Lógica* hegeliana pode ser enfrentada por crítica interna, e como dessa crítica resulta o movimento de deflação da ontologia, abrindo a perspectiva de diálogo com a proposta alternativa de Platão.

A *Lógica* hegeliana visa constituir o sistema *a priori* das categorias, que é a própria estrutura lógico-ontológica do Conceito, a partir de um processo de autotematização do pensamento puro. O pensamento pensa a si mesmo engendrando categorias — de início a mais simples, a categoria de "ser" —, e elevando cada categoria a conceito com pretensão de totalidade, de autarquia semântica. Mas logo se descobre que cada categoria tratada pressupõe outra categoria a ela oposta e é incapaz de mostrar-se com validade incondicionada (com plena autarquia semântica). Disso resulta uma contradição entre a pretensão de autarquia veiculada pelo ato de pensar, que pretende captar plenamente a si mesmo, e o caráter condicional de validade de cada categoria específica. Busca-se, então, superar a contradição por novas atividades de síntese e tematização de categorias mais abrangentes. O processo segue até encontrarmos a única categoria não condicionada por nenhuma outra a ela externa, a categoria que estrutura o sistema categorial como um todo, a "ideia". A ideia, por sua vez, manifesta em sua constituição lógica — ao integrar e conciliar todas as categorias prévias, e todos os atos de pensamentos a elas associados, em um sistema unifi-

EDUARDO LUFT

cado de pensamento — o próprio processo mediante o qual o pensamento puro se fundou a si mesmo de modo último.

Ocorre que a exigência de plenificação do Conceito, inerente à teleologia do incondicionado, é incompatível com o dinamismo da própria dialética. O dinamismo dialético se alimenta da (ao menos) possível presença de incoerências no pensamento ou no ser, a serem superadas por uma recorrente atividade de síntese. Já a suposta plenificação do Conceito, ocorra onde ocorra, implica a impossibilidade do surgimento de novas incoerências. Disso seguem-se duas consequências importantes:

1) Orientado para a realização de um fim absoluto, o processo dialético condena-se à autoaniquilação.

2) Consumado em uma totalidade plenamente autodeterminada, o processo de autojustificação do Conceito torna-se redundante, e a circularidade dialética resulta *viciosa*.

No coração dessa incompatibilidade da dialética com seus próprios pressupostos mais fundos[211] está o apelo hegeliano à teleologia do incondicionado, ou seja, a sua tentativa de conceber a processualidade dialética como orientada ao fim último de sua própria plenificação. A saída para o impasse é justamente a recusa da teleologia do incondicionado, o que acarretará, como já vimos anteriormente, não apenas a reestruturação da teoria dos primeiros princípios, da ontologia dialética, mas de todo o sistema de filosofia. A recusa da teleologia do incondicionado implica: a) a negação da suposição de que o processo dialético desemboca na plenificação do Conceito; b) a negação da tese de que o desenvolvimento

---

[211]Cf. E. Luft, 2001.

ONTOLOGIA DEFLACIONÁRIA E ÉTICA OBJETIVA

segue um percurso em que o fim e as fases que conduzem a ele são predeterminadas pela lógica do Conceito.

Embora o processo dialético desemboque, como em Hegel, em uma ontologia relacional e holística, há múltiplos, potencialmente infinitos modos de realizar a coerência do todo. Sendo o *telos* do processo dialético só e tão somente a autocoerência, a complexa trama do sistema categorial desenvolvida na *Lógica* hegeliana transmuda-se em uma estrutura minimalista: a logicidade dialética passa a ser expressão só e tão somente do princípio da coerência: "Só o coerente permanece determinado." Esse processo de redução radical de complexidade da teoria dos primeiros princípios é uma deflação, e a ontologia constituída a partir desse processo de redução é uma *ontologia deflacionária*.

3.2. *Em diálogo com o* Filebo *de Platão*

Como vimos, certa versão do platonismo fez carreira na extensa tradição da filosofia ocidental, apostando todas as suas fichas na redução do Múltiplo ao Uno. Chegamos mesmo a definir a ação de pensar nos termos da seguinte fórmula singela: "[...] pensar é: unir representações em uma consciência."[212] Podemos, todavia, encontrar no coração mesmo da filosofia platônica os elementos indispensáveis para a inauguração de um novo caminho possível, ou ao menos um novo vislumbre das alternativas disponíveis a uma ontologia relacional. O *Filebo* de Platão será o nosso ponto de partida: nesse diálogo, não é o Uno em isolamento que ocupa a posição de princípio da filosofia, e sim a dialética do

---

[212]"Denken aber ist: Vorstellungen in einem Bewusstsein vereinigen" (I. Kant, *Prol*, §22).

EDUARDO LUFT

Uno e do Múltiplo: "[...] de Uno e Múltiplo seja (feito) tudo aquilo que sempre se diz que é, e contenha em si combinados o limite e o ilimitado [*peras de kai apeirian*]."[213]

Como todo diálogo platônico, o *Filebo* elucida o mais complexo pensamento metafísico a partir dos exemplos mais singelos. O cerne do diálogo envolve o esclarecimento da lógica do prazer. E a lógica do prazer é a lógica da infinitude, a mesma lógica tendente à disrupção que, já vimos, caracteriza todo o reino fenomênico. Basta pensarmos no mais comum dos desejos, em como a gula não encontra limites e tende a driblar a saciedade. Se esse impulso ao infinito que nos leva a comer ou beber à exaustão não fosse contido, a ordem natural do organismo colapsaria. É a inteligência que nos leva a limitar o desejo, refreando o movimento ao infinito, e preservando a saúde. Mas aquilo que é apenas um singelo exemplo dos caminhos e descaminhos de nossa práxis cotidiana é elevado por Platão a uma amostra da estrutura íntima de tudo o que há ou pode haver, ou seja, dos primeiros princípios da ontologia dialética.

A essência do mundo não reside em uma lógica de redução de toda multiplicidade à instância de um princípio de ordem pressuposto: é a tensão entre dois movimentos antagônicos que jaz no âmago do ser — de um lado, o processo limitador que impõe medida e ordem ao mundo; de outro, o transcender dos limites, que dissipa a medida e gera de-

---

[213]Cf. Platon, SW, v. VIII, 16c. Sigo a tradução de F. Schleiermacher, com uma pequena alteração: *peras* e *apeiron* são traduzidos respectivamente por "limite" e "ilimitado" e não "determinação" e "indeterminação". Os primeiros conceitos, a meu ver, expressam melhor o modo dinâmico como Platão trata a relação entre Uno e Múltiplo. Isso não me impede de reconhecer que há um importante motivo subjacente à escolha do termo "indeterminação" para traduzir *apeiron*, como mostrarei na sequência do texto.

ONTOLOGIA DEFLACIONÁRIA E ÉTICA OBJETIVA

sordem. É difícil compreender como conciliar essa asserção tão fundamental em contextos-chave da obra tardia de Platão — e tão decisiva nas assim chamadas Doutrinas Não Escritas, centradas na oposição entre o Uno (*hen*) e a Díade ilimitada (*aoristos dyas*) — com a interpretação clássica do pensamento platônico, particularmente da teoria das ideias. Konrad Gaiser chega a diagnosticar a presença de um incontornável dualismo de princípios ou uma "contradição"[214] a minar qualquer tentativa de sistematização estrita da filosofia platônica. Prefiro supor que temos, aqui, um sinal claro de uma mudança de posição filosófica que pode ser acompanhada percorrendo a própria trajetória de elaboração dos diálogos platônicos[215] — ou seja, uma alteração de perspectiva que pode ser vislumbrada na obra exotérica de Platão, sem necessitar de apoio na obra esotérica (nos diálogos não escritos): o *Parmênides* significaria a ruptura com a teoria das ideias, ao menos com sua versão tipicamente dualista, dando origem a um movimento deflacionário que culminaria na teoria minimalista dos primeiros princípios que vemos esboçada em obras tardias como o *Sofista* e, particularmente, o *Filebo*. A marca mais fundamental dessa transição é justamente a tese decisiva de que o Múltiplo (e sua lógica da infinitude) não deve mais ser considerado o

---

[214]Cf. K. Gaiser, 1998, p. 10.

[215]Não posso desenvolver aqui essa tese em toda a sua complexidade, o que envolveria uma tomada de posição em relação à vastamente discutida questão da cronologia dos diálogos platônicos. Mas parece-me claro que temos aqui uma hipótese forte e plausível, que deveria ser desenvolvida em outros estudos. Procurei desenvolver uma primeira aproximação dessa releitura da obra platônica em "Contradição e dialética: um estudo sobre o método dialético em Platão" (E. Luft, 1996). A tese de doutorado de Márcio Soares, que deverá ser em breve defendida sob minha orientação, deverá lançar novas luzes sobre essa problemática.

outro absoluto do Uno (e sua lógica limitadora), ou seja, ele não deve mais ser conceituado como a marca da *hyle*, em sua oposição excludente perante o *eidos* ou *idea*: o Uno e o Múltiplo não se opõem mais de modo excludente, mas includente e correlativo, constituindo a estrutura mesma da teoria dialética dos primeiros princípios.

4. Ontologia relacional deflacionária

4.1. *O princípio da coerência*

Agora temos em mãos o pano de fundo filosófico para a elaboração de um projeto de ontologia relacional deflacionária. A ontologia dialética tem por pressuposto central o princípio da coerência: "Só o coerente permanece determinado." A essa sentença denomino *sentença primeira*. O termo "coerência" vem do latim *cohaerentia*, significando "união", "ligação". A sentença primeira afirma que somente permanece determinado o que está "ligado a" ou "unido a". Toda determinação supõe relação. Desfeita a relação, o evento determinado desvanece. No reino do discurso, desvanecer significa perder o sentido; no reino do ser, perder a existência.

A incoerência é a perda de determinação por perturbação e consequente disrupção de uma relação ou unidade de ao menos dois eventos. Resultaria da perda de determinação a queda no indeterminado? Podemos conceber de duas maneiras a ocorrência de perda de determinação: ou se trata da perda de uma determinação prévia em nome de uma nova determinação — uma *transformação de determinação* — ou da pura e simples queda no indeterminado, na ausência absoluta de determinações. Mas a ausência absoluta de

ONTOLOGIA DEFLACIONÁRIA E ÉTICA OBJETIVA

determinações é contraditória com a sentença primeira, cuja validade universalíssima supomos por hipótese. Sendo assim, toda perda de determinação na parte pressupõe transformação de determinação na totalidade que a envolve. Esse é outro modo de chegar à mesma conclusão de Platão, já exposta anteriormente: a ontologia relacional pressupõe o holismo.

Vemos, assim, que a perda de determinação não conduz à queda no indeterminado, significando na verdade transformação de determinação em um todo que, enquanto todo, permanece coerente consigo mesmo ou autocoerente (a sua unidade não foi destruída). A incoerência pode ser concebida, assim, como um momento entre duas situações de coerência: de um lado, a manifestação de incoerência é parasitária de uma coerência prévia que foi perturbada e, ao final, destruída; de outro, a consumação desse processo de perturbação, desse movimento para a incoerência, é a dissolução de uma determinação prévia *e* a reafirmação de um movimento para a coerência, de um processo de autodeterminação em uma totalidade mais abrangente.

Todo evento é elemento de uma totalidade que determina a si mesma ou é essa própria totalidade. Uma totalidade que determina a si mesma é um sistema. O conceito "sistema" vem do grego *systema*: *syn* significando "unir, juntar" e *histemi* significando "pôr", "colocar". Sistema é o processo de dar unidade a uma multiplicidade, engendrar coerência. O princípio da coerência é a logicidade íntima de todo e qualquer sistema.

4.2. *A dialética do Uno e do Múltiplo e o espaço lógico evolutivo*

Toda perda de determinação na parte é processo de determinação em uma totalidade mais abrangente. Como a queda no indeterminado é impossível, dada a vigência

EDUARDO LUFT

universalíssima do princípio da coerência, todo processo de determinação remete, em última instância, ao processo de autodeterminação do todo enquanto tal, ou seja, do próprio Universo.[216]

O processo de autodeterminação de um sistema é canalizado por seu modo de organização próprio ou sua *configuração* própria (ela é seu *atrator* ou seu *fim imanente*). Todo sistema tem por fim preservar a coerência consigo, mas há múltiplas, *potencialmente* infinitas[217] maneiras de realizar a autocoerência. O princípio da coerência, em sua vigência universalíssima, determina a coerência do Universo consigo mesmo enquanto sistema, mas *subdetermina*[218] as potencial-

---

[216]A tese de que o todo é o Universo, essa defesa radical de uma *filosofia da imanência* supõe a superação do idealismo objetivo e a defesa do idealismo evolutivo: toda transcendência não é mais do que autotranscendência, toda idealidade é só um aspecto complementar da realidade, e o todo que é atualidade absoluta, o Universo, contém idealidade e realidade como aspectos de sua própria atividade de autodeterminação. Por falta de espaço, essa tese é aqui simplesmente pressuposta, mas ela corre em paralelo à derrocada do dualismo entre saber absoluto e saber comum (entre *Lógica* e *Fenomenologia do Espírito*). Esse dualismo epistemológico deve ser visto como a contrapartida necessária do dualismo ontológico que cinde *idealidade* e *realidade* (*Lógica* e *Filosofia do Real*), ancorando-se, ambos, na defesa hegeliana da teleologia do incondicionado, ou seja, na suposição de que deve haver uma esfera lógico-ontológica da pura necessidade, da necessidade absoluta. A ontologia deflacionária parte da recusa da teleologia do incondicionado, pelos motivos já mencionados, dando origem a uma ontologia que considera necessidade e contingência como opostos correlativos inerentes ao princípio da coerência, como veremos a seguir, notas constitutivas da dialética do Uno e do Múltiplo.

[217]A infinitude aqui deve ser compreendida sempre como *potencial*, jamais como atual. O conceito de infinitude atual está por trás, como se sabe, dos paradoxos da teoria de conjuntos.

[218]Distingo, aqui, com rigor, "subdeterminação" e "indeterminação": subdeterminação é a propriedade de um evento cuja ocorrência é apenas uma entre "n" possibilidades em um campo limitado de possibilidades de ocorrência, tendo em vista a vigência de um dado princípio de ordem; indeterminação é a propriedade de um evento cuja ocorrência é apenas uma entre "n" possibilidades em um campo ilimitado (irrestrito) de possibilidades de ocorrência, tendo em vista a vigência de um dado princípio de ordem. Ora, um campo irrestrito não é campo

336

ONTOLOGIA DEFLACIONÁRIA E ÉTICA OBJETIVA

mente infinitas maneiras de realizar a autocoerência do todo nessa ou naquela *configuração de Universo*, nesse ou naquele "mundo" possível. Dizer que a estrutura autorreferencial dos sistemas é constituída pela mesma lógica da coerência que engendra um campo incontornável de subdeterminação é afirmar que todo sistema é movido por um impulso de autotranscendência, por uma lógica que aponta sempre para além da autocoerência faticamente dada em certo momento do tempo, direcionando-se para outros modos possíveis da coerência consigo.

Há, assim, eventos atuais e eventos meramente possíveis. Eventos meramente possíveis estão *envolvidos* na configuração de um sistema atual. Eventos atuais, por sua vez, têm de ser possíveis. Se a sua possibilidade é apenas relativa, eles são o *desenvolvimento* do que estava envolvido na configuração de um sistema pressuposto. Se sua possibilidade é absoluta, eles não pressupõem nenhum sistema de ordem superior do qual são o desenvolvimento, e se apresentam como atualidade absoluta. Somente o Universo é atualidade absoluta, e todos os mundos possíveis estão envolvidos em sua atividade absoluta de autodeterminação.

---

algum; sendo assim, não pode haver indeterminação, mas apenas subdeterminação no Universo. Determinação é, por sua vez, a propriedade de um evento cuja ocorrência é a única possibilidade tendo em vista um dado princípio de ordem. Enquanto as potencialmente infinitas configurações de Universo são gestadas pressupondo-se a vigência do princípio da coerência, o campo de possibilidades é aqui originariamente restrito; as configurações de Universo estão, assim, subdeterminadas pela vigência objetiva do princípio da coerência. Agora podemos conceituar "contingência" como a propriedade de um evento cuja ocorrência está subdeterminada por um dado princípio de ordem; e "necessidade" como a propriedade de um evento cuja ocorrência está determinada pela presença de um dado princípio de ordem.

337

EDUARDO LUFT

Um evento apenas possível pode estar envolvido na configuração de um sistema como as fases decisivas de desenvolvimento de um embrião até um ser adulto estão envolvidas no genoma. Um ser humano não pode se tornar adulto sem um dia ter sido um embrião. A sua existência pregressa como um embrião é condição necessária de seu ser adulto, uma condição implicada no genoma. O envolvimento pode significar, assim, *implicação*; e o seu desenvolvimento em uma série temporal[219] significará, nesse caso, *explicação*. Mas envolvimento e desenvolvimento podem significar algo bem diferente. Há configurações que envolvem as possibilidades como o muro de uma propriedade cerca seus limites. Não se trata de determinar o que está contido dentro dos limites, mas apenas de delimitar o campo de possibilidades para um futuro desenvolvimento. Todos os mundos possíveis estão envolvidos, mas não implicados, na configuração absoluta do Universo que é o princípio da coerência (ou, o que é o mesmo, eles estão envolvidos, mas não implicados, na atividade absoluta de auto-organização do Universo). O envolvimento *sem implicação* de todos os mundos possíveis no princípio da coerência em sua vigência universalíssima *é* o espaço lógico evolutivo.[220]

---

[219]Há, implícita aqui, uma diferenciação entre duas noções de tempo. Uma série temporal que está implicada em uma dada configuração sistêmica pressupõe um conceito de tempo passível de "geometrização", uma temporalidade redutível a uma mera dimensão do espaço. Uma série temporal envolvida, mas não implicada, em uma dada configuração sistêmica é o *tempo propriamente dito*, o tempo da história natural e da história humana em seu sentido mais profundo, um tempo não geometrizável na exata medida em que não é (pre)determinado por um princípio de ordem subjacente.

[220]"Espaço lógico" deve ser entendido aqui no sentido lógico-ontológico: trata-se do espaço que envolve, de um lado, todos os pensamentos possíveis (= todas as formas possíveis de discurso), de outro, todas as formas possíveis de existência, pressupondo-se a vigência universalíssima do princípio da coerência. Há uma semelhança, aqui, com o "espaço lógico" descrito por Wittgenstein no *Tractatus* (cf. 1997, 1.13). Entre as várias diferenças, o "espaço lógico" é tratado,

ONTOLOGIA DEFLACIONÁRIA E ÉTICA OBJETIVA

Para conceituar adequadamente o espaço lógico evolutivo precisamos relembrar nosso diálogo com o *Filebo* de Platão. Vimos que a inovação principal introduzida na ontologia dialética pelo Platão tardio é a elevação do Múltiplo a elemento constitutivo da própria teoria dos primeiros princípios. Reside nessa inovação platônica uma das vias para a deflação da ontologia clássica, complementada pela crítica à teleologia do incondicionado que mina a dialética hegeliana. Vejamos agora como a dialética do Uno e do Múltiplo pode ser considerada o cerne mesmo do princípio da coerência e, assim, de uma ontologia dialética pós-hegeliana.

Coerência é a unidade de uma multiplicidade, ou uma multiplicidade em unidade. A coerência pode se dar nos

---

dialeticamente, não no contexto de um idealismo objetivo, mas de um idealismo evolutivo: a idealidade dos mundos possíveis é um aspecto do Universo que, em seu movimento de autotranscendência, envolve sem implicar todas as possíveis realizações da coerência consigo; mais importante: a dialética não pressupõe, de modo algum, qualquer das múltiplas (potencialmente infinitas) lógicas formais possíveis. Da perspectiva epistemológica, o princípio da coerência exige apenas que, para a constituição de qualquer sintaxe e qualquer semântica (formal) possível, se deve pressupor regras (quaisquer que elas sejam) e operar em coerência com elas, ou seja, que qualquer ato do discurso seja um sistema discursivo autocoerente ou um elemento de um sistema desse tipo [na verdade, a exigência é ainda mais frouxa, já que há "n" graus de coerência, muitos bem aquém do rigor exigido por um sistema formal, mas perfeitamente plausíveis no contexto de linguagens não formais, como é o caso do próprio discurso cotidiano]; da perspectiva ontológica, ele exige que, para a existência de qualquer evento possível, é necessário pressupor a vigência de um sistema autocoerente que seja o próprio evento ou a totalidade de que ele faz parte. O "espaço lógico" mostra-se, assim, infinitamente mais vasto do que aquele pregado por Wittgenstein, mas, curiosamente, de outro lado, a *atualização* desses mundos possíveis sofre restrições muito mais severas do que aquelas proporcionadas pela lógica wittgensteiniana, ou seja, ela sofre as restrições típicas de qualquer sistema evolucionário, que explicitaremos logo a seguir. Para uma bela exposição de Wittgenstein, cf. P. R. Margutti Pinto (1998).

extremos do predomínio máximo do Uno sobre o Múltiplo, ou vice-versa. Associe-se ao Uno as notas de *identidade*, *invariância* e *determinação*, e ao Múltiplo as notas de *diferença*, *variação* e *subdeterminação*. Ao movimento em direção ao predomínio máximo do Uno sobre Múltiplo denomino *uniformização*; o movimento antagônico é a *diversificação*. Em seu processo de autodeterminação, o Universo movimenta-se eternamente explorando todas as potencialmente infinitas maneiras de realização da dialética do Uno e do Múltiplo.

Façamos agora o seguinte experimento de pensamento. Imaginemo-nos acompanhando o movimento que segue da máxima diversificação para a máxima uniformização, constatando a presença de cada vez menos diferença e mais identidade, menos variação e mais invariância, menos subdeterminação e mais determinação no devir universal. O grau máximo do predomínio do Uno sobre o Múltiplo dar-se-ia na mais simples configuração de Universo possível em uma ontologia relacional dinâmica: a autodeterminação reduzida à mera repetição da identidade[221] do Universo consigo mesmo (A = A(rep.)). À configuração de Universo que manifesta esse estado de máxima uniformização denomino Mundo de Parmênides (o reino do puro Ser).

No Mundo de Parmênides parece não restar nenhum resíduo do Múltiplo, ele parece totalmente aniquilado na pura identidade, mas não é o que de fato acontece. Mesmo a repetição da identidade do todo é ainda expressão do Princípio da Coerência, e, portanto, da dialética de Uno e Múltiplo.

---

[221] A "identidade reflexa", segundo a conceituação de Cirne-Lima (2001, p. 19).

ONTOLOGIA DEFLACIONÁRIA E ÉTICA OBJETIVA

Trata-se aqui apenas de uma de suas manifestações mais extremas, o predomínio máximo do Uno sobre o Múltiplo. A identidade consigo supõe a diferença entre dois termos em relação ("A" ocupa os dois lados no sinal de identidade, para falar com Fichte). Além desse mínimo de diferença, a repetição da identidade do mundo ainda expressa o *devir* universal, e não uma entidade estanque. O Ser de Parmênides não é, de fato, puro Ser: o Aparecer o habita, mesmo que rebaixado à sua versão minimalista. A totalidade do mundo é ainda *evento*, e, portanto, variação.

O mais decisivo é que a manifestação extrema do predomínio do Uno sobre o Múltiplo é apenas uma dentre as potencialmente infinitas manifestações da coerência do todo consigo mesmo. O Universo sempre excede essa ou aquela configuração de mundo (tendo em vista o princípio da auto-transcendência), e não tardará a desenvolver novas configurações, mostrando que o que parecia o reino da perfeição mais pura e absoluta, o reino do puro Ser, contém, na verdade, a presença tensa do Aparecer, que logo revelará sua força. Qualquer manifestação subsequente da diversidade — por exemplo, o surgimento de novos eventos, novas relações, ou novos modos do processo de auto-organização para além da redundância da autoidentidade — levará ao colapso aquela configuração sistêmica minimalista, que reduziu o Universo a um sistema radicalmente simples. Desse modo percebemos, não sem certa surpresa, que o reino estático e supostamente puro do Ser é, na verdade, uma manifestação altamente instável e improvável da autocoerência.

Podemos fazer agora o movimento inverso, tomando a via que conduz da máxima uniformização à máxima diversificação. O devir universal se encaminha agora para a realização máxima do predomínio do Múltiplo sobre o Uno. Esse processo está associado, de início, a uma complexificação *determinada* do Universo: novos eventos e novas relações são *explicados*, desdobrados determinadamente a partir de um dado princípio de ordem (uma dada configuração de Universo). Todavia, a mera explicação de uma totalidade de eventos a partir de um princípio de ordem não espelha ainda o predomínio máximo da diversificação. Só a variação subdeterminada expressa a verdadeira potência do Múltiplo. Conforme o Universo se aproxima de uma maior diversificação, torna-se detectável o modo menos estringente do processo de autodeterminação, cada vez mais semelhante a uma vasta desordem. A multiplicidade, ao início determinada, revela mais e mais sua face mais própria, ou seja, enquanto multiplicidade subdeterminada pela configuração de Universo (os eventos deixam de estar *implicados* na configuração de universo pressuposta como seu princípio de ordem, e passam a estar somente *envolvidos* nela). As novas determinações engendradas pelo sistema global (o mundo específico em questão) estão prefiguradas apenas como meras possibilidades por seu processo de autodeterminação. Por fim, as próprias configurações de mundo em que o Universo se manifesta revelam-se cada vez menos determinadas.

A face extrema da diversificação implica transformação dos eventos atuais em puras possibilidades, instanciadas por uma configuração sistêmica atual minimalista. A máxima subdeterminação se dá em um sistema simples, no qual resta determinada apenas a autorrelação do todo: o Mundo de

ONTOLOGIA DEFLACIONÁRIA E ÉTICA OBJETIVA

Górgias (o puro Aparecer). Mas o Aparecer, na pura relação consigo mesmo, é apenas a contrapartida do Ser na mesma situação, e os dois opostos não se diferenciam mais, ao menos não no sentido de fundarem configurações de mundo antagônicas. Ser e Aparecer se mostram como aquilo que são: aspectos de uma e a mesma configuração de Universo que expressa o limite extremo no qual coincidem os caminhos antagônicos do devir universal. Compreendemos, surpresos, que as vias antagônicas da máxima uniformização e da máxima diversificação convergem para um e o mesmo centro, e nele repousam provisoriamente, coincidindo em uma e a mesma configuração de Universo, em um e o mesmo mundo. Os movimentos antagônicos se fundem, distinguindo-se apenas da perspectiva de quem visa enunciá-los, levando em conta a gênese daquela configuração. A esse mundo em que coincidem o Mundo de Parmênides (MP) e o Mundo de Górgias (MG), os reinos do puro Ser e do puro Aparecer, denomino o Mundo de Cusanus (MC).

Neste breve experimento de pensamento desdobrou-se diante de nós a estrutura mesma do espaço lógico evolutivo: o Mundo de Parmênides e o Mundo de Górgias são mundos possíveis dada a vigência objetiva do princípio da coerência — e, portanto, da dialética do Uno e do Múltiplo — no processo de auto-organização do Universo. Situados entre essas faces extremas em que possivelmente se manifesta o devir universal, desdobram-se (potencialmente) infinitos outros mundos possíveis, formando a totalidade do espaço lógico.[222]

---

[222]Para uma visualização do espaço lógico evolutivo, cf. a Figura 1 na página 231 desta obra. Sobre o Mundo de Leibniz (ML), o atrator do devir universal, falarei logo a seguir.

EDUARDO LUFT

4.3. Ontologia deflacionária e cosmologia evolutiva: o *Mundo de Leibniz* como atrator do devir universal

No outro extremo do espaço lógico, na face oposta do Mundo de Cusanus portanto, está o Mundo de Leibniz (ML). O papel-chave que esse mundo desempenha na ontologia deflacionária, e na cosmologia evolutiva dela derivada, só pode ser adequadamente compreendido explicitando-se a assimetria radical entre a semicircunferência superior e a semicircunferência inferior do espaço lógico: os mundos que se manifestam no 3° e no 4° quadrante são mais coerentes com o dinamismo radical que emana da vigência objetiva do princípio da coerência. Já foi dito que o princípio da coerência determina a autocoerência do Universo, mas subdetermina todas as potencialmente infinitas maneiras de realizar a autocoerência do todo, ou seja, os potencialmente infinitos mundos possíveis. Ora, aquelas configurações de universo ou aqueles mundos que se manifestam como formas extremas de predomínio do Uno sobre o Múltiplo, que se situam, portanto, no 2° quadrante, são ordenadas demais para conseguir se adaptar ao ambiente extremamente dinâmico gerado pelo princípio da coerência: já vimos, por exemplo, que o Mundo de Parmênides, o sistema simples em que se manifesta a iteração da autoidentidade do todo, se desfaz à menor presença de novas determinações com ele incompatíveis, todavia permitidas tendo em vista a preservação da autocoerência do Universo. No lado oposto, situados no 1° quadrante, temos mundos que, pelo contrário, são instáveis demais para preservar-se autocoerentes enquanto configurações de Universo específicas, e assim gerar uma história própria.

O atrator do devir universal é, portanto, o lugar onde encontramos configurações de Universo capazes de realizar

ONTOLOGIA DEFLACIONÁRIA E ÉTICA OBJETIVA

uma proporção razoavelmente equilibrada de Uno e Múltiplo. Sistemas flexíveis desse tipo são capazes de receber o impacto da presença de multiplicidade subdeterminada sem entrar em colapso enquanto sistemas, podendo perdurar pelo menos o tempo necessário para a produção de uma certa história própria, a formação de uma configuração de mundo particular estável e com características próprias. Sistemas flexíveis são aqueles capazes de combinar, em si mesmos, momentos de identidade e de diferença, de invariância e variação, de determinação e subdeterminação, sem entrar em colapso enquanto sistemas. A sua flexibilidade permite a sua adaptação ou coerência, ao menos em certa medida, com o devir universal. Se esse é o caso, essas configurações de mundo podem, então, gerar uma direção toda específica do devir universal, uma história e uma evolução próprias. Elas podem gerar subsistemas, complexificar-se e resistir ao impacto do que há de contingente no Universo, sem se desfazer. Como sabemos, Leibniz considerava que, dentre os "n" mundos possíveis à disposição de Deus, tendo em vista a vigência dos princípios da não contradição e da razão suficiente, este teria escolhido o melhor, ou seja, aquele mundo que contém a "maior ordem sob a maior variedade possível".[223] Daí denominar-se o mundo em que se manifesta a proporção simétrica de Uno e Múltiplo, o atrator do devir universal, de Mundo de Leibniz. Não pressuponho aqui, por outro lado, uma metafísica da transcendência, muito menos a tese de que este é *o* mundo que se manifesta necessariamente tendo em

---

[223]Assim diz Leibniz, no § 58 da *Monadologia*: "Este é o meio de obter tanta variedade quanto possível, mas com a maior ordem que se possa, quer dizer, o meio de obter tanta perfeição quanto possível" ["Et c'est le moien d'obtenir autant de varieté qu'il est possible, mais avec le plus grand ordre, qui se puisse, c'est à dire, c'est le moien d'obtenir autant de perfection qu'il se peut"].

vista a vigência do princípio da coerência. O atrator do devir natural não é seu fim necessário, mas um ponto de referência em cuja proximidade *tendem* a se manifestar mundos mais coerentes com a processualidade do todo.

Defendo, assim, uma cosmologia evolutiva. O Universo movimenta-se eternamente no campo de todas as configurações de Universo ("mundos") possíveis. No devir geral do Universo perduram mais aquelas configurações de Universo coerentes com o ambiente altamente dinâmico promovido pelo processo de autodeterminação do Universo como sistema. A preservação das formas coerentes no devir histórico e a superação das formas incoerentes é a *seleção natural*. O devir histórico do Universo, em sua *tendência* ao mais coerente, é a *evolução*.

5. A via descendente III: em diálogo com a teoria dos sistemas adaptativos complexos

5.1. Redes booleanas

Toda essa teoria especulativa exposta nos parágrafos acima ganha um pouco mais de concretude quando continuamos nosso movimento de dialética descendente. A ontologia relacional, processual, holística e deflacionária que vem sendo esboçada até aqui encontra um esquema de formalização nas redes booleanas de Stuart Kauffman. Esse modelo é um exemplo explícito de casamento, de articulação entre as duas vias (ascendente e descendente) de reconstrução do sistema dialético a que fiz referência mais acima (é preciso lembrar que a generalização da teoria dos sistemas adaptativos complexos está na gênese da dialética ascendente).

Em uma rede booleana, o estado de um evento é determinado pelo estado de outros eventos, em um processo de au-

ONTOLOGIA DEFLACIONÁRIA E ÉTICA OBJETIVA

todeterminação orientado para a preservação da estabilidade da própria rede. Kauffman tem estudado os sistemas auto-organizados com o intuito de explanar a enigmática transição natural dos eventos físico-químicos aos eventos propriamente biológicos. As redes booleanas são um modelo abstrato e idealizado[224] de processos de auto-organização, tendo sido elaboradas inicialmente por Kauffman com o intuito de explicitar o modo de funcionamento dos sistemas autocatalíticos[225] que estariam na gênese dos fenômenos da vida.[226] O adjetivo "booleano" vem em homenagem ao criador da álgebra da lógica, George Boole. Na Lógica booleana os símbolos 1 e 0 estão, respectivamente, para verdadeiro (V) e falso (F). Do mesmo modo como podemos pensar duas sentenças simples como contribuindo para a verdade ou falsidade de uma sentença complexa, podemos imaginar dois eventos contribuindo para a ativação ou inibição do processo de formação de outro evento (no caso de redes autocatalíticas, podemos pensar em duas moléculas contribuindo para a ativação ou inibição do

---

[224] O modelo é idealizado porque apresenta uma simplificação extrema do que de fato ocorre em redes autocatalíticas reais, em que o número de moléculas envolvidas é enorme e o modo de sua interação é muito mais complexo. Mas, como salienta Kauffman, a idealização permite tornar claras as nossas ideias sobre o modo de funcionamento das redes: "Ao final, precisamos mostrar que as ideias capturadas desse modo [mediante a idealização] não se alteram quando removidas as idealizações" (S. Kauffman, *At Home in the Universe*, Nova York, Oxford University Press, 1995, p. 75). Deve-se destacar que as redes booleanas também possuem ao menos duas restrições que a dialética não precisa seguir, e de fato não segue: ela pressupõe as regras da lógica bivalente, e essas regras são impostas ao sistema de fora (diversamente do que ocorre com os sistemas reais). O próprio Kauffman aceita essas restrições apenas para fins ilustrativos. A ontologia relacional, holística, processual e deflacionária implícita nas redes permanece válida mesmo sem tais restrições.

[225] Os catalisadores são eventos capazes de acelerar reações químicas.

[226] "[...] um organismo vivo é um sistema de produtos químicos que tem a capacidade de catalisar sua própria reprodução" (S. Kauffman, 1995, p. 49). Para a apresentação detalhada da teoria de Kauffman sobre a origem da vida, cf. 1993, p. 287 ss.

EDUARDO LUFT

processo de formação de outra molécula; no caso de redes neurais, podemos pensar em neurônios ativando ou inibindo a atividade de outro(s) neurônio(s) etc.).

Suponhamos a existência de um sistema complexo formado por três eventos (A, B e C), cada qual recebendo a influência de outros dois eventos.[227] O resultado da influência entre os eventos é determinado por uma lógica que espelha as regras de formação da verdade ou falsidade de sentenças complexas a partir da verdade ou falsidade das sentenças simples que as compõem. Imaginemos o caso de um sistema que inicia o processo de autodeterminação em uma situação na qual todos os três eventos estão com o processo de sua formação ativado (a cada evento é atribuído o valor "1"). Suponhamos, então, que as regras de sua influência mútua sejam as seguintes: a influência exercida sobre A segue a regra da conjunção ("e") — ou seja, o processo de formação de A somente será (ou permanecerá) ativado ("A" receberá o valor "1") se ambos os outros eventos estiverem com seu processo de formação também ativado,[228] a influência sobre B segue também a regra "e"; por fim, a influência sobre C segue a regra da disjunção ("ou"), ou seja, a atividade de formação de C somente será inibida ("C" receberá o valor "0") se ambos os outros eventos estiverem com a atividade de sua própria formação também inibida. Tais regras são regras de transformação, ou seja, elas regem o modo de mudança do estado de um sistema de sua condição expressa no tempo T1 para o tempo T2. No caso mencionado, no tempo T1 temos a situação de um sistema em que todos os

---

[227] O tratamento das redes booleanas que segue baseia-se em S. Kauffman, 1993, p. 189.
[228] Do mesmo modo como a regra da conjunção, em lógica formal, faz com que a sentença complexa somente possa ser verdadeira sendo verdadeiras as sentenças simples que a compõem.

três eventos têm o processo de sua formação ativado (todos recebem o valor "1"). Segue-se disso que o estado do sistema em T2 será exatamente o mesmo. Uma rede booleana desse tipo é exemplificada na Figura 3, Rede I (a flecha indica a situação para onde tende o sistema, ou seja, o seu *atrator*; no caso da Rede I, o sistema reitera o seu estado inicial).

Figura 3: Dois tipos de rede booleana[229]

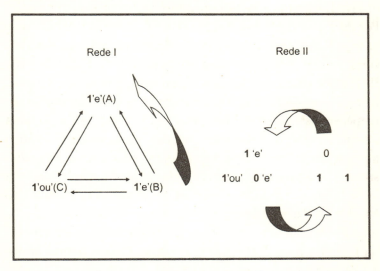

Podemos afirmar, assim, que a configuração sistêmica representada pela situação expressa em T1 é o atrator do próprio processo de determinação e o sistema mantém-se, assim, inteiramente coerente consigo mesmo em T2 — a unidade sistêmica preservou-se durante o processo. Temos, então, um sistema complexo compreendido como totalidade autodeterminante cujo modo de comportamento é a lógica da coerência, expressa, todavia, enquanto movimento apenas iterativo.

---

[229] Cf. Kauffman, 1993, p. 189.

EDUARDO LUFT

O problema de tal configuração sistêmica é sua alta sensibilidade a qualquer perturbação das determinações que a compõem — no caso, o estado de cada evento, correspondente ao valor "1" ou "0", e o modo de influência entre os eventos, exposto nas regras de transformação, já que nenhuma outra determinação está aqui posta em questão. Mudando-se as determinações dos eventos ou as regras de transformação, surgirá diante de nós outro sistema com um processo de determinação próprio. Por exemplo, digamos que o valor de B varie de 1 para 0, mas as regras de transformação permaneçam as mesmas. Veremos surgir, assim, a rede booleana exemplificada na Figura 3, Rede II. Trata-se de outro sistema, com um atrator diverso — no caso, a própria oscilação permanente entre as duas configurações sistêmicas mostradas anteriormente. Isso significa que a pequena alteração provocada no sistema regido pelo movimento iterativo fez com que ele perdesse a si mesmo, modificando-se *enquanto* sistema. A alta sensibilidade de redes booleanas semelhantes à Rede I é simétrica à alta sensibilidade de mundos próximos ao Mundo de Parmênides no espaço lógico evolutivo (ou seja, os mundos situados no quadrante 2º da circunferência exposta na Figura 1 na p. 231 desta obra): trata-se de sistemas pouco adaptáveis a um ambiente dinâmico.

Agora analisemos um outro caso. Suponhamos um sistema que se encontra também na mesma situação inicial descrita no primeiro exemplo, ou seja, um sistema formado por três eventos, todos com o processo de sua própria formação ativado (recebendo, portanto, o valor "1"). Todavia, nesse caso a regra de influência dos outros dois eventos sobre o evento B foi alterada, mudando da conjunção para a disjunção. Tal sistema mantém sua unidade interna — garantida pela preservação de um mesmo atrator para onde se dirige o processo de autodeterminação — mesmo recebendo pequenas alterações (cf. Figura 4).[230] Ou seja, já que a identidade de um sistema é dada por seu trator, e o atrator permanece o mesmo em todas as cinco configurações expostas na Rede III, temos um e o mesmo sistema compatível com todas essas possíveis alterações do estado dos eventos que o compõem, e portanto capaz de uma adaptação maior a possíveis mudanças de estado (perturbações) aleatórias. Redes flexíveis desse tipo tendem a se adaptar melhor a um ambiente dinâmico, subdeterminado por um princípio de ordem subjacente, e correspondem no "espaço lógico" àqueles mundos próximos ao Mundo de Leibniz (situados no 3° e 4° quadrantes na Figura 1, p. 231).

Figura 4: Uma rede booleana flexível:[231] proporção harmônica entre o Uno e o Múltiplo

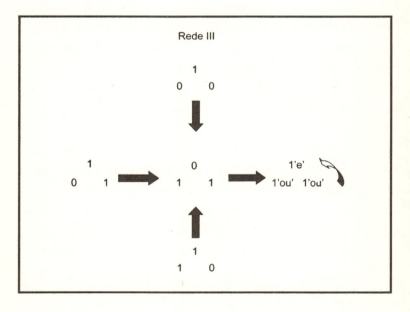

---

[230]Cf. S. Kauffman, id.
[231]Cf. Kauffman, 1993, p. 189.

EDUARDO LUFT

5.2. Paisagens de aptidão

Ao contrário dos sistemas naturais concebidos pela física clássica, sistemas adaptativos complexos são *inerentemente dinâmicos*. Eles se auto-organizam pressupondo possíveis variações internas aleatórias (subdeterminadas), e permanecem constantemente fora da situação de equilíbrio. Como as potencialmente infinitas maneiras de realizar a autocoerência não são predeterminadas pelo próprio princípio da coerência, o atrator de um sistema adaptativo pode variar com o tempo, mudando assim o *telos* do sistema[232] (o que denomino *teleologia dinâmica*, em oposição à teleologia não dinâmica que observamos na dialética hegeliana, em que o *telos* é fixado previamente pela logicidade do Conceito). Sendo o próprio Universo uma totalidade cujos estados globais possíveis (configurações de Universo) são subdeterminados pelo princípio da coerência, o ambiente em que se situa essa ou aquela configuração de Universo (esse ou aquele mundo) e seus possíveis subsistemas é permeado por um dinamismo extremo.

No caso específico da ontologia regional que encontramos na esfera biológica, redes moleculares autocatalíticas (= seres vivos) competem entre si na busca pelo mais apto (o mais coerente consigo e com o entorno), gestando um cenário que os teóricos da evolução chamam *"fitness landscape"* (paisagem de aptidão). Dois sistemas adaptativos complexos

---

[232]Disso segue que, quando se fala que a evolução implica um "movimento para o mais coerente" ou "para o mais apto", deve-se entender a noção de progresso aqui implícita como *contexto-dependente*. Eventos coerentes consigo e com o ambiente no momento T1 do tempo não necessariamente o serão assim que o ambiente mudar em T2.

ONTOLOGIA DEFLACIONÁRIA E ÉTICA OBJETIVA

estão mais próximos ou distantes um do outro na paisagem de aptidão de acordo com seu grau de identidade estrutural; por sua vez, quanto mais apto um sistema, mais alto ele se encontra na paisagem, forma picos e vales de aptidão. Poderíamos agora imaginar duas paisagens extremas: uma na qual a distribuição dos sistemas é perfeitamente aleatória, formando uma paisagem caótica; outra em que houvesse uma paisagem perfeitamente ordenada, com o sistema mais apto no centro, rodeado por sistemas que lhe são mais próximos estruturalmente, descendo gradualmente até a base da pirâmide.[233] Stuart Kauffman salienta que as paisagens de aptidão que encontramos no mundo real se manifestam em uma forma intermediária entre esses extremos: elas corresponderiam a uma paisagem de aptidão levemente correlacionada.[234] Nesse caso, os sistemas mais próximos possuem pouca variação entre si, pois é mais provável que pequenas variações gerem pequena diferença de aptidão; mas às vezes pequenas variações podem gerar grande diferença de aptidão (daí a correlação fraca entre os sistemas). Tenha-se em mente que a paisagem de aptidão é dinâmica (porque a teleologia que a suporta é dinâmica) e muda com o tempo, alterando continuamente picos e vales.

Que as paisagens de aptidão realmente existentes sejam paisagens levemente correlacionadas é algo que não se dá por acaso: isso ocorre pela mesma razão de haver uma assimetria entre as semicircunferências inferior e superior no espaço lógico dos mundos possíveis (Figura 1, p. 231).

---

[233]Cf. as imagens das paisagens de aptidão em Beinhocker, 2006, p. 205.
[234]Cf. Beinhocker, 2006, p. 206.

A paisagem de aptidão levemente correlacionada remete ao melhor dos mundos de Leibniz, pois reflete uma aproximação a uma proporção harmônica entre Uno e Múltiplo. O que, todavia, para Leibniz era uma paisagem única escolhida por Deus — aquela que reuniria a maior ordem sob a maior diversidade possível —, vem a ser aqui certo conjunto de paisagens possíveis que explicitam o adequado balanço do Uno e do Múltiplo em um universo por princípio dinâmico. Se a paisagem de aptidão fosse extremamente correlacionada (muito ordenada), qualquer perturbação a conduziria ao colapso; por outro lado, caso ela fosse amplamente aleatória (muito desordenada), nada nela permaneceria estável, e ela colapsaria de todo modo. Um ecossistema que se mostre apto a gerar uma certa história evolutiva em um universo dinâmico deve assemelhar-se a uma paisagem de aptidão levemente correlacionada. A existência de vários picos significa que, caso as pressões seletivas se alterem, as populações vigentes podem explorar tais picos em busca de adaptação. A ausência de aleatoriedade completa nos picos significa que as populações existentes permanecem suficientemente estáveis para preservar sua capacidade de adaptação ao cenário vigente.

A presença do Mundo de Leibniz como atrator universal, essa *tendência* do devir universal a se expressar na forma de mundos próximos ao Mundo de Leibniz, e a assimetria do espaço lógico dela derivada, explicam a diferença entre a teoria dos mundos possíveis ancorada em um modelo evolucionário, aqui exposta, e teorias dos mundos possíveis que pressupõem como fator restritor último apenas leis lógicas, como é comum

ONTOLOGIA DEFLACIONÁRIA E ÉTICA OBJETIVA

de se encontrar na metafísica analítica contemporânea:[235, 236] o devir universal sofre desde sempre restrições características dos processos evolutivos. Essa tendência do devir universal explicaria por que vivemos em um mundo permeado por paisagens evolutivas levemente correlacionadas, e por que essas paisagens tendem a ser selecionadas no decorrer do devir universal.

6. Ontologia deflacionária e axiologia objetiva

6.1. Sobre o bem objetivo

Como afirmei no início deste texto, minha intenção aqui foi eminentemente a de explicitar a ontologia subjacente a uma possível reatualização da concepção hegeliana de ética, ou seja, da *Filosofia do Direito*, e não enfrentar esse tópico diretamente. Gostaria de finalizar, todavia, apontando para algumas consequências da adoção da ontologia deflacionária para a ética.

Vimos que o processo de autodeterminação de um sistema *direciona-se* para a preservação da coerência consigo mesmo, ou seja, ele tem por *atrator* a sua própria configuração imanente (que permite identificá-lo como sistema). O sistema prioriza a própria integridade (autocoerência) diante de outros estados possíveis. Priorizar é gerar valor, mesmo quando o processo de priorização ocorre sem qualquer presença de consciência ou estado mental. Sistemas são, assim, centros produtores de valor, centros de valoração. Deriva-se da onto-

---

[235]Para um tratamento detalhado dessa tradição, cf. J. Divers, 2002.
[236]Agradeço a Marco Antônio Oliveira Azevedo por ter enfatizado esse ponto em conversa pessoal.

logia dialética, portanto, uma *axiologia objetiva*, uma teoria objetiva do bem[237] que está na base da ética. Já que qualquer outro bem pressupõe a preservação da autocoerência, esta deve ser considerada um *bem primeiro*; os demais valores são, nesse sentido, bens segundos.

Como a direcionalidade a um fim é propriedade constitutiva dos sistemas em geral, brota ao natural da ontologia deflacionária um universalismo ético muito mais abrangente do que o universalismo kantiano, e mesmo mais abrangente que o universalismo utilitarista de Peter Singer.[238] Se, para Kant, a esfera da comunidade moral envolve todos os seres racionais (todos os seres humanos, já que eles são os únicos seres conhecidos dotados de capacidade de argumentação), no caso de Singer ela envolverá todos os seres sencientes. Todavia, assim como podemos acusar de especistas, na terminologia de Singer, aqueles que restringem, de modo arbitrário, a esfera moral exclusivamente aos humanos, podemos considerar a linha divisória que separa seres sencientes e não sencientes como igualmente arbitrária, tendo em vista o postulado mais universal da autocoerência como bem primeiro. A esfera da comunidade moral é assim ampliada de modo a envolver todos os sistemas auto-organizados, desdobrando-se em uma perspectiva cósmica (cf. Figura 5). Temos aqui o ponto de partida para a elaboração de uma ética ambiental, uma ética capaz de responder aos desafios da crise ecológica.

---

[237]Para uma abordagem muito próxima desta que desenvolvo aqui, cf. H. Rolston, 1988..

[238]Cf. P. Singer, 1994.

Figura 5: A ampliação da comunidade moral (ou seja, da esfera dos seres que merecem consideração moral)

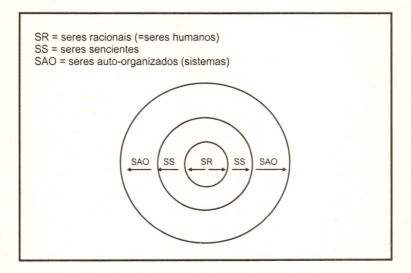

Se a autocoerência é um bem primeiro da perspectiva de qualquer sistema auto-organizado, a coerência do Universo é um bem primeiríssimo, já que é condição de possibilidade da emergência de qualquer outro bem primeiro. A coerência dos subsistemas supõe a preservação da coerência do mundo onde se inserem, dessa configuração de Universo específica em que estão localizados e, ainda mais, da autocoerência do universo como tal. A emergência de subsistemas traz consigo, todavia, conflitos entre bens: se os múltiplos subsistemas *divergem* entre si ao estarem orientados para a preservação de sua própria coerência interna (e não para a coerência interna dos outros subsistemas), eles *convergem* enquanto momentos de um sistema abrangente comum, condição de sua própria subsistência.

EDUARDO LUFT

A preservação de uma dada configuração de Universo que contém subsistemas pressupõe a realização de uma rede de interdependência de bens primeiros, de uma trama axiológica objetiva. A coerência de um mundo desse tipo resulta da dialética bem realizada entre o processo uniformizador gestado por centros de convergência, por sistemas que abarcam e unificam o processo para a coerência consigo de uma miríade de subsistemas e o processo diversificador gerado pela produção constante de individuações ou subsistemas. A coerência do todo é resultado dessa tecedura axiológica, dessa trama consistente de valores distintos. Rompida essa harmonia sutil entre os dois movimentos antagônicos da dialética do Uno e do Múltiplo, desfaz-se a rede axiológica desse mundo, arrebenta-se essa configuração do Universo, e outra brota em seu lugar.

6.2. *Contingência, história e liberdade*

Se o mundo real é permeado por uma trama objetiva de valores, só o ser humano é capaz de se apropriar discursivamente do conhecimento desses valores, reconhecer a trama axiológica (originada em parte de nossa história biológica como espécie, em parte de nossa história cultural) que condiciona nossa conduta a explorar seu caráter contingente, problematizando-a e possivelmente aderindo a novos valores. Aqui reside nossa liberdade. A sua compreensão adequada depende fundamentalmente de uma releitura do papel da contingência na constituição da historicidade humana, uma releitura propiciada pela adoção da ontologia deflacionária.

Em Hegel, a contingência tem duas funções: ela é a marca do ponto de partida do devir dialético (por exemplo, da situação do começo da *Lógica*, caracterizada pela presença de

ONTOLOGIA DEFLACIONÁRIA E ÉTICA OBJETIVA

pressupostos ainda não mediados dialeticamente) *e* o elemento a ser anulado no decorrer do progredir do Conceito. Em uma dialética renovada, a contingência é a marca do caráter subdeterminado das maneiras (potencialmente infinitas) da realização da autocoerência. Como a processualidade dialética não nega, mas se alimenta da contingência, engendrando momentos de subdeterminação, seja na esfera do ser ou do pensar, brota ao natural da ontologia dialética um conceito de *história* no sentido forte, uma história natural permeada por contingência, que antecipa uma leitura também forte do conceito de história das civilizações, contraposto ao modelo hegeliano.

Abre-se, assim, espaço para uma reavaliação global da teoria da história herdada de Hegel. Longe de ser a manifestação necessária do autodesdobramento do espírito na esfera real, em busca da plena realização de sua própria racionalidade, a história das civilizações deve ser concebida como a livre exploração das múltiplas possibilidades de realização das potencialidades humanas. O conceito enfático de história que resulta da ontologia deflacionária traz à luz o caráter contingente de todos os valores faticamente dados, com exceção da autocoerência do Universo em sua totalidade. Sendo os valores objetivos passíveis de revisão, sua apropriação discursiva e possível revisão por uma comunidade moral são a base para o que compreendemos por liberdade humana.

Não por nada, Hegel é muitas vezes acusado de ter privilegiado o conceito positivo de liberdade, a autodeterminação do agente racional, em detrimento de sua versão negativa, a independência do agente perante determinações prévias (sejam elas naturais/fáticas ou normativas).[239] De fato, não

---

[239]Cf. Tugendhat, 1993.

EDUARDO LUFT

é difícil extrair da teoria hegeliana da liberdade, e seu desdobramento na *Filosofia do Direito*, a ideia de que os indivíduos são livres enquanto seu querer racional coincide
com o processo necessário de autodeterminação da razão
objetiva.[240] Uma opção para enfrentar essa dificuldade tem
sido liberar a teoria da eticidade de qualquer vínculo com o
pressuposto metafísico de uma razão objetiva a efetivar-se
na história, ou seja, repensar a Filosofia do Direito sem apelar a pressupostos ontológicos (ao menos àqueles típicos da
Ciência da Lógica).[241] Já vimos, todavia, que não é possível
constituir qualquer teoria de qualquer esfera da realidade sem
apelar, implícita ou explicitamente, a pressupostos de caráter
ontológico (ao menos se não quisermos nos tornar reféns dos
impasses das diversas formas de idealismo subjetivo ou intersubjetivo). Por outro lado, o necessário apelo a pressupostos
ontológicos não significa, como vimos, o recurso a qualquer
metafísica apriorística. O que proponho aqui é justamente
tornar explícitos, no contexto de uma abordagem falibilista
— ou seja, de uma axiologia objetiva desenvolvida a partir
da perspectiva ontológica, sempre contrabalançada pela
perspectiva epistemológica —, os pressupostos ontológicos
de uma renovada teoria dialética da liberdade.

Por fim, acredito ser possível estabelecer, a partir da ontologia deflacionária, uma justificação negativa da democracia
liberal. Se a constituição de um povo é concebida por Hegel
como manifestação necessária do Conceito tendo em vista
certa fase do desenvolvimento do espírito, a partir de agora

---

[240]A liberdade é concebida por Hegel, na *Lógica*, como o processo de autodeterminação do Conceito elevado à sua forma plena, à sua plena manifestação (Cf.
W, v. 6, p. 249).
[241]Cf. Honneth, 2001, p. 14.

ONTOLOGIA DEFLACIONÁRIA E ÉTICA OBJETIVA

deveríamos compreendê-la como sistema de regras fundamental, mas revisável, na busca pelos indivíduos que compõem esse povo determinado, de uma entre "n" formas possíveis de preservar a coerência do tecido social, de realizar a sociabilidade humana. De fato, havendo mais de um modo possível de realizar a coerência do tecido social, deve-se por princípio conceder a possibilidade de escolha por parte dos indivíduos do tipo de sociedade em que querem viver, tendo em vista as potencialidades humanas que estes visam desenvolver.

Referências bibliográficas

BEINHOCKER, E. *The Origin of Wealth. Evolution, complexity and the radical remaking of economics*. Boston: Harvard Business School Press, 2006.

BERTALANFFY, L. von. *General System Theory*. Nova York: George Braziller, 1969.

_____. *Nikolaus von Kues*. Munique: G. Müller, 1928.

CIRNE-LIMA, C. R. V. Analítica do dever-ser. In: C. Cirne-Lima / C. Almeida. *Nós e o Absoluto*. São Paulo: Loyola, 2001.

_____.*Sobre a Contradição*. Porto Alegre: Edipuc-RS, 1993.

DIVERS, J. *Possible Worlds*. Londres / Nova York: Routledge, 2002.

FEUERBACH, L. *Gesammelte Werke* [GW]. Ed. W. Schuffenhauer. 21 v. 3ª ed. Berlim: Akademie Verlag, 1990.

FICHTE, J. G. *Fichtes Werke* [FW]. Ed. I. H. Fichte. 11 v. Berlim: Walter de Gruyter, 1971.

GADAMER, H.-G. *Hans-Georg Gadamer. Gesammelte Werke* [GW]. 10 v. 6ª ed. Tübingen, 1990.

HALBIG, C./ Quante, M./ Siep, L. (ed.). *Hegels Erbe*. Frankfurt am Main: Suhrkampp, 2004.

HEGEL, G. W. F. *Werke* [W]. Ed. E. Moldenhauer e K. Michel. 20 v. Frankfurt: Suhrkamp, 1990 (2ª ed.).

EDUARDO LUFT

HONNETH, A. *Leiden an Unbestimmtheit*. Stuttgart: Reclam, 2001.

HÖSLE, V. *Hegels System*. Hamburgo: Felix Meiner, 1988.

KANT, I. *Kritik der reinen Vernunft* [KrV]. 3ª ed. Hamburgo: Felix Meiner, 1990.

_____. *Prolegomena zu einer jeden künftigen Metaphysik*. 7ª ed. Hamburgo: Felix Meiner, 1993.

KAUFFMAN, S. *Investigations*. Oxford: University Press, 2000.

_____. *At Home in the Universe. The search for the laws of self-organization and complexity*. Oxford: Oxford University Press, 1995.

_____. *The Origins of Order. Self-organization and selection in evolution*. Oxford: Oxford University Press, 1993.

LEIBNIZ. *Principes de la nature et de la grâce fondés en raison. Principes de la philosophie ou Monadologie*. Ed. A. Robinet. 2ª ed. Paris: Press Universitaires de France, 1978.

LUFT, E. Considerações dialéticas sobre o sistema do dever-ser. In: A. N. de Brito (org.). *Cirne. Sistema e objeções*. São Leopoldo: Unisinos, 2009, p. 73-86.

_____. Sobre o lugar da *Fenomenologia do Espírito* no sistema de filosofia, *Contradictio*, v. 1, p. 83-94, 2008.

_____. A Fenomenologia como metaepistemologia. *Revista Eletrônica Estudos Hegelianos*, 2006, n. 4.

_____. *Sobre a Coerência do Mundo*. Rio de Janeiro: Civilização Brasileira, 2005.

_____. *As Sementes da Dúvida*. São Paulo: Mandarim, 2001(a).

_____. Fundamentação última é viável? In: C. Cirne-Lima/C. Almeida. *Nós e Absoluto. Festschrift em homenagem a Manfredo Araújo de Oliveira*. São Paulo: Loyola, 2001 (b).

_____. *Para uma Crítica Interna ao Sistema de Hegel*. Porto Alegre: Edipuc-RS, 1995.

_____. Contradição e dialética: um estudo sobre o método dialético em Platão. *Síntese Nova Fase*, v. 23, n. 75, 1996, p. 455-502.

MARGUTTI PINTO, P. R. Dialética, lógica formal e abordagem sistêmica. In: C. Cirne-Lima / L. Rohden. *Dialética e Auto-organização*. São Leopoldo: Editora Unisinos, 2003.

_____. *Iniciação ao Silêncio*. São Paulo: Loyola, 1998.

MATURANA, R. H./ Varela, F. *A Árvore do Conhecimento*. São Paulo: Editorial Psy, 1995.

OLIVEIRA, M. A. de. *Para Além da Fragmentação. Pressupostos e objeções da racionalidade dialética contemporânea*. São Paulo: Loyola, 2002.

_____. *Sobre a Fundamentação*. Porto Alegre: Edipuc-RS, 1993.

PLATON. *Sämtliche Werke* [SW]. Ed. K. Hülser. 10 v. Frankfurt am Main: Insel, 1991.

ROLSTON, H. *Environmental Ethics*. Filadélfia: Temple University Press, 1988.

RUFFIÉ, J. *Tratado do Ser Vivo*. Lisboa: Fragmentos, s/d.

SCHELLING, F. W. J. *Ausgewählte Schriften* [AS]. Ed. M. Frank. 6 v., 2ª ed. Frankfurt am Main: Suhrkamp, 1995.

SCHULZ, W. *Die Vollendung des deutschen Idealismus in der Spätphilosophie Schelling*. Stuttgart/Köln: Kohlhammer, 1955.

SINGER, P. *Ética Prática*. São Paulo: Martins Fontes, 1994, p. 94.

SMOLIN, L. *The Trouble with Physics. The rise of string theory, the fall of a science and what comes next*. Boston: Houghton Mifflin Company, 2006.

_____. *Three Roads to Quantum Gravity*. Nova York: Basic Books, 2001.

_____. *The Life of the Cosmos*. Oxford: Oxford University Press, 1997.

TUGENDHAT, E. *Vorlesungen über Ethik*. Frankfurt am Main. Suhrkamp, 1993.

WITTGENSTEIN, L. *Tractatus Logico-Philosophicus*. 11ª ed. Frankfurt am Main: Suhrkamp, 1997.

Origem dos artigos[242]

I. Dialética (C. Cirne-Lima). In: Adriano Naves de Brito (org.). *Cirne. Sistema e Objeções*. São Leopoldo: Editora Unisinos, 2009, p. 9-21.

II. Fundamentação última é viável? (E. Luft). In: Carlos Cirne-Lima; Custódio Almeida (orgs.). *Nós e o Absoluto. Festschrift em homenagem a Manfredo Araújo de Oliveira*. São Paulo: Edições Loyola, 2001, p. 79-97.

III. Analítica do dever-ser (C. Cirne-Lima). In: Carlos Cirne-Lima; Custódio Almeida (orgs.). *Nós e o Absoluto*. São Paulo: Edições Loyola, 2001, p. 11-29.

IV. Considerações dialéticas sobre o sistema do dever-ser (E. Luft). In: Adriano Naves de Brito (org.). *Cirne. Sistema e Objeções*. São Leopoldo: Editora Unisinos, 2009, p. 73-86.

V. A verdade é o todo (C. Cirne-Lima). In: Ivan Domingues; Paulo Roberto Margutti Pinto; Rodrigo Duarte (orgs.). *Ética, Política e Cultura*. Belo Horizonte: Editora UFMG, 2002, p. 247-267.

---

[242]Nota dos autores: os artigos republicados sofreram, quando necessário, pequenas correções. Trechos foram cortados para evitar redundâncias que aborreceriam o leitor.

VI. A *Fenomenologia* como metaepistemologia (E. Luft). *Revista Eletrônica de Estudos Hegelianos*, v. 3, n. 4, p. 1-12, 2006.

VII. Causalidade e auto-organização (C. Cirne-Lima). In: Carlos Cirne-Lima; Luiz Rohden (orgs.). *Dialética e Auto-organização*. São Leopoldo: Editora Unisinos, 2003, p. 17-56.

VIII. A *Lógica* como metalógica. (E. Luft). *Revista Eletrônica Estudos Hegelianos*, v. 8, n. 15, p. 16-42, 2011.

IX. O Absoluto e o Sistema: Agostinho, Tomás de Aquino e Hegel (C. Cirne-Lima). In: Manfredo Oliveira; Custódio Almeida (orgs.). *O Deus dos Filósofos Modernos*. Petrópolis: Vozes, 2002, p. 55-85.

X. Ontologia deflacionária e ética objetiva. Em busca dos pressupostos ontológicos da teoria do reconhecimento (E. Luft). *Veritas*, v. 55, n. 1. p. 82-120, 2010.

O texto deste livro foi composto em Sabon,
desenho tipográfico de Jan Tschichold de 1964
baseado nos estudos de Claude Garamond e
Jacques Sabon no século XVI, em corpo 11/15.
Para títulos e destaques, foi utilizada a tipografia
Frutiger, desenhada por Adrian Frutiger em 1975.

A impressão se deu sobre papel off-white
pelo Sistema Cameron da Divisão Gráfica
da Distribuidora Record.